Die Bilderwelt des Klosters Engelberg

Die Bilderwelt des Klosters Engelberg

Die Publikation wurde ermöglicht durch
finanzielle Beiträge von:

PRO HELVETIA, Schweizer Kulturstiftung

Dr. I. Britschgi, Sarnen
Ernst Göhner Stiftung, Zug
Goethe-Stiftung für Kunst und Wissenschaft, Zürich
Heinrich Federer-Stiftung, Sarnen
Jubiläumsspende für die Universität Zürich
Kanton Nidwalden
Kanton Obwalden
Kloster Engelberg
Obwaldner Kantonalbank, Sarnen
Rotary-Club, Obwalden
Schindler Kulturstiftung, Hergiswil
Ulrico Hoepli-Stiftung, Zürich

Redaktion: Doris Fässler, Luzern

Lektorat: Denise Vosseler, Zürich

Fotos: Jean-Pierre Kuhn, Gockhausen
(wo nichts anderes vermerkt)

Konzept: Diopter-Verlag

Gestaltung: Armin Hofmann, Basel/Luzern
Markus Britschgi, Luzern

Herstellung: freiburger graphische betriebe, Freiburg

ISBN: 3-905425-05-X

Christoph Eggenberger (Hrsg.)

Die Bilderwelt des Klosters Engelberg

Das Skriptorium unter den Äbten
Frowin (1143–1178)
Berchtold (1178–1197)
Heinrich (1197–1223)

Diopter-Verlag

Zum Geleit

Den meisten Zeitgenossen von heute erscheint das Mittelalter als eine ferne, längst vergangene Zeit, aus der nur einzelne Gestalten bekannt und einige wenige eindrückliche Zeugnisse von Kunst und Kultur erhalten geblieben sind. Dass diese Zeugnisse heute auf grosses Interesse stossen, beweisen Bücher und Ausstellungen. Viele Menschen sind fasziniert von der Kultur, die mehr dem Jenseits als dem Diesseits zugetan war. Sie sind erstaunt über die Dynamik und Vielfalt des Mittelalters, die sich beim genaueren Hinschauen erschliessen.

Über die Gründungszeit des Benediktinerklosters Engelberg im 12. Jahrhundert wissen wir wenig. Wir kennen einige Namen und Daten, aber die Absichten, Überlegungen und das Alltagsleben im damaligen jungen Kloster im abgeschiedenen Bergtal sind weitgehend unbekannt. Immerhin gibt es in der Bibliothek, dem Archiv und der Sakristei des Klosters wichtige Zeugnisse, die uns Einblick in die Welt des Glaubens und der Frömmigkeit der damaligen Mönche geben. Besonders die Werke aus dem Skriptorium Engelberg dokumentieren den Eifer, die Sorgfalt und das erstaunliche Können der Mitbrüder, die bald nach der Gründung des Klosters im Jahr 1120 und ganz im Sinn des heiligen Benedikt anfingen Bücher zu machen. Sie schrieben wichtige biblische und liturgische Texte oder Bücher aus der Vätertradition ab. Abt Frowin (1147–1178) verfasste selbst theologische Werke, so das Buch „über den freien Willen" (de laude liberi arbitrii), „über das Vaterunser" (explanatio dominicae orationis) und im Anhang dazu „über die Wahrheit" (tractatus de veritate). Diese Werke belegen seine weiten biblischen und theologischen Kenntnisse, seine klassische Bildung und sein Anliegen, mit seinen Werken die Mitbrüder zu belehren und zu erbauen. Gleichzeitig zeigt die Ausstattung und Illuminierung der Bücher, wie sehr die Mönche eingebunden waren in geistige, künstlerische und handwerkliche Traditionen und auch über einen beeindruckenden Einfallsreichtum, über Gestaltungskraft und Gestaltungsfreude verfügten.

Der 800. Todestages von Abt Berchtold I (1178–1197) wurde zum Anlass genommen, das Skriptorium Engelberg des 12. Jahrhunderts zu bearbeiten und in einem Buch und einer Ausstellung im Tal Museum Engelberg neu darzustellen.

Eine Gruppe von Studierenden am Kunstgeschichtlichen Seminar der Universität Zürich fand sich bereit, die Handschriften unter der Leitung von Dr. Christoph Eggenberger, unterstützt von Frau Dr. Dorothee Eggenberger zu bearbeiten. Das Kloster Engelberg ist dieser Gruppe und Frau Dr. und Herrn Dr. Eggenberger für diese Arbeit zu grossem Dank verpflichtet und freut sich über das Zustandekommen des Werkes. Ich danke auch der Schweizer Kulturstiftung Pro Helvetia und allen weiteren Sponsoren, die das Buch mit namhaften Beiträgen unterstützten.

Ein besonderer Dank gebührt dem Diopter-Verlag, der die sorgfältige Herausgabe des Werkes übernommen hat, namentlich Frau lic. phil. Doris Fässler und Herrn lic. phil. Markus Britschgi.

Beim Danken möchte ich die kundigen Mitbrüder und Herrn Dr. Rolf DeKegel, nicht vergessen, die den Handschriftenbestand im Kloster bewahren und pflegen.

Möge dieses gelungene Werk allen Betrachtern und Lesern Freude bereiten und dabei mithelfen, eine reiche und lebendige Welt der Kultur und der Frömmigkeit des Mittelalters neu zu verstehen.

Berchtold II. Müller, Abt

Vorwort

Den Anstoss zur vorliegenden Publikation bot der Todestag von Berchtold I., dem Abt des Benediktinerklosters Engelberg von 1178 bis 1197. Dr. Berchtold Müller, dem heute amtierenden Abt des Benediktinerklosters Engelberg, lic.phil. Doris Fässler und lic.phil. Markus Britschgi, Diopter-Verlag Luzern, ist es zu verdanken, dass seit dem Wintersemester 1996/97 eine Gruppe von neun Studierenden an der Universität Zürich sich unter der Leitung des Schreibenden den illuminierten Handschriften der drei grossen Äbte Frowin, Berchtold und Heinrich annehmen konnte.[1] Die Hauptarbeit geschah weder im Hörsaal noch in der Seminarbibliothek, sondern im Kloster Engelberg vor den Originalen. Dafür gebührt der grosse Dank den Herren Abt Berchtold, Patres Sigisbert und Urban und Dr. Rolf De Kegel. Jede verzierte Initiale, die zahlreichen historisierenden Initialen, die Miniaturen und Zeichnungen wurden inventarisiert, im Computer erfasst und photographiert. Die so entstandene Bilderkartei geht nach Abschluss der Arbeit in die Stiftsbibliothek Engelberg und kann dort konsultiert werden. Lic.phil. Denise Vosseler gilt der Dank für das sorgfältige Lektorat und Dr. Dorothee Eggenberger für die wissenschaftliche Beratung und kritische Durchsicht der Texte.

Bei den nicht anders bezeichneten Handschriften handelt es sich um solche aus der Stiftsbibliothek Engelberg. Die in den Anmerkungen angeführten Publikationen ohne vollständige Angaben finden sich in der Bibliographie verzeichnet. Verweise auf die Farbabbildungen im Bildteil erübrigen sich, da diese inventarmässig der Nummerierung der Handschriften folgen und so jederzeit auffindbar sind. Die schwarzweissen Bilder sind direkt den entsprechenden Passagen zugeordnet. Die Textbeiträge sowie der Abbildungsteil beschränken sich auf die in Engelberg aufbewahrten Handschriften.

Das Projekt bedeutet einen Anfang; die Forschung hatte sich bisher stark auf die paläographischen Probleme konzentriert. Als der Zürcher Kunstgeschichtsprofessor Johann Rudolf Rahn im Jahr 1876 in seiner Geschichte der bildenden Künste in der Schweiz als erster über die Bedeutung der Engelberger Buchmalerei berichtete, tat er dies zeittypisch in stark wertender Form.[2] Abschätzig äusserte er sich insbesondere über die Malerei der Frowin-Zeit. Rahns Schüler Robert Durrer verfasste für den ab 1899 in Faszikeln der ASA erschienenen Kunstdenkmälerband des Kantons Unterwalden ein ausführliches Inventar von 93 illuminierten Handschriften.[3] Das Inventar bildet heute noch Ausgangspunkt und schnelle Orientierungshilfe für jede Forschungsarbeit. Erst mehr als dreissig Jahre später war die Engelberger Buchmalerei wieder Thema einer Forschungsarbeit. Rosy Schilling versuchte einen Zusammenhang zwischen Engelberg und der burgundischen und schwäbischen Buchmalerei zur Zeit Frowins aufzuzeigen.[4] Sowohl Josef Gantner in der ersten Ausgabe der Kunstgeschichte der Schweiz wie auch Adolf Reinle in der zweiten Edition halten sich in ihren kurzen Texten zu Engelberg stark an Durrer. Reinle sieht in den überlängten, mit reich gefältelten Gewändern bekleideten Figuren der burgundischen Plastik in Autun und Vézelay Parallelen zur Buchmalerei der Frowin-Zeit.[5] Der Paläograph Albert Bruckner bearbeitete den Engelberger Bestand im achten Band der *Scriptoria medii aevi helvetica*.[6] Zwischen 1954 und 1971 schrieb P. Wolfgang Hafner eine Reihe von Aufsätzen; besonders hervorgehoben seien diejenigen zum Thema der 1963 unter einem Boden im Kloster wiederentdeckten Bücher.[7]

Kuno Stöckli zeigte in seiner bei Hermann Fillitz erarbeiteten Basler Dissertation über den Codex 14, wie man mit dem einzigartigen Engelberger Bildmaterial auch umgehen kann. Er publizierte die wesentlichen Resultate seiner Forschungen 1976/77 in den Aachener Kunstblättern.[8] In den inzwischen verflossenen zwanzig Jahren konnte sich der Blick weiter schärfen.

Als bisher jüngste Publikationen erschienen 1993 Artikel von Martin Steinmann über Abt Frowin als Schreiber und 1997 von Pater Sigisbert Beck über die Engelberger Bibeln.[9]

Das Thema ist komplex, längst ist nicht alles gesagt über die teilweise geheimnisvollen Bilder im Kloster Engelberg zur Zeit der grossen Äbte von 1143/47 bis 1223, in jenen bedeutungsvollen achtzig Jahren um das Jahr 1200. In Theologie, Geistesgeschichte und Kunst ist zu dieser Zeit eine Renaissancebewegung zu beobachten, ein Besinnen auf alte Werte, auch auf ästhetische Prinzipien der Antike – vor allem der Spätantike – und auf die Pionierzeit des christlichen Denkens und Schaffens. Es scheint nicht unangemessen zu sein, heute, achthundert Jahre später, und wieder unmittelbar vor einer Jahrhundert-, ja einer Jahrtausendwende zurückzublicken auf die damaligen künstlerischen Blüten. Kunst im neuzeitlichen Sinne wollten die Mönche von Engelberg nicht produzieren. Es ging ihnen um das Lob Gottes wie beim Singen der

Psalmen im Mönchschor auch. Dass in diesem Lob das ganze Spektrum menschlicher Gefühle und Sinnlichkeit Platz hat, braucht weiter nicht zu erstaunen. Die zeichnenden und malenden Engelberger Mönche standen damals wie heute voll im Leben.[10]

Januar 1999 *Christoph Eggenberger*

1 Die Gruppe setzte sich zusammen aus Carmen Baggio-Rösler (St. Gallen), Susanna Blaser-Meier (Umikon), Reto Bonifazi (Zürich), Katja Lesny (Kronbühl), Catherine Michel (Berlingen), Nicole Morlet (Zürich), Mirjam Munz (Zürich), Anna Stützle-Dobrowolska (Esslingen) und Kamla Zogg (Uitikon-Waldegg).
2 Johann Rudolf Rahn, 1876, S. 306–311. Die Übersicht über die Forschungslage verdanke ich der Seminararbeit von Susanna Meier-Blaser.
3 Robert Durrer, ASA 1899–1928 und 1901.
4 Rosy Schilling, 1933.
5 Josef Gantner, 1936, S. 279–283. Adolf Reinle und Josef Gantner, 1968, S. 537–541.
6 Albert Bruckner, Band VIII, 1950.
7 P. Wolfgang Hafner, 1954, 1963, 1965/66, 1971. Lehmann, 1964.
8 Stöckli, 1976/77.
9 Martin Steinmann, 1993. P. Sigisbert Beck, 1997 und 1998. Siehe auch: Eggenberger, 1989, S. 176, 182–185.
10 Erwähnt sei der Maler/Zeichner Pater Eugen Bollin aus dem Kloster Engelberg. Dazu: Markus Britschgi, Eugen Bollin. Verwandlung, Luzern: Diopter, 1993.

Eugen Bollin, Steinbock, 1993, Farbstift auf Papier

Eugen Bollin, Mönch und Gemse, 1993, Farbstift auf Papier

Textteil

Frühe Kunst und Kultur in den Hochtälern der Innerschweiz*

Anton von Euw

Von den Zeugen der Kultur vergangener Zeiten sind Bücher oft die bewundernswertesten. Sie offenbaren die Gedankenwelt der Menschen mit dem Inhalt, ihre Schrift lässt uns sehen, wie diese die Sprache gestalteten und ihre Bilder geben uns einen Eindruck davon, wie die Menschen das Sehen und damit ihre Umwelt vermitteln wollten und konnten. In den vergangenen Jahrhunderten sind die Bibliotheken oft Anziehungspunkte jener gewesen, die Kultur erforschten, aber auch jener, die Kultur schufen. Dabei spielten Distanzen in den meisten Fällen keine Rolle. Engländer und Iren zogen vom 7. bis 9. Jahrhundert nach Italien, um religiöse und wissenschaftliche Schriften der Antike in lateinischer und griechischer Sprache zu erforschen und sie zu kopieren. Vergleichbares taten die Humanisten des 15. und 16. Jahrhunderts, wenn sie in den Schweizer Klosterbibliotheken nach verschollenen Schriften antiker Autoren suchten. Auf ihren Wegen geht auch der, der bemüht ist jene frühe Kultur zu erforschen, die in den Hochtälern der Innerschweiz, nämlich in Einsiedeln und Engelberg, erblühte.

Einsiedeln wurde 934 am Ort der Meinradszelle gegründet, Gründer war der selige Eberhard, Dompropst von Strassburg. Beschützer und Stifter waren die Herzogsfamilie von Schwaben und die ottonischen Kaiser. Engelberg gründete 1120 der Freiherr Konrad von Sellenbüren. Erste Mönche kamen aus dem Kloster Muri, das 1024 von den Habsburgern ins Leben gerufen und zuerst mit Mönchen aus Einsiedeln besiedelt wurde, später aber (1082) unter Einfluss des Schwarzwaldklosters St. Blasien zu stehen kam. Dieses 948 gegründete und noch im 10. Jahrhundert entscheidend von Einsiedeln geformte Kloster wurde 1123 seitens des Bischofs von Basel so bedrängt, dass offenbar einige Mönche nach Einsiedeln flüchteten. Jedenfalls melden die Annalen von Einsiedeln zum Jahr 1123: *Blasianenses intraverunt* – «die Sanblasianer traten ein».[1] Ob diese Mönche später wieder nach St. Blasien zurückkehrten und ob der spätere Abt Frowin unter ihnen war, wissen wir bis heute nicht.

Abt Frowin wurde 1143 oder 1147 aus St. Blasien nach Engelberg berufen, wo er am 13. März 1178, als Heiliger verehrt, starb.[2] Er hinterliess nicht nur ein Predigt-Schrifttum, sondern auch eine grosse Zahl von Büchern, die seinen Namen tragen, zumeist in Verse eingebettet. Mit Frowin schliesst sich jenes kulturelle Band, das Einsiedeln, St. Blasien, Muri und Engelberg verband. Das Kloster Allerheiligen in Schaffhausen gehört, wie wir noch sehen werden, auch dazu. Einige der Verse, die Abt Frowin würdigen, stehen in Handschriften, die sich heute in der Stiftsbibliothek Einsiedeln befinden. In Codex Einsidlensis 360 mit den *Etymologiae* des Isidor von Sevilla (um 560–636), der berühmtesten frühmittelalterlichen Enzyklopädie, ist die Widmung am oberen Rand der Seite gerade noch lesbar: *Hac de scriptura, Frouwine fuit tibi cura / Fratribus ut fieret, mercesque tibi remaneret.* – «Für diese Schrift, Frowin, hast du gesorgt, / Dass sie für die Brüder entstehe, und der Lohn möge dir dafür ein bleibender sein.»

Die Handschrift ist ein Produkt des Engelberger Skriptoriums aus der Frühzeit Frowins. Initialen wie das *M(edicina)* fol. 48r zu Buch IV der Enzyklopädie veranschaulichen die damaligen künstlerischen Ausdrucksformen, die auf die Grundstoffe des Schreibens, auf Tinte und Minium, reduziert sind.[3] Später, wohl nach der Mitte des 12. Jahrhunderts, wird die Kunst der Zeichnung durch Farben belebt. Die ausgesparten Rankeninitialen in Codex Einsidlensis 166 (413) mit der Auslegung des Lukasevangeliums durch den Kirchenvater Ambrosius sind nun nicht nur mit Minium behandelt, sondern auch blau, grün und gelb schattiert.[4] Auch in diesem Kodex sichern auf p. 1 zwei binnengereimte Verse die Herkunft des Buches. Sie lauten: *Huic qui me iussit, scribi pax vita salus sit / Abrahaeque sinus, abbas fuit ille Froinus.* – «Dem, der befahl, dass ich geschrieben werde, sei Frieden / und der Schoss Abrahams. Jener war Abt Frowin.» Das Buch selbst spricht hier und nennt Abt Frowin als Auftraggeber. Ein langes, friedsames und heilerfülltes Leben wird ihm gewünscht, das schliesslich in Abrahams Schoss, das bedeutet in das Paradies, führt.

Solche Zueignungen und Besitzvermerke in Versform sind nicht nur der Engelberger Frowin-Zeit vorbehalten, auch zu Büchern der Zeit des Abtes Berchtold (1178–1197) werden Verse gesetzt. So lesen wir in Codex Einsidlensis 240 (641) mit Frowins Auslegung des Vaterunsers auf p. 1 oben: *Vive precor Berhtolth, tibi sit dominus rogo fil holth. / A te quod liber, sim docet iste liber. / Hunc librum novi, nunc promissum tibi solvi, / Jus est si sapias, gratus ut accepias.* – «Ich bitte, lebe Berchtold! Dir sei der Herr, so bitte ich, viel hold. / Dass ich nun von deiner Verpflichtung befreit bin, das lehrt dieses Buch. / Das Versprechen, dieses Buch zu kennen, habe ich nun gelöst. / Recht ist's, wenn du es weisst, mögest du es gerne annehmen.»[5]

Darunter steht in langgezogener, miniumfarbiger Capitalis rustica der Buchtitel: INCIPIT PROLOGVS FROWINI ABBATIS IN MONTE ANGELORVM IN EXPLANATIONEM DOMINICE ORATIONIS QVI EST PATER NOSTER. – «Es beginnt die Vorrede des Abtes Frowin von Engelberg zum Gebet des Herrn, welches das Vaterunser ist.» Offenbar stammt der Illuminator dieser Handschrift, wie p. 2 mit der schönen Initiale *Q(uamvis)* zeigt, noch aus der Schule Frowins. Dieselbe Handschrift enthält auf p. 468 weitere Verse, die ein verklärendes Licht auf Frowin werfen: *Hoc precor hoc hortor, dic devota prece lector Felix Frowinus, quod sit agat dominus / Ut verum lumen, celeste daret sibi numen / Huius scripta libri, nam studuit fieri.* – «Das bitte und begehre ich: sage mit demütiger Bitte oh Leser: / Möge der Herr bewirken, dass Frowin glücklich sei, / und dass Gott ihm das wahre, himmlische Licht gewähre! / Denn das in diesem Buch geschriebene ist durch seinen Eifer entstanden.» Frowin ist also der hochverehrte Abt, der Autor und Förderer des Schrifttums, der nach altem Muster – wie etwa der St. Galler Abt Hartmut (Dekan 849–872; Abt 872–883) im 9. Jahrhundert – das Skriptorium überwacht und die Aufgaben stellt.[6]

Im Mittelalter schrieb man nicht aus der Eingebung heraus, sondern aus Büchern ab. Ein Buch erzeugte gewissermassen das andere, sei es nun nach dem Inhalt oder nach der Form. Wer ein Kloster leiten wollte, brauchte nicht nur die Regel des hl. Benedikt (480–547), sondern auch die Quelle aller geistlichen Schriftlichkeit, die Bibel, das *Corpus Biblicum*. Zur Zeit Alkuins und Karls des Grossen (768–814) war dieses Corpus, das heisst die gesamten Schriften des Alten und des Neuen Testamentes, zu einem riesigen Band zusammengefasst worden.[7] Abschriften dieser touronischen Riesenbibel lagen auch in der Schweiz, im Kloster von Moutier Grandval, im Grossmünster von Zürich und in St. Gallen.[8] Hartmut von St. Gallen entschloss sich nach der Mitte des 9. Jahrhunderts zur Herstellung eines neuen Bibelwerkes in acht Bänden, von denen heute noch fünf in der Stiftsbibliothek St. Gallen liegen.[9] Wahrscheinlich war es in Einsiedeln Abt Embrich (1021–1051), der um die Mitte des 11. Jahrhunderts eine zweibändige Bibel schreiben liess, die uns heute noch in Codex Einsidlensis 1(8) vorliegt.[10] Aber in Einsiedeln hatte man keine Alkuin-Bibel. Man schrieb das Corpus Biblicum aus verschiedenen Vorlagen zusammen. Für die vier Evangelien berief man sich auf das von mir so genannte Gründungsgeschenk, das Evangeliar Codex Einsidlensis 17(405).[11] Das Einsiedler Evangeliar ist ein Werk der St. Galler Schule wohl des ausgehenden 9. Jahrhunderts. Es wurde dem Kloster Einsiedeln vielleicht zur Gründung im Jahr 934 oder 940 vom hl. Ulrich geschenkt, der ein Schüler St. Gallens war.[12]

Einsiedeln, Stiftsbibliothek, Codex 17 (405), p. 216.
Evangelist Markus (Foto Stiftsbibliothek Einsiedeln)

Als Frowin seine dreibändige Bibel Codices Engelbergenses 3–5 schreiben liess, hatte er für den Evangelienteil eine Vorlage, die mit Codex Einsidlensis 17(405) verwandt sein könnte, zeigt doch unter anderem der frontal thronende Evangelist Markus, der die Feder in das Tintenhorn eintaucht und mit der Linken das offene Buch hält, Ähnlichkeit mit dem Matthäus im Evangelienteil der Frowin-Bibel (Cod. 5, fol. 108v).

Eine zweite, künstlerisch einflussreiche Komponente war für Engelberg offensichtlich das Kloster Allerheiligen in Schaffhausen, dessen gegen Ende des 11. Jahrhunderts entstandene, illuminierte Werke den Frühstil des Engelberger Skriptoriums geradezu vorwegnehmen.[13] Die Gegenüberstellung des *L(ecturus)* fol. 5r aus dem wohl zu Beginn des 12. Jahrhunderts entstandenen *De Trinitate* des hl. Augustinus in Codex 20 von Schaffhausen weist mit dem *L(iber generationis)* fol. 109r im Evangelienteil der Frowin-Bibel (Cod. 5) frappante Ähnlichkeit auf.[14]

Schaffhauser Handschriften enthalten leider keine der Frowin-Bibel entsprechenden Evangelistenbilder. Aber die Einsiedler Bibel Codex 1(8) bietet im Figuralen

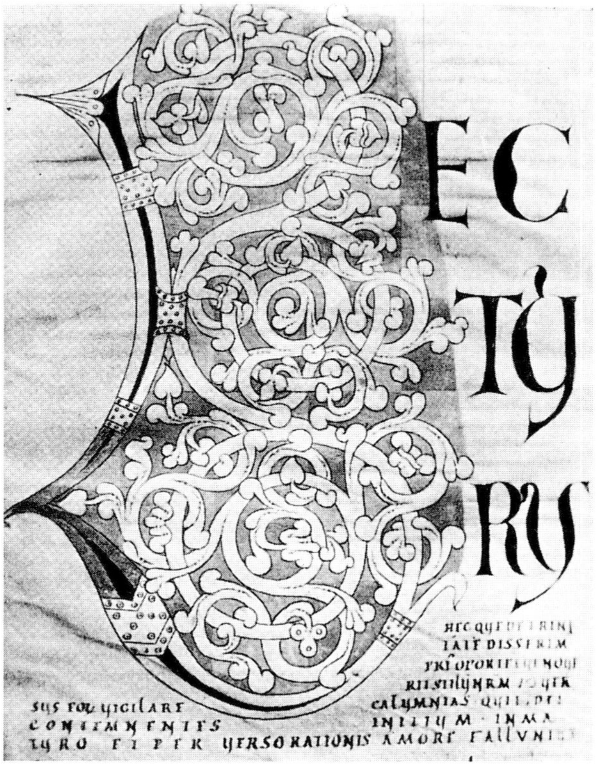

Schaffhausen, Stadtbibliothek, Codex 20, fol. 5r.
Initiale *L(ecturus)* (nach Reinle 1968)

und im Stil wieder Analogien zu Engelberg, denn auch der Engelberger Zeichner parzelliert die Gewänder der Figuren durch einen kräftigen Hauptstrich, der von mehreren dünnen Strichen parallel begleitet wird.[15]

Der Stil der Einsiedler Bibel wirkt in Engelberger Handschriften auch anderweitig nach, aber nicht mehr so direkt wie bei den Evangelisten. Man betrachte fol. 69v im zweiten Band der Frowin-Bibel (Cod. 4) mit der Miniatur zum Hohelied. Als reich gekleidete und gekrönte Frau nimmt die Kirche ihren Bräutigam Christus bei der Hand. Der parzellierende Stil tritt am Obergewand Christi wieder deutlich zutage.[16]

Die künstlerischen Zusammenhänge der Frowin-Bibel mit dem spätkarolingischen Einsiedler Evangeliar und der Einsiedler Bibel lassen die Frage zu, ob Frowin und der Illuminator der Engelberger Bibel nicht doch unter jenen Mönchen waren, die 1123 in Einsiedeln Aufnahme gefunden hatten. Vielleicht war damals auch

Einsiedeln, Stiftsbibliothek, Codex 1 (8), fol. 384r, Bibel.
Evangelist Markus (Foto Stiftsbibliothek Einsiedeln)

Richene dabei, der sich im 3. Band der Frowin-Bibel (Cod. 5) auf fol. 1r zusammen mit seinem Abt ins Bild gesetzt hat. Er soll wie Frowin aus St. Blasien stammen.[17] Richene ist hier, obwohl er das Federmesser in der Hand hat, keineswegs mit Schreiben beschäftigt, sondern redet mit der Linken gestikulierend auf Frowin ein, der ihm deutlich antwortet. Richene hat Frowin, wie es sich gehört, als Vorgesetzten grösser als sich selbst dargestellt. Dabei ist ihm aber, wenn wir das Bild von der historischen Seite betrachten, ein fast peinlicher Fehler unterlaufen, kleidet er doch Frowin mit Tunika,

Dalmatika, Kasel und Pallium als Erzbischof ein: eine auch für Frowin zu grosse Ehre! Der «Irrtum» lässt sich wiederum mit Bildern aus Einsiedeln erklären, die in Engelberg nachgewirkt haben müssen.[18]

Schon zur Engelberger Frowin-Zeit gab es einen Schreiber und Zeichner, der, man möchte sagen, sich seiner Sache sicher war. Schriftbild und Initiale auf fol. 2v im Engelberger Codex 15 mit den Predigten des hl. Augustinus zum Johannesevangelium bilden eine gültige Einheit. Der gebänderte Initialkörper des *I(ntuentes)* ist mit Ranken und gegenständigen Drachen geschmückt. Die Vorläufer dieser Kunst finden sich wieder im Schaffhauser Skriptorium.[19]

Seit langem ist der Engelberger Codex 14 zumindest in der Wissenschaft ein berühmtes Werk, dessen Illuminator schlicht «der Engelberger Meister» genannt wird.[20] Der Codex enthält die 15 Bücher *De Trinitate* des hl. Augustinus. Auf fol. 1r steht ein Gedicht, das sagt, Abt Berchtold (1178–1197) habe das Buch in Auftrag gegeben, sei aber darüber verstorben, und sein Nachfolger Heinrich I. (1197–1223) habe es vollenden lassen. Die Handschrift ist folglich um 1197 zu datieren, das heisst in das Todesjahr des Abtes Berchtold. Das Buch ist ein grossartiges Zeugnis des Zusammenfindens verschiedener Stilrichtungen, die Engelberg als lebendigen Ort des Geistes auszeichnen. Figuren am Textrand auf fol. 1v wie der in Feder gezeichnete hl. Augustinus mit den drei Irrlehrern lassen sich ikonographisch und im Stil zur Einsiedler Bibel zurückverfolgen.[21]

Dagegen führen in derselben Handschrift figurierte Initialen wie das *S(cientia)* fol. 50r zu neuen Fragestellungen. Woher kommen die wilden Fantasmata, denen der Buchstabe S als Drache entsteigt und die in ihn verstrickten Menschen zu verschlingen droht, wäre nicht das Zeichen des rettenden Kreuzes in der Hand eines der vom Abgrund Bedrohten. Mit Rosy Schilling suchen wir die Wurzeln dieser Kunst in den Zisterzienser-Skriptorien Frankreichs[22] und bei dem von englischen Werken beeinflussten Weingartner Bertold-Meister, dem Hanns Swarzenski eine Monographie gewidmet hat.[23]

Unter Abt Heinrich I. (1197–1223) wurde demnach die wertvolle Handschrift vollendet. Wie uns die Quellen lehren, war er ein einflussreicher, weit gereister Mann, der 1208 mit König Otto IV. (1198–1218) und 1213 mit Kaiser Friedrich II. (1212–1250) Bekanntschaft machte.[24] Man fragt sich, wie damals die Engelberger Klosterkirche aussah, welche Einrichtung und welchen Schmuck sie enthielt? Die Zeiten sind in Einsiedeln und Engelberg darüber hinweggegangen, und die Bücher schweigen. Es sei denn, man betrachtet den Kruzifixus in Federzeichnung auf fol. 50v im Einsiedler Codex 39 (480) als Abbild eines monumentalen ottonischen Holzkreuzes, das vielleicht über dem Salvator- und Kreuzaltar der ersten Einsiedler Klosterkirche errichtet war.[25] Als bildnerische Seltenheit erhielt sich auch der romanische Kruzifixus von Alpnach, der heute wieder im Kloster Engelberg aufbewahrt wird. Und Engelberg kann sich glücklich schätzen, das von Abt Heinrich I. gestiftete grosse Reliquienkreuz[26] zu besitzen (s. Abbildungsteil).

Im Jahr 1204 wurde Konstantinopel von den Kreuzfahrern erobert und geplündert. Reliquienbehälter wie die berühmte Staurothek des Domschatzes von Limburg gelangten als Beute ins Abendland.[27] Schon Abt Wibald von Stablo und Corvey (1130–1158) brachte

Einsiedeln, Stiftsbibliothek, Codex 39 (40), fol. 50r.
Kruzifixus (Foto Stiftsbibliothek Einsiedeln)

von seinen Gesandtschaften nach Konstantinopel Reliquien des hl. Kreuzes ins Abendland.[28] Der Brauch geht zurück bis in die Zeit der Ottonen. Vermutlich hatte

Otto III. (983–1002) der Kirche Sainte-Croix in Lüttich um das Jahr 1000 eine kleine Staurothek aus Byzanz geschenkt, die dann von einem Lütticher Goldschmied um 1160 in das dort heute noch zu bewundernde Triptychon eingearbeitet wurde. Die Staurothek mit der Kreuzreliquie wird hier von zwei Engeln gehalten und verehrt.[29] Ähnlich haben wir uns wohl auch die Entstehung des Hl. Kreuzes von Engelberg zu denken, dessen Vorderseite über dem Gekreuzigten ein Clipeus mit ebenso die Kreuzreliquie tragenden Engeln auszeichnet. Sein Stil weicht von den übrigen Reliefarbeiten ab, so dass die hl. Reliquie als Geschenk an Abt Heinrich I. und als Anlass zur Schaffung des Kreuzes betrachtet werden darf.

Über die Herkunft des Kreuzes wird immer noch gerätselt. Autochthone Kunst ist es nicht. Wahrscheinlich entstammt es einer international tätigen Werkstatt, deren Hauptsitz wohl im frühgotischen Frankreich zu suchen ist. Das Hl. Kreuz ist Abbild eines Universums,

Engelberg, Codex 63, fol. 1v, Kollektar.
Initiale D mit Christus

das in ähnlicher Form auch die grossen rheinischen Reliquienschreine und die frühgotischen Kathedralen Frankreichs widerspiegeln. Darin finden sich die Bilder der Evangelisten und ihrer Symbole sowie der Elemente in kosmischer Vierzahl. Der Kampf des Löwen mit dem Drachen, aus dem der Löwe siegreich hervorgeht, ist eine Allegorie auf den Kreuzestod Jesu Christi, den das Bild der Ehernen Schlange typologisch vorwegnimmt.

Im Zentrum der Rückseite thront die Muttergottes. Sie wird wie die Kreuzreliquie auf der Vorderseite von Engeln verehrt. Die hll. Petrus, Theodor, Nikolaus, Leonard und auch der Stifterabt Heinrich schliessen sich der Verehrung an. Die Komposition der Muttergottes wirkt wie ein grosses Engelberger Siegel.

Im 13. Jahrhundert gewinnt die Buchmalerei an Farbigkeit. Handschriften wie das Kollektar Codex 63 sind nun mit figurierten Initialen in Deckfarbenmalerei geschmückt. Sie zeigen Verwandtschaft mit Kodizes aus dem Bestand des Klosters Rheinau wie Codex Rh 14 in der Zentralbibliothek Zürich.[30] Zu diesem Kreis gehört auch das Psalterium Fürstenberg Ms. 180, heute in der Württembergischen Landesbibliothek Stuttgart.[31] Die Initiale *B(eatus)* des ersten Psalmes zeigt König David, der Christus auf den Schultern trägt.[32] Albert Boeckler schrieb das Werk dem Engelberger Skriptorium zu, woran die jüngere Forschung zweifelt.[33] Der *Liber Generationis*, der Stammbaum Jesu Christi, ist hier einma-

Stuttgart, Württembergische Landesbibliothek, Ms. 180, fol. 3r, Psalterium Fürstenberg. Taufe Christi mit Ecclesia
(nach Plotzek, s. Anm. 34)

lig ins Bild gesetzt, Typologie und Allegorie verschmelzen. Diesen Vorgang zeigt auch fol. 3r derselben Handschrift mit der Darstellung der Taufe Christi, bei der Christus die Hand seiner Braut, der Kirche, ergreift.[34] Wer wäre hier nicht an die Darstellung zum Hohelied in der Engelberger Frowin-Bibel (Cod. 4, fol. 69v) erinnert, auf die wir früher schon hinwiesen.

Die romanische Buchmalerei lebt in Engelberg noch zur Abtzeit Walters von Yberg (1252–1267) fort (Abb. S. 40). Während seines Abbatiates wurde 1254 die Kirche des Engelberger Frauenklosters St.Andreas geweiht. Ein Bild Walters von Yberg hat sich als Miniatur – wahrscheinlich aus einem Psalterium – in der Bibliothek des Germanischen Nationalmuseums Nürnberg erhalten.[35] Der jugendliche Abt kniet im Gebet und zugleich in vertrautem Zwiegespräch bei der thronenden Muttergottes, die ihrem Kind die nährende Brust reicht, ein Stück vertrauter Mystik. Am unteren Rand der Miniatur liest man: *waltherus abbas de iberch.* Der ohne Abtstab Dargestellte wurde 1267 wegen Nachlässigkeit abgesetzt, konnte aber im Kloster als Propst weiterleben.

Der mit weissen Lichtern gehöhte Akanthusrahmen der Miniatur erinnert an ein reich illuminiertes Psalterium aus der Kartause zu Buxheim, das wohl ursprünglich für den im Jahr 1250 gegründeten Dominikanerkonvent von Luzern bestimmt und in Engelberg illuminiert worden war. Es enthält tiefsinnige figurierte Initialen zu den Psalmen, denen ausserdem biblische Zitate oder Paraphrasen beigegeben sind.[36] Ohne Zweifel fusst diese Kunst auf dem Werk des Engelberger Meisters, dessen Initialen wie beispielsweise das *S(cientia)* in Codex 14, fol. 50r, Figuren enthalten, die das Böse oder Gute noch namenlos verkörpern. Auf der Zierseite *S(alvum me fac)* fol. 71r zu Psalm 68 im Buxheimer Psalter wird nun der Ruf des Psalmisten nach Errettung aus den Fluten bildlich und mit Worten kommentiert. Das Wasser verkörpern die sich verschlingenden Delphine, und Christus erscheint in der oberen Initialhälfte als Retter im Palmbaum, eine Anspielung auf Hohelied 7,8, was nun auch die Inschrift bestätigt: *Reverte Sulamitis* (Hohelied 6,12: «Kehr um oh Sulamit»). In der unteren Hälfte hat sich alles zum Guten gewendet. Die Braut sitzt mit Äpfeln im Schoss im Nussgarten. Hier wird Hohelied 6,10 inschriftlich zitiert: *Descendi in hortum nucum* («Ich ging in den Nussgarten hinab, um die Äpfel in den Tälern zu beschauen».)[37] So verbindet der Künstler auf einmalige Weise die Delphine als Allegorie des Wassers aus Psalm 68,2 mit einer Paraphrase nicht etwa aus dem Leben König Davids, sondern aus dem Hohelied seines Sohnes Salomon. Während in der französischen Psalterillustration des 13. und 14. Jahrhunderts in diesem Zusammenhang König David in den Fluten und Christus als Retter über ihm dargestellt sind,[38] greifen im Buxheimer Psalter Bilder des Hoheliedes in die Psalmen ein, so dass sich zwei berühmte Bücher des Alten Testamentes im Bild gleichsam vereinen. Der Einblick in das Kunstschaffen unserer alten Klöster der Innerschweizer Hochtäler führt unsere Gedanken schliesslich nicht nur zu den schönen und wertvollen Büchern, sondern auch zu den Vorgängen, die dem, was wir künstlerischen Ausdruck nennen, vorangingen. Die Mönche mussten, um Kultur zu machen, im eigentlichen Sinne des Wortes erst holzen, ackern und bauen. Sie haben dieses aber auch im übertragenen Sinne, nämlich im Geistigen, auf sich genommen und so ihr Land im höheren Sinne kultiviert. Daher sehen wir im Vergangenen immer wieder Lichter, die den menschlichen Anstrengungen einen Glanz verleihen, der auch in die künftigen Zeiten hineinstrahlen wird.

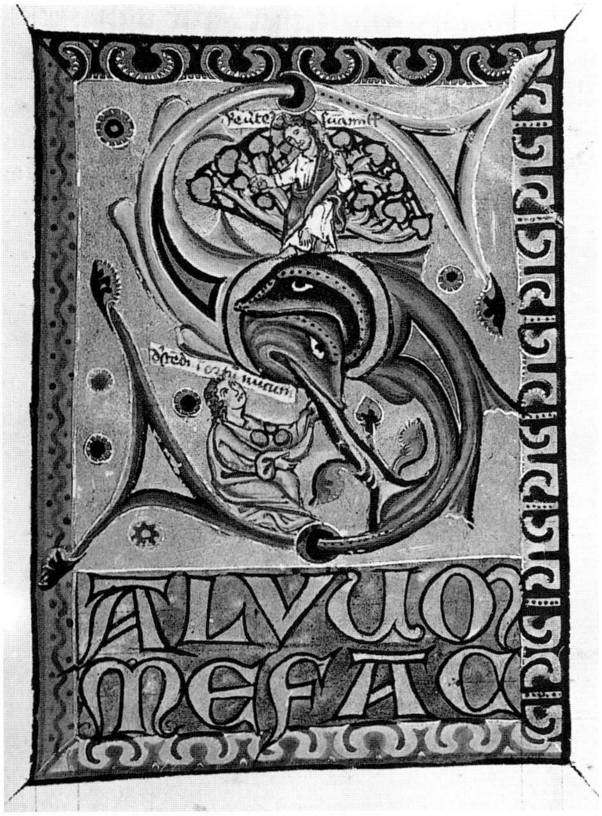

Santa Monica, Getty Center, Codex Ludwig VIII 3, fol. 71r, Buxheimer Psalter, Psalm 68. Initiale *S(alvum me fac)*, Christus und Braut (nach von Euw/Plotzek 1979)

* Der Herausgeber dankt Prof. Dr. Anton von Euw, Köln, für die spontane Bereitschaft, eine gekürzte Version seines Vortrages, gehalten im November 1997 im Barocksaal des Engelberger Benediktinerklosters, abdrucken zu dürfen.

1 Odilo Ringholz, Geschichte des fürstlichen Benediktinerstiftes U. L. F. von Einsiedeln 1, Einsiedeln 1904, S. 70, 78. – Joachim Salzgeber, Einsiedeln, in: Helvetia Sacra III, Die Orden mit Benediktinerregel I, Bern 1986, S. 522 f.
2 Helene Büchler-Mattmann und Gall Heer, Engelberg, in: Helvetia Sacra III, Die Orden mit Benediktinerregel I, Bern 1986, S. 610 f. (Lit.).
3 Gabriel Meier, Catalogus Codicum Manu Scriptorum (qui in Bibliotheca Monasterii Einsidlensis O. S. B. servantur), Leipzig 1899, S. 324. – Bruckner V, S. 51, 88. – Von Scarpatetti, Nr. 175.
4 Meier (wie Anm. 3), S. 133. – Bruckner V, S. 52. – Von Scarpatetti, Nr. 140.
5 Meier (wie Anm. 3), S. 197 f. – Bruckner V, S. 52. – Steinmann, S. 26 f.
6 Johannes Duft, Anton Gössi, Werner Vogler, Helvetia Sacra III, Die Abtei St. Gallen, St. Gallen 1986 (Sonderdruck), S. 25.
7 Bonifatius Fischer, Die Alkuin-Bibel, Freiburg i. Br. 1957.
8 Johannes Duft, Bonifatius Fischer, Albert Bruckner, Ellen J. Beer, Alfred A. Schmid, Eva Irblich, Die Bibel von Moutier-Grandval, British Museum Add. Ms. 10546, Bern 1971.
9 Johannes Duft, Die Bibel in der Stiftsbibliothek. Ausstellungs-Führer, St. Gallen 1981, S. 9 ff.
10 Anton von Euw, Die Bibelhandschriften des Klosters Einsiedeln vom 10. bis 11. Jahrhundert, in: Die Bibel in der Schweiz. Ursprung und Geschichte, Basel 1997, S. 63 ff.
11 Adolph Merton, Die Buchmalerei in St. Gallen vom neunten bis zum elften Jahrhundert, Leipzig 1923, S. 45, 55, 59, Taf. XXXIIII. – Christoph Eggenberger, Das Evangeliar Codex 17 der Stiftsbibliothek Einsiedeln. Ein Werk der spätkarolingisch-frühottonischen Buchmalerei des Klosters St. Gallen, in: Unsere Kunstdenkmäler 34, 1983, S. 168–175. – Anton von Euw, Früh- und hochmittelalterliche Evangelienbücher im Gebrauch, in: Der Codex im Gebrauch, hrsg. von Christel Meier, Dagmar Hüpper und Hagen Keller, Münstersche Mittelalter-Schriften 70, München 1996, S. 23 ff.
12 Zu Bischof Ulrich und Einsiedeln vgl.: Hagen Keller, Kloster Einsiedeln im ottonischen Schwaben, Forschungen zur oberrheinischen Landesgeschichte XIII, Freiburg 1964, S. 16 f., 21 f., 27 f., passim.
13 Butz, 1994. – Gamper, 1994.
14 Bruckner VI, Taf. XIX.
15 Vgl. Cod. Eins. 1(8). Zu den Evangelistenbilder: von Euw (wie Anm. 10), Abb. S. 77.
16 Beck, 1997, Abb. S. 81.
17 Hubert Houben, St. Blasianer Handschriften des 11. und 12. Jahrhunderts, Münchener Beiträge zu Mediävistik und Renaissance-Forschung 30, München 1979, S. 61ff., nennt Richene nicht. – Gall Heer, in: Engelberg (wie Anm. 2), S. 596 sagt zu Richene, seine Anfänge lägen «noch weitgehend im dunkeln».
18 Anton von Euw, Die Einsiedler Buchmalerei zur Zeit des Abtes Gregor (964–996), in: Festschrift zum Tausendsten Todestag des Seligen Abtes Gregor, des dritten Abtes von Einsiedeln 996–1996, hrsg. v. Odo Lang, St. Ottilien 1996, S. 198 ff., Abb. 21 f.
19 Gamper, 1994, Abb. S. 23 und 33.
20 Stöckli, S. 15 ff.
21 Vgl. von Euw (wie Anm. 10), Abb. S. 66. – Stöckli, S. 19, Abb. 2.
22 Schilling, S. 117 ff.
23 Hanns Swarzenski, The Berthold Missal. The Pierpont Morgan Library MS 710 and the Scriptorium of Weingarten Abbey, New York 1943.
24 Büchler-Mattmann (wie Anm. 2), S. 611 ff.
25 Meier (wie Anm. 3), S. 28, die Zeichnung ist nicht publiziert.
26 Grimme, 1968.
27 Hermann Schnitzler, Rheinische Schatzkammer I, Düsseldorf 1957, Nr. 12, Taf. 38–47. – Klaus Wessel, Die byzantinische Emailkunst vom 5. bis 13. Jahrhundert, Recklinghausen 1967, Nr. 22.
28 William Voelkle, The Stavelot Triptych. Mosan Art and the Legend of the True Cross, The Pierpont Morgan Library, New York 1980.
29 Hiltrud Westermann-Angerhausen, Das ottonische Kreuzreliquiar im Reliquientriptychon von Ste. Croix in Lüttich, in: Wallraf-Richartz-Museum 36, 1974, S. 7 ff. – Ornamenta Ecclesiae III. Katalog Kunst und Künstler der Romanik, hrsg. von Anton Legner, Köln 1985, Nr. 36.
30 Stöckli, S. 50 ff., Abb. 14 ff.
31 Joachim M. Plotzek, Andachtsbücher des Mittelalters aus Privatbesitz. Katalog zur Ausstellung im Schnütgen-Museum, Köln 1987, Nr. 1, Abb. S. 66 f.
32 Plotzek (wie Anm. 31), Abb. S. 67.
33 Boeckler, S. 81 f.
34 Zum Thema Braut-Bräutigam siehe: Joachim M. Plotzek, Die Taufe Christi als Brautband der Ecclesia, in: Festschrift für Peter Bloch zum 11. Juli 1990, hrsg. von Hartmut Krohm und Christian Theuerkauff, Mainz 1990, S. 55 ff. – Bewahrtes Kulturerbe, «Unberechenbare Zinsen». Katalog der Ausstellung der vom Land Baden-Württemberg erworbenen Handschriften der Fürstlich Fürstenbergischen Hofbibliothek, hrsg. von Felix Heinzer, Stuttgart 1993, Nr. 8, Abb. S. 61 (Christine Sauer).
35 Swarzenski, S. 50 f., 125 (Nr. 44). – Die Zeit der Staufer, Katalog der Ausstellung Stuttgart 1977, Bd. I, Stuttgart 1977, Nr. 725 (Renate Kroos). – Von Euw, Plotzek, S. 320.
36 Von Euw, Plotzek, S. 318 ff., Farbtaf. S. 319, Abb. 210.
37 Von Euw, Plotzek, S. 318, Farbtaf. S. 319.
38 Vgl. die Achtteilung der Psalterien, auch im Codex Sorbonicus (1270). – Vgl. Günter Haseloff, Die Psalterillustration im 13. Jahrhundert. Studien zur Geschichte der Buchmalerei in England, Frankreich und den Niederlanden, o. O. 1938. – Von Euw, Plotzek, S. 305.

Maria, Adams Rippe und die verbotene Frucht. Zur Genesisdarstellungen (Codex 3)

Kamla Zogg

Eine zeitgenössische Annale schreibt, dass Abt Frowin dem heruntergekommenen Kloster Engelberg vom Himmel herab gesandt worden sei:[1] Der Mann von augenfälliger Sittlichkeit und berühmter Weisheit – wovon seine Bücher der Nachwelt Zeugnis ablegen –, bescherte dem Kloster während seiner Amtszeit (1143/47–1178) eine frühe und ausserordentliche Blüte. Zu den wertvollsten Handschriften der Engelberger Bibliothek gehörte, damals wie heute, die grosse dreibändige Frowin-Bibel (Engelberg Codex 3–5). Im Engelberger Codex 3, dem ersten Band der Frowin-Bibel, finden sich auf der Rückseite des ersten Blattes drei lavierte Federzeichnungen, deren Zusammenstellung auf den ersten Blick seltsam wirken mag: Auf den unteren zwei Dritteln ist als Widmungsbild dargestellt, wie der kniende Abt Frowin Maria, die das Kind auf dem Arm hält, ein Buch überreicht. Auf dem oberen Drittel befinden sich, scheinbar ohne Zusammenhang mit der unteren Szene, die Erschaffung Evas links und der Sündenfall rechts. Die Genesisdarstellungen stehen mit dem Widmungsbild aber in komplexer Beziehung: Das ganze Blatt stellt die Heilsgeschichte in Kurzform dar.

Die Schöpfung: Eva aus der Rippe

Der Schöpfer steht in langem Unterkleid und Mantel in der Mitte und ist durch den Kreuznimbus als Christus Logos ausgezeichnet. Seine Füsse sind nackt, die Haare lang. Er setzt einen Fuss vor den anderen und senkt den Kopf über sein Tun. Mit der Rechten umfasst er die henkelartige Rippe in Adams rechter Seite. Die Linke hat er an die Seite von Evas Kopf gelegt, die Fingerspitzen berühren ihre Schulter. Adam links und Eva rechts vom Schöpfer dargestellt, sind nackt. Ihre Rippen sind durch Doppelbögen bezeichnet. Adam trägt langes Haar und einen Kinnbart; er hat die Augen geschlossen. Der Kopf ist in den Nacken gelegt, der Oberkörper zurückgelehnt und die Beine liegen entspannt. Der linke Arm bedeckt die Scham, während der rechte angewinkelt ist und die Hand in Richtung des Schöpfers weist. Eva sitzt vornübergebeugt. Die Rechte hat sie erhoben, die halboffene Hand vor dem Gesicht, den Blick auf die Hand gerichtet.

Die Bibel bietet zwei Versionen der Schöpfung des Menschen. Im ersten Kapitel der Genesis, werden als Höhepunkt des gewaltigen Sechstagewerkes und als Krönung der Schöpfung die Menschen geschaffen. Sie sind als Gottes Ebenbild, Mann und Frau, zugleich geschaffen. Gott segnet sie und weist sie an, fruchtbar zu sein und sich die Erde untertan zu machen. Für die Entstehung des Menschen wurde aber nicht dieser Bericht zum bestimmenden Mythos, sondern der zweite: die dramatische Geschichte von der Erschaffung Adams in erster und seiner Gefährtin Eva in zweiter Linie, vom Baum und der Schlange und vom Verlust des Paradieses auf dem Höhepunkt des Geschehens. Die bildlichen Schöpfungszyklen setzen sich meist aus beiden biblischen Berichten zusammen: Bis zur Erschaffung der Landtiere gilt die erste, abstrakte Version. Dann erfolgt der Wechsel, dargestellt wird nun die spannende und ergreifende Geschichte rund um Adam und Eva, die sich für die bildliche Inszenierung hervorragend eignete und der herrschenden Ansicht vom Vorrang des Mannes entsprach. Gezeigt wird dabei meist die Erschaffung der Eva.[2] So konnte einerseits die Erschaffung beider, Adams und Evas, platzsparend in einer Szene dargestellt werden. Andererseits galt die Erschaffung Evas als Typus für das Entstehen der Kirche aus Christi Seitenwunde bei der Kreuzigung, was der Szene zu besonderer Bedeutung verhalf. Weil die Seitenwunde auf der besseren, der rechten Seite dargestellt wurde, ist es entsprechend meist eine rechte Rippe Adams, die entnommen wird.[3]

Die frühchristliche Sarkophagplastik zeigt Eva als kleine Figur, die der Schöpfer formt oder die nackt auf der Erde liegt. Auf der Suche nach einer christlichen Ikonographie verwendete man bei diesen Darstellungen geläufige antike Figurentypen in neuem sakralen Zusammenhang und behielt das antike Konzept der Körperlichkeit bei. Wahrscheinlich wurde die Septuaginta, der griechische Text des Alten Testaments, bereits im dritten Jahrhundert vor Christus in illustrierten Handschriften der hellenistischen Maltradition verbreitet. Aus den ältesten erhaltenen Zeugnissen kann geschlossen werden, dass bei diesen umfangreichen Bilderzyklen fast jede Textstelle eine bildliche Wiedergabe fand. Die frühen Kopien dieser Bilder lassen sich auf einzelne Archetypen zurückführen und in drei Familien unterteilen: erstens diejenige der Wiener Genesis,[4] zweitens diejenige der Cotton-Genesis[5] und schliesslich diejenige der späteren, mittelbyzantinischen Oktateuche, der beliebten Zusammenstellung der acht ersten Bücher des Alten Testaments.

Die nach einem Brand nur in verkohlten Resten erhaltene Cotton-Genesis wird in das sechste Jahrhundert datiert. Diese Handschrift, deren Ursprung in Alexandria vermutet wird, hat im Mittelalter Europa erreicht. Vier karolingische Bibeln zeigen Darstellungen, die als die frühesten erhaltenen nördlichen Beispiele aus der Familie gelten. Die Kuppelmosaiken der Vorhalle von San Marco in Venedig, die mit etwa einhundert Szenen den Genesistext illustrieren, gehen auf die Cotton-Genesis zurück.[6] Zur Familie der Cotton-Genesis gehören am Ende des 12. Jahrhunderts auch der *Hortus Deliciarum* der Herrad von Landsberg im Elsass und die Millstätter Genesis.[7]

Christus Logos als Schöpfer

Der Schöpfer in Engelberg ist durch sein jugendliches Aussehen und den Kreuznimbus als «Christus Logos» bezeichnet. Trotz des geläufigen Verbots einer bildlichen Darstellung Gottvaters wäre es verfehlt, in dieser Darstellung Christi als Schöpfer eine Notlösung sehen zu wollen. Vielmehr geht es um die Wesensgleichheit von Vater und Sohn: Christus, nicht in seinem irdischen Wirken, sondern als der vor aller Schöpfung existierende *logos*, also das «Wort Gottes» und der Schöpfer des Weltalls gemäss Offenbarung 19, 13. Die Eingangsverse des Johannesevangeliums weisen in dieselbe Richtung: «Im Anfang war das Wort, und das Wort war bei Gott, und Gott war das Wort.» Paulus spricht vom Ebenbild des unsichtbaren Gottes, dem Erstgeborenen vor allen Kreaturen.[8] Eusebius von Caesarea hatte auf dem Konzil von Nicäa darauf bestanden, dass Christus der Logos-Creator sei und diese Erkenntnis ist im heute noch gesprochenen Credo festgelegt. Seit karolingischer Zeit findet die Ansicht, Christus habe die Welt erschaffen, sowohl in der Literatur als auch in der bildenden Kunst Verbreitung.

Adams Schlaf

Als Adam die Tiere benennt, wird deutlich, dass er als einzige Kreatur allein ist, «für den Menschen war keine Gehilfin gefunden» (Gen 2, 20 b). Gott erkennt, dass es nicht gut ist, dass der Mensch allein sei, und will ihm eine Gehilfin machen (Gen 2, 18). Adam versteht, dass Eva aus einem Teil seiner selbst geformt und dass sie seine Gefährtin sein wird. Seinem Schlaf wurde deshalb ein ekstatisch-visionärer Charakter beigemessen. Adams Schlaf ist der erste und bedeutendste alttestamentliche Typus für Christi Tod am Kreuz. Mit Genesis 2, 21 beginnt nicht nur die Typologie der Passion, es erwächst aus der Parallele ein ganzes Gebäude typologischer Beziehungen zwischen dem Alten und Neuen Testament und eine weitgespannte heilsgeschichtliche Ausdeutung. Die Scholastik des 12. Jahrhunderts verfocht die Deutung von Adams Schlaf als Typus der Entstehung der Kirche aus Christi Tod am Kreuz. In Engelberg findet sich die Szene der Entnahme von Adams Rippe mit jener der Schaffung Evas in einer Darstellung vereinigt. Die entnommene Rippe ist von der rechten Seite Adams und entspricht so der Seitenwunde Christi. Nur die geschlossenen Augen zeigen Adams Schlaf an, er stützt seinen Kopf nicht auf die Hand auf. Die Darstellung ist auf das Wesentliche beschränkt. Adam und Eva scheinen zu schweben, statt an Erdhügeln zu lehnen, wie sie es in verwandten Darstellungen jeweils tun.[9] Der Zusammenzug der Szenen verlangte nach einer gedrängten Komposition, damit beide, Adam und Eva, nahe beim Schöpfer sind. Der Künstler hat die Unterlage weggelassen, wodurch sich eine befremdende, aber dennoch seltsam harmonische und verständliche Neukomposition ergab, in der Adam und Eva im Schöpfer einen gemeinsamen Angelpunkt haben, von dem sie fächerartig ausstrahlen. Die Teilung der Menschen in zwei Geschlechter aus der einen Gottheit wird durch diese Darstellungsweise augenfällig gemacht. Evas Oberkörper ist dabei dem Umriss des Schöpfers fast eingeschrieben, sein Mantel legt sich noch um ihre linke Schulter, wodurch dargestellt scheint, dass sie gerade erst in diesem Moment durch die Beseelung aus der Unselbständigkeit herausgefunden hat und ihre Erschaffung beendet ist. Unwillkürlich wird man an Michelangelos Darstellung der Erschaffung Adams in der Sixtina erinnert, wo sich Eva ebenfalls als Teil von Gottes Schöpfung noch unter seinem Mantel befindet. In Engelberg wird ihre Beseelung durch das schon fast zärtliche Auflegen der Hand Gottes verdeutlicht; ihre Belebung im aktiven Aufsitzen und in der Art, wie sie sich, scheinbar verblüfft, die eigene Hand vor Augen hält – dieselbe Hand übrigens, mit der sie später den Apfel zum Mund führen wird. Die Darstellung nimmt also eine eigenständige Stellung ein. Sie steht zwar mit der Cotton-Genesis-Familie in Verbindung; die beiden Phasen werden aber in eine Darstellung zusammengezogen, sind dabei sinngemäss und auch durch die Logik der Abbildung von links nach rechts zu lesen; der Schöpfer streckt die Hände zu beiden Handlungen aus.

Der Sündenfall: Die verbotene Frucht

In der Darstellung des Sündenfalls finden sich neben Eva, Adam und den Früchten noch die Schlange und der Baum als Erzählungselemente. Eva steht links. Sie ist grösser als Adam und der Baum und dadurch als

Hauptfigur im Vordergrund ausgezeichnet. Ein langer Zopf fällt über ihren Rücken. Ihr Gesicht ist wie dasjenige von Christus in der Berchtoldzeit überarbeitet worden und trägt die dafür typischen Züge: weite mandelförmige Augen, eine gerade Nase, die in sehr ausgeprägte Brauen übergeht, und einen Mund, der durch eine grosse doppelbogige Ober- und eine winzige einbogige Unterlippe gebildet wird. Eva hält mit der Rechten eine Frucht vor ihren geschlossenen Mund. Die Linke hat sie gegen Adam ausgestreckt und bietet ihm eine weitere Frucht an. Adam steht ihr gegenüber und wiederholt spiegelverkehrt ihre Gesten. Innerhalb dieses symmetrischen Aufbaus setzen die Schlange und der Baum asymmetrische Akzente: Die Schlange schlingt sich zu einem riesigen ornamentalen Knoten und ringelt sich um den Baum. Ihr dünn auslaufender Schwanz ist mit einem herzförmigen Ende versehen. Den drachenähnlichen Kopf streckt sie Eva entgegen, im offenen Maul eine Frucht. Der einfache Baumstamm verzweigt sich zu vier spitz zulaufenden Ästen. Die Äste und Blätter daran strecken sich, als bildliches Gegengewicht zur Schlange, Adam entgegen.

Die frühesten erhaltenen Darstellungen des Sündenfalls gehen ins dritte Jahrhundert zurück. Die in der frühchristlichen Sepulkralkunst entstandene synchrone Darstellung drängte den Sündenfall zur knappsten, einprägsamsten Form zusammen. Sie wurde für die endzeitliche Gegenüberstellung von Sündenfall und Kreuzestod, die Gleichsetzungen von Adam mit Christus sowie Eva mit Maria wichtig. Die österliche Präfation des Exultet formuliert dies vermutlich schon im 4. Jahrhundert so: «Oh Sünde des Adams, du warst sicher nötig, damit du durch Christi Sterben getilgt werden konntest! Oh glückliche Schuld, die einen Erlöser verdiente, so gross, so erhaben!»[10]

Die Versuchung Evas. Die Schlange, der Baum und die Frucht

Die biblische Erzählung vom Sündenfall beginnt mit der Versuchung Evas durch die Schlange (Gen 3, 1–5), einem dialektischen Frage- und Antwortspiel, in dem der Versucher Evas Bedenken zerstreut. Das Anbieten des Apfels im offenen Maul der Schlange kann als Teil der Überredungskunst verstanden werden, als Beweis dafür, dass die Frucht unschädlich ist; als würde sich die Schlange als Vorkoster ausgeben. Die typologische Auslegung des Verführungsdialoges hat seit Ambrosius die Versuchung des ersten Menschenpaares mit derjenigen von Christus in der Wüste parallel gesetzt (Mt 4, 1–11). Die Schlange ist die arglistige Abgesandte oder gar Maske des Teufels.[11] Der Baum der Erkenntnis wird durch den Sündenfall zum Todesbaum und steht so dem Kreuz als lebensbringendem Baum der Erlösung gegenüber. Die Engelberger Darstellung des Sündenfalls vereinigt verschiedene Szenen in sich: Die Schlange verführt Eva, indem sie ihr die Frucht entgegenstreckt. Eva nimmt und isst. Die zentrale Szene ist die Übergabe der Frucht an Adam. Zuletzt isst Adam von der Frucht. Die Szenenfolge lässt sich so von links nach rechts als Fortsetzung der Schöpfungsszene lesen.

Die Darstellung zeigt zwar einen Schlangenleib, doch das herzförmige Schwanzende und die Ohren lassen auch an ein drachenartiges Wesen denken. Diese Vorstellung geht auf die Drachengestalt zurück, die der Teufel in der Johannesapokalypse besitzt (Offb 12, 9). Die Schlange bietet den Apfel im offenen Mund an und windet ihren Leib zu einem riesigen Knoten; möglicherweise verkörpert die Schlange so die Verknotung der Menschenschicksale, die mit Evas Verführung ihren Anfang nimmt.

Der Engelberger Baum ist ein einfacher Archetypus, dessen kleine runde Früchte nicht eindeutig als Äpfel identifiziert werden können. An der berühmten Hildes-

Hortus Deliciarum, fol. 17r, Genesis (nach Green 1979)

heimer Bronzetür beteiligt sich die Vegetation in expressiver Art am Geschehen.[12] Auch in Engelberg scheint der Baum aktiv; als wäre er mit der Schlange im Bunde, weist er, die Übergabe verdeutlichend, mit seinen Ästen und Blättern auf Adam.

Auf der Suche nach Vorbildern und Parallelen zur Engelberger Darstellung weisen einige Spuren ins Elsass. Auf fol. 17r des *Hortus Deliciarum* der Äbtissin Herrad von Landsberg war im oberen Register links dargestellt, wie der Schöpfer auf seinem Thron an Adams Kopf mit sanftem Fingerstrich die letzten Korrekturen anbringt.[13] Fol. 17v zeigte oben Sündenfall und Scham Adams und Evas in zwei Szenen, unten konfrontierte der Schöpfer die beiden verstörten Sünder und wies sie in einer weiteren Szene aus dem Paradies. Die Szenen im *Hortus Deliciarum* sind grundsätzlich mit denjenigen in Engelberg verwandt; es handelt sich einmal um einen Zusammenzug der beiden Cotton-Genesis Szenen der Entnahme und der Formung und zum zweiten um das symmetrische Sündenfallschema mit dem Weiterreichen der Frucht von der Schlange bis zu Adam.

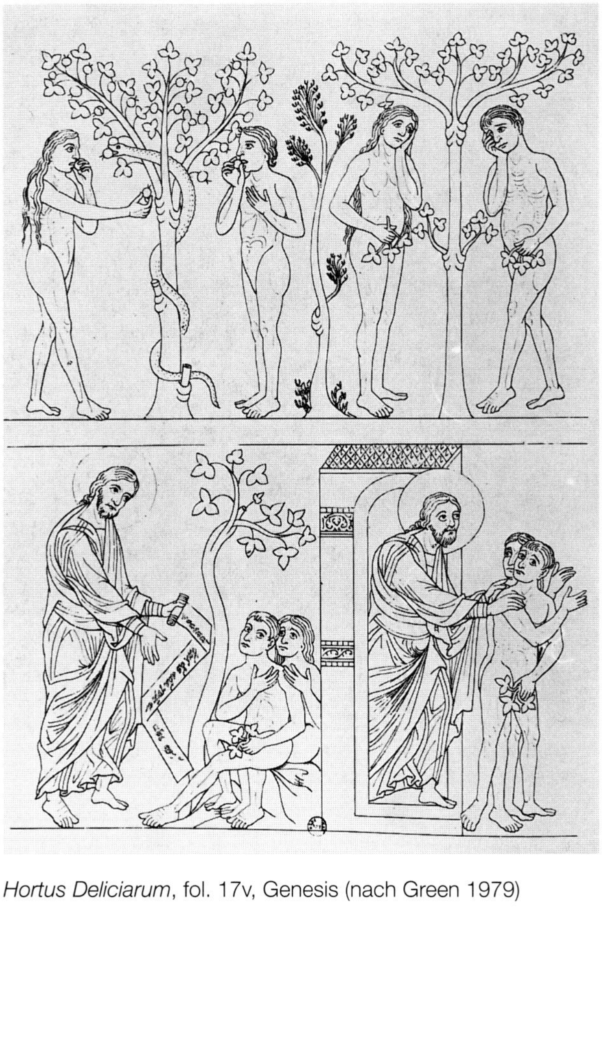

Hortus Deliciarum, fol. 17v, Genesis (nach Green 1979)

Im *Hortus Deliciarum* und im Engelberger Codex werden die Aufgaben aber verschieden gelöst, die Schwerpunkte anders gelegt. Beide Varianten gehören in das Umfeld der Cotton-Genesis-Familie, ohne dass der Grad der Verwandtschaft näher bestimmt werden könnte.

Nackt – nicht sinnlich

Die Betonung des Körperlichen und des diesseitigen Lebens harmonierte schon im 4. Jahrhundert nicht mit den christlichen Vorstellungen. Der zeichenhafte Charakter der Gesten, der starre Blick, das Fehlen von Räumlichkeit und die Entsinnlichung des nackten menschlichen Körpers wurden bewusst eingesetzt, um dem Geistigen Ausdruck zu geben.[14] In vielen Darstellungen halten sich Adam und Eva bereits bei der Versuchung Blätter vor die Scham. Einerseits spielt dabei das Zusammenziehen mehrerer Szenen zu einer Darstellung eine Rolle, andererseits wird so weder das Schamgefühl des Künstlers noch des Betrachters verletzt. Im Vordergrund steht die Darstellung des Hochmuts, den die ersten Menschen Gott gegenüber verübten, als sie gegen sein Gebot verstiessen. In Engelberg geht der Zeichner mit der Nacktheit anders um; Adam und Eva unterscheiden sich durch keinerlei Geschlechtsmerkmale, die nackten Körper sind schematisiert und aller Sinnlichkeit beraubt. Man könnte auch argumentieren, dass der Künstler die beiden *vor* jeder Geschlechtlichkeit und Sinnlichkeit darstellt. Der weibliche Körper wurde gemäss Aristoteles als eine Abwandlung des männlichen Körpers aufgefasst, als ein unvollendetes, unzulängliches Doppel. Diesen unterlegenen Charakter des weiblichen Körpers sah man auch durch den Genesistext bestätigt. Eva sei im ursprünglichen Plan Gottes nicht vorgesehen gewesen und von Anfang an vom Mann abhängig, da sie nicht aus Lehm, sondern aus der männlichen Rippe entstanden sei. Dem unvollkommenen Körper entspricht eine unvollkommene Seele; für die scholastischen Theologen ist die Frau ein körperlich und geistig schwaches Wesen, eine Sklavin ihrer Sinne und gerade dadurch für die Sünde anfällig; dafür war wiederum Eva der beste Beweis.

Maria als die Neue Eva

Aus der Typologie von Sündenfall und Erlösung ergibt sich die Präfiguration Christi durch Adam. Die Kunst bringt den Alten mit dem Neuen Adam, neben der Höllenfahrt Christi und dem Sündenfall, vor allem dadurch in Verbindung, dass Adam bei der Kreuzigung präsent ist. Das Kreuz soll nämlich auf Adams Grab, Golgatha, der Schädelstätte, gestanden haben. So zeigt zum Beispiel die grosse Kreuzigung des *Hortus Deliciarum* das Skelett Adams im Sarg (fol. 150r).

Die Gegenüberstellung Christi mit Adam ist aber in der Kunst des Mittelalters weniger volkstümlich geworden als die Antithese von Eva und Maria. Die Urmutter Eva wird mit der Gottesmutter Maria verbunden. Schon Justinus und Irenäus haben die Stellung betont, die Maria als zweite Eva im Heilsplan einnimmt. Maria wird in ihrer Bedeutung als Fürsprecherin für Eva und für die ganze Menschheit zur Löserin des Knotens, den Eva unter dem Einfluss des Bösen in die Bänder des Menschenschicksals geknüpft hat.[15] Im achten Jahrhundert brachte man diese Überzeugung als Palindrom auf die Kürzestformel *Eva – Ave*, denn mit *ave*, dem Grusswort des Engels an Maria, wird die Verkündigung eingeleitet (Lk 1, 28 und 42). Die räumliche Nähe von Adam und Eva und der Anbetung der Könige ist schon auf frühchristlichen Sarkophagen zu finden und häuft sich im 12. Jahrhundert an Tympana französischer Kirchen. Gerade die Anbetung kann für das Stifterbild Frowins unterhalb der Genesisszenen als Vorbild betrachtet werden.

Die Analogie von Eva und Maria spannt sich als riesiges Gewölbe über die Geschichte der abendländischen Einstellung zur Frau und lastet zum einen auf Eva, der niederen, verachtenswerten Verführerin, zum andern auf Maria, dem unerreichbaren, reinen Ideal. Im 15. Jahrhundert geht ein anonymer Poet sogar soweit, Gott für den gesegneten Sündenfall zu danken, gerade er habe es ermöglicht, dass Maria zur Himmelskönigin werden konnte.[16]

Dedikationsszene

Bei der unteren Dedikationsszene ist die Farbe Rot spärlich zum Einsatz gekommen. Der mit Casula, Stola und Manipel bekleidete und tonsierte Abt Frowin kniet hier vor Maria und überreicht ihr den beschlagenen Prachtband. Maria ist mit einer mitraartigen Krone gekrönt, die Infulae fallen entlang ihren Schultern herab. Unter dem Mantel trägt sie ein Oberkleid mit langen Glockenärmeln, darunter ist der Saum des Untergewandes sichtbar. Rund um das obere Gewand verläuft eine punktierte Bordüre. Das Christuskind erinnert an byzantinische Vorbilder. Es streckt segnend mit der Linken ein Kleeblattszepter gegen Frowin aus, während es mit der offenen Rechten den Empfangsgestus der Mutter wiederholt. Der Vers links verrät, worauf Frowin hofft – und Anspruch hat: *O genitrix Christi pax mundi gloria celi / Dono tibi librum michi da veniam vitiorum*. – «Oh Gebärerin Christi, Friede der Welt, Zierde des Himmels / Ich gebe dir das Buch / Gib mir Vergebung der Sünden.» In einer anderen Schrift in dunklerer Tinte korrspondieren auf der rechten Seite zwei Anrufungen an Maria: Frowin wird namentlich als *Frowinus abbas* genannt. Den Marieninschriften kommt eine litaneiartige Wirkung zu in der Wiederholung von «sancta»; die griechischen Buchstaben weisen ihrerseits auf die östlichen Vorlagen hin, die Bezeichnung als Gottesgebärerin – «Theotokos» – verknüpft die Mariendarstellung auch auf dieser Ebene mit der Genesis. Eine Vorlage scheint dem Schreiber bei der Arbeit nicht vorgelegen zu haben; und er war des Griechischen nicht mächtig, schreibt er doch ΘHωΘωKωC Thhothokos statt ΘEOTOKOC Theotokos.[17]

Die Szene ist durch die Gewandfalten belebt: Wie um die Intensität zu unterstreichen, mit der Frowin zu Maria hinstrebt und vor ihr kniet, schwingt sein Gewand zu seinen Füssen zurück. Die Figur der Maria wird dagegen durch die vertikalen und V-förmig verlaufenden Falten als standfest charakterisiert. Und doch nimmt sie Frowin in Empfang: Die beiden genau gleich gepressten Falten der Gewandzipfel streben zueinander, scheinen sich zu verschränken und drücken damit aus, dass nicht nur Frowins Stiftung, sondern auch Frowin selbst bei Maria Aufnahme findet.

Heilsgeschichte in drei Szenen

Die Komposition des gesamten Blattes wird von zwei Diagonalen beherrscht: Durch den schrägen Verlauf des Abtstabs von Frowin sowie durch seinen zurückgebogenen Kopf entsteht eine genaue Diagonale zum schrägen Oberkörper des schlafenden Adams; der nach vorn geneigte Kopf Marias mit der Krone zielt auf die in ihre Richtung weisenden Beine Evas. Festzustellen ist, dass das Kind mit seinem in den Nacken gelegten Kopf verhalten in Richtung Adam schaut, während dessen Füsse auf das Kind ausgerichtet erscheinen.

Wie die Beschäftigung mit diesen durch strenge Beschränkung charakterisierten Darstellungen offengelegt hat, handelt es sich um ein in seiner Kürze ausgefeiltes und in einigen Punkten geradezu innovativ wirkendes theologisches Programm: Adam und Eva haben einen gemeinsamen Brennpunkt in Christus; von ihm strahlen sie fächerartig aus – ein bildnerischer Hinweis auf die Schöpfung beider Geschlechter aus dem Einen Gott. Eva hält sich im Moment ihrer Beseelung gerade jene leere Hand vor Augen, die ihr alsbald die Frucht zum Munde führen wird. Gleich unter den greifenden Händen befindet sich der elaborate Knoten, den die Schlange bildet; Sinnbild für die Verknotung der Menschenschicksale durch den Sündenfall. Als Gegensatz dazu wirkt die gradlinige Strenge der Maria in der Dedikationsszene. So wird dem, dem Stifterbild inhärenten Faktor der Erbsünde beziehungsweise des Systems von Sündenfall und Erlösung, in das der mittelalterliche Mensch eingespannt war, bildlicher Ausdruck verliehen.

Adam und Eva sind Typen für Christus und Maria. Diese Beziehung wird auf dem Blatt durch die Komposition verstärkt. Frowin ist als Nachkomme des ersten Menschen Träger der Erbsünde. Durch sein «gutes Werk», die Bibel, die er der Jungfrau stiftet, wird er Teil der Heilsgeschichte. Die Übergabe ist in zwei Szenen zentrales Moment: Eva reicht den Apfel, Adam greift danach; Frowin reicht die Bibel, Maria greift danach. Die beiden Darstellungen stehen in einem kausalen Zusammenhang: Durch den Sündenfall wird die Heilsgeschichte überhaupt erst ermöglicht; weil Adam zum Sünder wurde, kann Frowin nun, nach dem Opfer Christi, auf Erlösung hoffen. Der Zusammenzug von Stiftungsbild und Genesisdarstellung auf einer Seite am Anfang einer Bibel kann auch zufällig zustandekommen; die Illustration des Anfangs der Bibel beziehungsweise die Dedikation gehören beide an den Beginn. Hier dürfte jedoch erwiesen sein, dass die beiden Bildregister aufeinander bezogen sind. Beide Male ist eine Frau die Vermittlerin, einmal der Sünde und damit der Ungnade und einmal der Erlösung und damit der Gnade. Auf einem Blatt wird die ganze Heilsgeschichte dargestellt: Schöpfung, Sündenfall und Erlösung!

Der Mensch von damals war sich seiner Position inmitten der Heilsgeschichte ständig bewusst. Als Folge des Sündenfalls befand er sich in einem fremden Land, *terra aliena*, doch als «wahrer Christ» war er dort nur auf Durchreise; durch den Tod Christi konnte er auf Erlösung und das Zuhause im Jenseits hoffen,[18] doch nur, wer durch Lebenswandel und Stiftungen Sühne leistete. Frowin ist in der glücklichen Lage, der Gottesmutter seine Bibel anbieten zu können. Weil seine Stiftung in Empfang genommen wird, bildet er, Nachkomme Adams und Evas und Erbe ihrer Sünde, als Erlöster den Abschlusspunkt der weitläufigen typologischen und theologischen Beziehungen, die sich über dieses Blatt spannen.

1 *Virum moribus conspicuum, sapientia clarum, quod libri eius luculenter elaborati probant, qui servantur apud nos.* Zitiert nach Durrer 1901, S. 19.
2 Johannes Zahlten, Creatio mundi. Darstellungen der sechs Schöpfungstage und naturwissenschaftliches Weltbild im Mittelalter, Stuttgart 1979, S. 195.
3 Hans Martin von Erffa, Ikonologie der Genesis. Die Christlichen Bildthemen aus dem Alten Testament und ihre Quellen, München 1989, S. 153.
4 Wien, Österreichische Nationalbibliothek, Cod. theol. gr. 31.
5 London, British Library, Ms. Cotton Otho B. VI.
6 Kurt Weitzmann und Herbert L. Kessler, The Cotton Genesis. British Library Codex Cotton Otho B. VI., Princeton 1986. – Herbert L. Kessler, The Illustrated Bibles from Tours, Princeton 1977. – Koichi Koshi, Die Genesisminiaturen in der Wiener «Histoire Universelle» (Cod. 2576), Wien 1973, S. 5–7. – Otto Demus, The Mosaics of San Marco in Venice, Chicago und London 1984.
7 In: Green, 1979. – Millstätter Genesis: Klagenfurt, Kärntner Landesarchiv, Geschichtsverein-Hs. 6/19. – H. Voss, Studien zur Illustrierten Millstätter Genesis, München 1962.
8 Kol 1, 15–16. Vergleiche auch 1. Kor 8, 6.
9 Durrer, ASA 1901, S. 54 f. enthält sich einer Interpretation, meint aber, dass Gott Adam wie zur Kraftprobe in die Höhe zu heben scheine. Diese Auffassung hält der Analyse der Miniatur nicht stand: Adams und Evas Haltung evozieren eindeutig entspanntes Aufliegen.
10 Erffa (wie Anm. 3), S. 179.
11 Erffa (wie Anm. 3), S. 171.
12 Hermann Fillitz, Das Mittelalter I, Bd. 5, Propyläen-Kunstgeschichte, Berlin 1969, Abb. 114.
13 Green, 1979.
14 H. Kaiser-Minn, Die Entwicklung der frühchristlichen Sarkophagplastik bis zum Ende des 4. Jahrhunderts, in: Spätantike und frühes Christentum, Ausstellungskatalog Liebighaus Museum alter Plastik, Frankfurt a. M. 1984, S. 326.
15 Erffa (wie Anm. 3), S. 211.
16 Zitiert nach: Helen Gardner (Hrsg.), Oxford Book of English Verse 1350–1950, Oxford 1972, S. 13–14.
17 Walter Berschin, Griechisch-lateinisches Mittelalter. Von Hieronymus zu Nikolaus von Kues, Bern 1980.
18 M. M. Davy, Initiation à la symbolique romane (XIIe siècle). Nouvelle Edition de l'Essay sur la symbolique romane, Paris 1977, S. 123.

Die beiden Miniaturen der Frowin-Bibel auf Einzelblättern

Reto Bonifazi

Die Engelberger Frowin-Bibel besteht aus den Codices 3, 4 und 5. Der erste und der dritte Band werden von einem Einzelblatt mit einer ganzseitigen Illustration eingeleitet; die Blätter sind nachträglich hinzugefügt worden. In beiden Bänden beginnt die erste Lage mit dem zweiten Folio. Die Miniaturen zeigen beträchtliche Unterschiede zu den übrigen Malereien in der Bibel und in den anderen Handschriften aus der Frowin-Zeit. Aus diesem Grund soll im folgenden am Beispiel des Evangelisten Lukas – Codex 5, fol. 153v – zunächst versucht werden, die besonderen Merkmale dieses Stils herauszuarbeiten. Die schwungvollen, ornamentalen Formen verlaufen unabhängig von einem natürlichen Faltenwurf. Dünne, sicher gezeichnete braune Umrisslinien grenzen Felder ab, die durch das für Engelberg charakteristische Ornament ausgefüllt werden. Es besteht bei Lukas aus sich verjüngenden blauen und grünen Streifen, die von zwei bis drei gleichfarbigen, parallel verlaufenden Linien begleitet werden. Markante Merkmale formen das Gesicht: ein Oval als Kopfform, eine gebogene Kinnfalte, ein kleiner roter Mund, die beiden roten Wangenpunkte, die geschwungene Nase, deren Linie sich in die linke Augenbraue fortsetzt, und die geometrisch empfundenen Augen mit einem schwarzen Punkt für die Pupille. Die Haare sind durch runde Bogen begrenzt und mit roter Kreuzschraffur angedeutet. Während die Darstellung Lukas' bis in die Binnenzeichnung durch eine sorgfältige Ausführung auffällt, ist diejenige von Markus durch zittrige Linien gekennzeichnet. Reizvoll sind die kleineren Initialfiguren zu Beginn der Evangelien, in ihren phantasievollen Stellungen.

Das Widmungsbild mit Abt Frowin und dem Schreiber Richene bildet das Frontispiz des dritten Bandes der Frowin-Bibel (Codex 5, fol. 1r). Mit dunkler Tinte stehen oben horizontal die beiden folgenden Sätze geschrieben: *Cur aut unde minus habet a mercede Frowinus? / Cum scriptor scripsi, manus autem paruit ipsi.* – «Warum oder weshalb sollte Frowinus weniger Lohn haben? / Während ich als Schreiber schrieb, gehorchte doch die Hand ihm.»[1] In die Arkadenbogen ist ein weiterer Vers eingeschrieben: *Dum bene praecedit hic, dum catus alter obedit / Merces amborum florebit in arce polorum.* – «Weil der eine gut voranging, der andere klug folgte, / Wird der Lohn beider gross sein in der Himmelshöhe.» Der Schreiber sitzt wie sein Auftraggeber auf einem, wenn auch etwas kleineren, thronartigen Stuhl.[2] Zwischen ihnen ist auf einem Schreibpult ein aufgeschlagenes Buch sichtbar. Die beiden Mönche sind sowohl an ihren Attributen – Abtstab und Messer zum Schärfen des Federkiels – als auch an den Beischriften zu erkennen. Sie blicken sich gegenseitig an und der Abt zeigt mit seinem rechten Zeigefinger auf den Schreiber Richene, während dieser mit seinem linken Zeigefinger auf das Buch weist. Der Abt ist als Auftraggeber gekennzeichnet und Richene als der Ausführende. Dadurch soll das Bild als Illustration des Arkadentextes gelesen werden und verweist auf «den Lohn beider». Es zeigt demnach nicht nur die Auftragserteilung durch den Abt, denn Frowin diktiert nicht, vielmehr unterstreicht die bildhafte Umsetzung des Textes den Anspruch der beiden Mönche auf den himmlischen Lohn. Die Grössenunterschiede der beiden und ihre Sitzstellung lassen das bekannte Schema der Buchwidmung erkennen, in welchem der Empfänger grösser ist, frontal sitzt und nur den Kopf leicht nach links zum Schenkenden wendet. Die Bedeutung Frowins wird durch das Kissen auf dem Thron betont, wogegen hinter Richene eine Rückenlehne sichtbar wird; sie weist auf die anstrengende Arbeit des Schreibers hin.[3]

Zwei Merkmale prägen die Erscheinung der beiden Personen und heben sie ab vom Stil anderer Miniaturen in den Frowin-Handschriften: ihre Köpfe und die ornamentale Faltenbehandlung. Mit wenigen Linien erhalten die Gesichter ihr charaktervolles Aussehen. Ein Dreiviertelkreis bildet das Kinn, wovon eine Linie, die zum Ohr abzweigt, den Bart begrenzt, der mit blauer Farbe angedeutet ist. Durch den Verzicht auf farbige Gewänder wird die asketische Darstellung der Gesichter noch verstärkt. Die auffallenden Augen mit ihrem „sprechenden" Blick sind wesentliche Elemente des „Frowin-Stils". Die dünnen Gesichts- sowie die Handlinien sind mit sicherer Hand gezogen, die ornamentalen Gewänder gröber gezeichnet. In späterer Zeit wurde bei Richene das linke Knie mit dunkelbrauner Tinte angefügt; es gewinnt dadurch grössere Naturnähe. Richenes rechter, störend breiter Ärmel ist seitlich fünfmal geknöpft, wodurch er beim Schreiben zurückgehalten wird. In einer Handschrift aus Weingarten aus dem Ende des 12. Jahrhunderts sind in einer Zweierarkade ein Schreiber und ein Zeichner stehend dargestellt.[4] Während der Schreiber ein Mönch ist und das erwähnte Gewand trägt, ist der Miniaturist als Laie erkennbar, dessen Ärmel vorne so eng sind, dass sie beim Arbeiten nicht stören. Solche Details weisen darauf hin, dass die Maler ihre Umwelt mit wachen Augen betrachtet haben. Im Gegensatz zu den Evangelisten sind Frowin und Richene mit Schuhen dargestellt. Während das Buch, das Lesepult und die beiden Sessel mit denjenigen der Evangelistenbilder aus dem Codex 5 vergleichbar sind, werden die Mönche hier durch die Dreierarkade besonders hervorgehoben und betont.

Auf fol. 112r im ersten Band der Bibel Codex 3 weist die Darstellung des Bischofs auf eine enge Verwandtschaft zur Frowin-Richene-Miniatur hin. Die eckige Musterung mit drei braunen dünnen Begleitlinien ist sehr ähnlich, wenn auch die roten Linien fehlen. Eine Neuerung in der Gewandform ist der nach rechts aussen abstehende Faltenteil, welcher in der Form eines halben langgezogenen Ovals mit symmetrischem Faltenzickzack an seinem offenem Ende gebildet ist, und der hier als Glockenfalte bezeichnet sei. Im Gesicht und in der Mitra sind Korrekturen mit derselben dunklen Tinte und im gleichen Stil ausgeführt, wie sie bei der Dedikation des Codex 3 zu sehen sind. Die Veränderungen stammen aus der Zeit von Abt Berchtold, wie der Vergleich mit Codex 14 nahelegt.

Frowin und Maria: Der Abt und die Patronin des Klosters

Die Seite mit der Dedikation Frowins an Maria auf fol. 1r im ersten Band der Frowin-Bibel Codex 3 zeigt zwei Szenen aus der Genesis und darunter das Widmungsbild. In halb kniender, halb schwebender Stellung übergibt Frowin seine Bibel der Gottesmutter Maria. Sie nimmt das Buch mit ihrer linken Hand entgegen, während das Jesuskind mit seinem Lilienszepter den Abt segnet. Das Gesicht des schlafenden Adams erinnert mit seinem Dreiviertelkreis als Kinn an das Frowin-Richene-Bild. Die Oberkörper Adams und der sitzenden Eva, auch der Baum und der daneben stehende Adam sind in der gleichen Art gezeichnet wie das Richene-Blatt. Der als Christus Logos dargestellte Schöpfergott und die stehende Eva sind auf Rasur gezeichnet, also in späterer Zeit überarbeitet worden, was ein Blick auf Codex 14, fol. 19v und 68v, bestätigt. Einige wenige Details zeigen, dass die Dedikation noch im alten Stil begonnen wurde. Dazu gehören die hinteren Saumlinien, die Hände von Frowin und Maria sowie die Augen Frowins. Die Binnenzeichnungen erinnern zwar mit den roten Begleitlinien an das Richene-Frowin-Bild, doch die «V»-Formen von Marias Mantel mit den sich fächerförmig ausbreitenden Begleitlinien weisen auf den späteren Berchtoldstil hin; so stehen sie denn auch auf einer Rasur. Marias Krone zeigt in ihrem Aufbau grosse Ähnlichkeit mit der Krone von König Kyrus in Codex 4, fol. 197v. Auch Frowins Gesicht zeigt die Überarbeitung der Berchtoldzeit. Das Jesuskind erinnert in seiner Stellung an byzantinische Ikonen mit dem Thema der «Episkepsis», in der sich Maria und das Kind Wange an Wange in zärtlicher Geste berühren.[5] Ein solches Schema muss der Maler gekannt haben; er übernahm daraus das Jesuskind, liess aber den Kopf Marias sich zur Seite Frowins neigen.

Das Einzelblatt wurde demnach noch in der Frowinzeit begonnen und in der Berchtoldzeit teilweise überarbeitet, ohne dass eine abgeschlossene und einheitliche Form erreicht werden konnte. Es erscheint merkwürdig, dass die erste Seite eines so gewichtigen Werkes in diesem unfertigen Zustand eingeklebt und eingebunden worden ist.

Vergleicht man die beiden nachträglich hinzugefügten Blätter in Codex 3 und 5 miteinander, so wirkt das Richene-Frowin-Bild ausgeglichen, harmonisch, monumental. Die beiden Personen sind durch die Throne und die Arkadenarchitektur örtlich bestimmt und ausgezeichnet. Beim anderen Bild dagegen wirkt das ungleiche Grössenverhältnis zwischen Maria und den beiden Genesisszenen unbeholfen. Zudem verschiebt in seiner aktuellen Wirkung Marias spitze Krone (dies nach der Beschneidung des Blattes) das Verführungsbild noch weiter an den oberen Rand. Es ist kaum denkbar, dass der gleiche Zeichner eine solche Komposition geschaffen hat. Eine mögliche Erklärung bötet die Beschneidung des Blattes am rechten Rand. Geht man von einer unbeschnittenen Blattgrösse aus, wäre die Dedikation eingemittet und es wäre genügend Platz für eine architektonische Umrahmung wie im Richene-Frowin-Bild vorhanden. Im Vergleich zum Richene-Frowinblatt befinden sich Frowin und Maria in einem undefinierten Raum. Es scheint, dass der Meister sein Bild nicht fertiggestellt hat und ein Mitarbeiter nach der Beschneidung des Blattes die beiden Genesisbilder hinzufügte. Erst in der Berchtoldzeit bekam das Blatt sein endgültiges Aussehen.

Zur Entstehung der Frowin-Bibel

Die ganze Bibel, Codices 3 bis 5, wurde, abgesehen von wenigen Ausnahmen, von Richene geschrieben.[6] Es ist unklar, mit welchem Codex er begann, jedenfalls ist Codex 3 bedeutend grösser als die beiden folgenden Bände.[7] Während der Arbeit muss also eine Planänderung stattgefunden haben. Da sowohl in Codex 3 wie in Codex 4 je eine Miniatur erst in der Zeit Abt Berchtolds auf einem damals noch freien Platz entstand, lässt sich keine sichere Arbeitsreihenfolge erschliessen.[8] Dagegen kann als sicher angesehen werden, dass weder ein Dedikations- noch ein Schreiber- oder Auftraggeberbild vorgesehen war; beide Miniaturen sind ja auf separate Blätter gezeichnet worden. Der eigentliche Dedikationsvers an Abt Frowin findet sich auf fol. 2r von Codex 3: *Conferat iste liber, quod sis a crimine liber / O FROWIN, Christi quem laudibus attribuisti.* – «Dieses Buch, o Frowin, das du dem Lob Christi gewidmet hast, / soll dazu beitragen, dass du von Schuld frei bist.»

Die Glockenfalte

Der Zeichner, der hier als «Meister der Glockenfalte» bezeichnet sei, scheint seine Tätigkeit in Engelberg erst aufgenommen zu haben, als die Arbeit an der Bibel schon weit fortgeschritten war und es nur noch wenige freie Stellen hatte, wo er seine Miniaturen einfügen konnte. Alle drei Miniaturen zeigen deutliche Unterschiede zum üblichen Stil in den Frowin-Handschriften. Man möchte annehmen, der fremde Meister habe zunächst als Beweis seines Könnens die Figur eines Bischofs in die Ranken der P-Initiale auf fol. 112r des Codex 3 gezeichnet. Danach durfte er mit den beiden Einzelblättern weiterfahren. Er hörte aber mit seiner Tätigkeit auf, noch bevor die Arbeiten an der Bibel abgeschlossen waren. Denn das Dedikationsbild wurde erst in der Berchtoldzeit vollendet und ausserdem sind vier der Miniaturen unter Abt Berchtold entstanden. Die Miniaturen aus dem Codex 3 zeigen Figuren mit der charakteristischen Stirnlocke und den fächerförmigen Faltenbündeln, die für die Berchtoldzeit typisch und in Codex 14 zu sehen sind. Dazu kommen die vielfältigen Rasuren und Überarbeitungen mancher Initialen in dieser neuen Stilphase.

Die Miniatur in Codex 4, fol. 197v, mit dem König Kyrus ist einzigartig in Engelberg und scheint von einem fremden Künstler zu stammen. Ein laviertes Gesicht sowie das farbige und vergleichsweise malerische Aussengewand sind bis zu diesem Zeitpunkt in Engelberg unbekannt. Das Gold für Krone, Szepter, Mantelschliesse, Gürtel und Gewandsaum findet sich sonst in den Frowin-Büchern nirgends. Es ist nicht von der Hand zu weisen, dass diese Zurückhaltung in der Ausführung mit Frowins Nähe zu den Zisterziensern zusammenhängt.[9] König Kyrus wurde nicht auf eine Rasur gemalt; er dürfte demnach kurz nach Frowins Tod entstanden sein. Eine direkte Folge davon scheint in der Figur des Bischofs in Codex 54, fol. 1v, aus der Berchtoldzeit vorzuliegen. Seine Krone diente wahrscheinlich als Vorbild für die Marienkrone des Widmungsbildes, die ja in der Berchtoldzeit überarbeitet wurde. Die zwei Hinweise zeigen, dass die Miniatur von den Engelberger Malern stets beachtet wurde. Sie ist als Vorstufe zum Hauptwerk, den Bildinitialen des Codex 14, anzusehen.[10]

Die Gewänder Frowins und Marias münden in Glockenfalten, die seit der griechischen Frühklassik um 520 v. Chr. zum allgemeinen Formenschatz gehören, in Engelberg aber auffallen. Hier stellt sich die Frage, ob die ausschwingende Glockenfalte nur einer äusseren Bewegung folgt, oder ob sie gleichzeitig auch auf eine innere, seelische Bewegung und Erregtheit hinweisen soll. Sie lässt sich im 12. Jahrhundert oft in der französischen Skulptur und Buchmalerei feststellen, meist bei äusserlich ruhigen Figuren. Im Tympanon von Vézelay ist die Aussendung der Apostel dargestellt, verbunden mit der Darstellung des Heiligen Geistes, der in Strahlen von den Händen Christi in der Mandorla ausgeht. Die feurige Kraft, welche die Apostel erfüllt, wurde durch den Bildhauer der Zeit um 1130 adäquat umgesetzt. Die Figuren zeigen einen unruhigen Umriss, eine nahezu verselbstständigte lineare Oberflächengestaltung und, bezeichnend, die ausschwingenden Glockenfalten.[11]

Die Unterschiede zum üblichen Stil zur Zeit von Abt Frowin rechtfertigen die Annahme aber nicht, dass der «Meister der Glockenfalte» nicht Engelberger Mönch gewesen sein könnte. Möglich ist, dass er auf einer Reise in ein befreundetes Kloster in Süddeutschland oder im Burgund neue Eindrücke sammelte, welche in seiner Arbeit an der Bibel Früchte zeigten. Die grösste Nähe zeigt eine Handschrift aus dem Kloster Reichenbach, entstanden vor der Mitte des 12. Jahrhunderts.[12] Folio 1v zeigt Abt Wilhelm von Hirsau. Die Gewandfalten sind durch breite Streifen, durch dünne Linien begleitet, angedeutet. Sein Gesicht wirkt ähnlich asketisch wie diejenigen von Richene und Frowin. In der Qualität der Ausführung wie auch der Komposition kommt die Handschrift nicht an die Engelberger Beispiele heran. Auch in einer Zwiefaltener Handschrift aus der Zeit erinnert die ausschwingende Glockenfalte von Christus an den Engelberger Typus.[13]

Der Schreiber Richene

Abschliessend seien noch einige Gedanken zu Richene, dem Schreiber, angefügt. Ausser der Bibel hat er in Engelberg nur wenig geschrieben. Obwohl uns ausser seinem Namen nichts überliefert ist, lassen sich aus den Schreiberversen, die in der Frowinbibel stehen, einige charakteristische Merkmale herauslesen. So schreibt Richene am Schluss des Codex 5: *Quod vult dicendo prudens homo vel faciendo: / Aptos aptorum fines videt officiorum. / Richene magnorum scribens haec scripta virorum / Instituit hoc fine, bene quod vivat sine fine. / Rerum fons, finis hic ei, quod sit dato finis.* – «Was ein kluger Mann in Wort oder Tat will: / Er sieht ein passendes Ende für seine Verpflichtungen. / Beim Schreiben dieser Schriften grosser Männer / macht Richene Halt an diesem Ende, auf dass er gut lebe ohne Ende. / Quell aller Dinge, du machst das Ende hier für ihn, weil der Auftrag beendet ist.»

Dies könnte auch so gelesen werden, dass mit diesen Versen die ungewöhnliche Reihenfolge der Bücher des Alten und des Neuen Testaments erklärt werden soll. Die Frowin-Bibel endet mit den vier Evangelien, mit «diesen Schriften grosser Männer» eben. Das gleiche Selbstvertrauen zeigt sich auch am Ende vom Codex 3, fol. 281v, wo sich Richene mit den Menschen vergleicht, die weltlichen Ruhm erwerben. Diesen steht er als Schreiber nicht nach, und neben den unvergänglichen Verdiensten erwirbt er sich durch seine Tätigkeit auch ein seliges Leben ohne Ende:

Hic currendo bonam parit, iste loquendo coronam, / Aspera bella gerit hic, dum sibi premia querit. / Huius scriptura libri bona non peritura / Richene mercatus, vivet sine fine beatus. – «Der eine erwirbt sich einen Ruhmeskranz durch Laufen, der andere durch Beredsamkeit. / Ein anderer führt schlimme Kriege, weil er nach Belohnungen trachtet. / Durch das Schreiben dieses Buches hat sich Richene unvergängliche Verdienste erworben und wird ohne Ende selig leben.»

Das Ansehen Richenes lebte auch in der Berchtold-Zeit fort. In einem Schreibervers in Codex 4, fol. 213r, steht geschrieben: *Littora nauta videns fit victum post mare ridens, / Sic quia perscripsit hunc librum Richene risit; / Quare dentur ei, peto, pax lux et speciei.* – «Wenn der Seemann nach Überwindung des Meeres die Küste sieht, beginnt er zu lachen. / So lachte Richene, weil er dieses Buch fertig schrieb. / Deshalb sollen ihm, so bitte ich, Friede und strahlendes Ansehen zuteil werden.»

Ich verdanke die lateinischen Übersetzungen Herrn Dr. Maurus Hirschle, Richterswil.

1 Zum Thema der Dedikation siehe: Peter Bloch, Das Hornbacher Sakramentar und seine Stellung innerhalb der frühen Reichenauer Buchmalerei, Berlin 1956.
2 Steinmann, S. 13f. gibt als Vorlage das Autorenbild in München, Bayerische Staatsbibliothek Clm 14398, fol. 1v an. (Siehe.: Elisabeth Klemm, Die romanischen Handschriften der Bayerischen Staatsbibliothek, Teil 1, Wiesbaden 1980, Abb. 35). Näherliegend: Einsiedeln, Stiftsbibliothek, Codex 167, fol. 1r (Linus Birchler, Die Kunstdenkmäler der Schweiz. Schwyz I. Einsiedeln, Höfe und March, Basel 1927, Abb. 158).
3 Bloch (wie Anm. 1), S. 65 mit Abbildungen. – Einsiedeln, Codex 112, fol. 24v. – Joachim Prochno, Das Schreiber- und Dedikationsbild in der deutschen Buchmalerei bis zum Ende des 11. Jahrhunderts, Leipzig und Berlin 1929.
4 Stuttgart, Württ. Landesbibliothek, Cod. hist. 20 420, fol. 1r. – Borries-Schulten, Abb. 126. – Weitere Beispiele aus dem 12. Jh. für ein solches Schreibergewand finden sich bei: Borries-Schulten, Abb. 45, 99, 258, 296 und bei: Cahn, Abb. 234, 251, 355.
5 Kurt Weitzmann, Frühe Ikonen, Wien 1965, Tafel 51.
6 Bruckner VIII, S. 108–110.
7 Cod. 3: 43,5 x 31,5 cm; Cod. 4: 38 x 28,5 cm; Cod. 5: 38 x 28 cm.
8 Cod. 3: fol. 108v, 189v, 248r; Cod. 4: fol. 179v.
9 Steinmann, 1993, S. 21.
10 Stöckli, 1976/77, S. 50.
11 Siehe auch Saint-Lazare, Autun. – Rupprecht, 1984, Tf. 149–151, 169–175.
12 Stuttgart, Württ. Landesbibliothek, Cod. hist. quart 147, fol. 1v. – Butz, 1987, Abb. 332.
13 Stuttgart, Württ. Landesbibliothek, Codex theol. et phil. 40255, fol.1r. – Borries-Schulten, Abb. 169. – Siehe auch den Codex Guta-Sintram: Strasbourg, Grand Séminaire, Ms. 37, fol. 5r. – Cahn, Abb. 361.

Die Zierinitialen des ersten Bandes der Frowin-Bibel (Codex 3)

Anna Stützle-Dobrowolska

Der Engelberger Codex 3, der erste Band der dreibändigen Frowin-Bibel, enthält neunzehn Zierinitialen. Die Initiale D auf fol. 5r steht am Anfang des Prologes des Hieronymus zur Genesis; sie soll nachfolgend als eine für das Engelberger Skriptorium typische Rankeninitiale ausführlich analysiert werden.

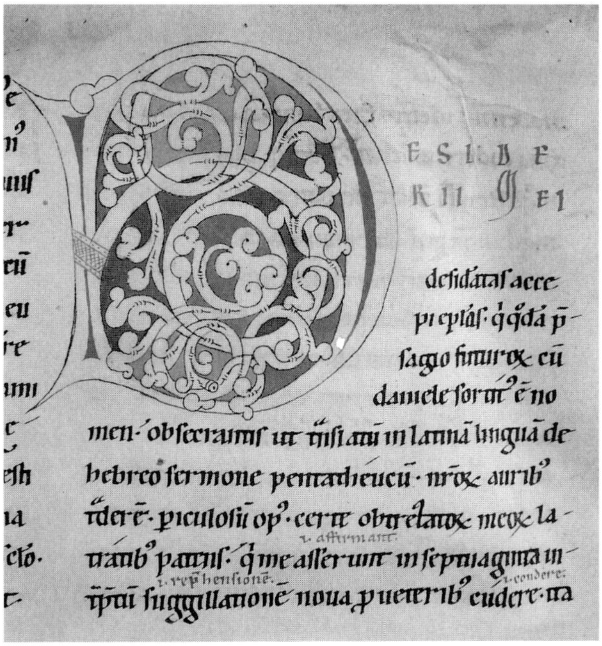

Codex 3, fol. 5r, Frowin-Bibel, 1. Band, Hieronymus-Prolog zur Genesis. Initiale D

Die Zeichnung ist in dunkelbrauner Tinte ausgeführt, die Spaltfüllung des Buchstabenstammes und die Spange am Grundstrichbalken in roter Tinte, die Buchstabenform und die Ranken behalten den Pergamentgrund bei. Die Polstergründe sind goldgelb, grün, purpur und blau ausgemalt. Die an ihren zahlreichen Verzweigungen mit Blattknollen endende Ranke füllt das Binnenfeld des Buchstabens spiralig aus und greift kaum darüber hinaus. Im Zentrum endet sie in einem axialsymmetrischen, aus vier Spiralen gebildeten, vierlappigen Blatt- oder Blütenmotiv.[1]

Jedem biblischen Buch geht der entsprechende Kommentar des Kirchenvaters Hieronymus voraus. Die erklärenden Texte sind mit Ausnahme des Prologs nicht durch Zierinitialen ausgezeichnet, sondern bloss durch wenige Zeilen hohe Initialen in Minium, dem in der Buchmalerei für auszeichnende Schriften verwendeten, aus Bleioxyd gewonnenen roten Farbstoff (Mennige). Nicht alle Initialen weisen einen farbigen Hintergrund[2] auf, einige sind nur in roter oder brauner Tinte gezeichnet.[3] Die Initialen auf fol. 88v und fol. 217r stammen nicht aus der Zeit des Auftraggebers Abt Frowin, sondern sind später auf Rasur gezeichnet worden.

Nach der Vollendung des Schriftblockes des Codex 3 wurde die Ausgestaltung der Initialen zur Zeit Abt Frowins nach einem durchgehenden Konzept begonnen. Vollständig ausgeführt und mit farbigen Gründen hinterlegt sind die ersten sieben und die neunte Initiale. Von den nachfolgenden Initialen wurden einige ganz oder teilweise radiert und in einem jüngeren Stil übermalt oder ergänzt; die restlichen Initialen aus der ersten Phase blieben in ihren roten und braunen Federzeichnungen ohne farbigen Grund. Die Ursache für diesen Bruch könnte der Tod oder das Ausscheiden des Illuminators aus dem Skriptorium sein. Da mit der einen Ausnahme des Richene keine Namen an Schreibern und Malern erhalten sind, muss dies Vermutung bleiben. Denkbar wäre auch, dass sich im Verlaufe der langen Zeit, welche das Abschreiben des Textes in Anspruch nahm, der Zeitgeschmack und mit ihm der Stil der Ausschmückungen gewandelt haben.

Aus der frühesten Stilstufe stammen die mit Knollenranken locker ausgefüllten Initialen, deren Binnengründe mit verschiedenen Farben ausgemalt wurden. Im Verlaufe der Zeit wird die Zeichnung des Rankengeflechtes dichter und lässt kaum noch Raum für farbige Polstergründe. Die sehr feinen Federzeichnungen der Ranken sind in ihrer graphischen Gestaltung so reich, dass auf zusätzliche Farbgebung verzichtet werden konnte, ohne dass dadurch die Zeichnung unvollendet wirkt. Auf der folgenden Stilstufe werden anstelle der Knollenranken mit Fächerblättern besetzte Ranken bevorzugt; sie schliessen oft Tierköpfe und Fratzen ein.

Die Initiale P auf fol. 98v könnte als Arbeit eines Schülers interpretiert werden; die Vorzeichnungen mit dem Silberstift in ihrer noch sichtbaren Linienführung sprechen dafür. Wahrscheinlich waren schon in der ersten Phase zur Zeit Frowins mehrere Illuminatoren am Werk, doch eine Händescheidung fällt schwer. Man

Codex 3, fol. 98v, Frowin-Bibel, 1. Band, Richter. Initiale P

könnte geneigt sein, einen Rankenzeichner und einen Figurenzeichner zu unterscheiden. Doch die Bischofsfigur der F-Initiale auf fol. 112r wird derart von Ranken umschlungen, dass die Ausführung auch nur von einer Hand vorstellbar ist.

Die Rasuren und Korrekturen mit breiteren Federstrichen und dunklerer Tinte – schwarz bei der Figur und rotbraun bei den Ranken – stammen von einer jüngeren Überarbeitung. Die Bischofsfigur ist derselben Hand zuzuschreiben wie das Dedikationsbild auf fol. 1v, während die Ausführung der Atlantenfigur auf fol. 258v dem Schreiberbildnis des Richene in Codex 5 auf fol. 1r, und die Figureninitialen auf fol. 55v und fol. 72v den Evangelistenbildern in Codex 5 sowie Adam auf fol. 1v in Codex 3 ähneln. Die später gezeichneten Figuren haben gegenüber denjenigen aus der Zeit Frowins an Körpervolumen gewonnen. Die Gesichter, Hälse und Hände werden durch Lasuren und Schattierungen modelliert, und die Gewandfalten sind nicht mehr flächig ornamental gezeichnet.[4] Vielleicht noch um eine Stilstufe jünger sind diejenigen Initialen, die eine Vorstufe des Engelberger Meisterwerks, der Initialen in Codex 14, darstellen.[5]

Auf fol. 55v beginnt das vierte Buch Mose – *Numeri* – mit einer ersten Figureninitiale. Der Buchstabe *L(ocutus est)* ist mit roter Tinte gezeichnet. Die Figur ist nicht auf Rasur gemalt und gehört zur ursprünglichen Illustration der Handschrift.[6] Ihr Gesicht gleicht demjenigen des Adam in den Genesis-Szenen auf fol. 1v. Eine grosse Ähnlichkeit besteht zudem zu der Figureninitiale auf fol. 76v in Codex 19. Aus einer Wolke – wie bei den Evangelisten in Codex 5 – schaut der Herr mit bartlosem Gesicht und Kreuznimbus auf Moses herab. Die Schriftrolle ist gegenläufig beschriftet mit dem Initialtext *Locutus e(st) d(ominus ad)*. Der Textbezug der Bildinitiale ist gegeben in Num 1, 1: «Und der Herr redete mit Moses in der Wüste Sinai ...» und in Num 20, 9: «Da nahm Moses den Stab vor dem Herrn, wie er ihm geboten hatte.» Der gemalte Stab wird zum Attribut des Moses. Der Kreuznimbus, welcher Christus vorbehalten bleibt, weist Gott als Christus Logos aus.

Das fünfte Buch Mose beginnt auf fol. 72v mit einer Figureninitiale in Form des stehenden Moses mit aufwärts flatterndem Schriftband. Auch diese Figur ist nicht auf Rasur gemalt.[7] Moses trägt wie auf fol. 55v ein blaues Gewand und darüber einen Mantel mit breitem, gelbem Saum, dessen Aussenseite rot ausgemalt ist. Besonders markant treten die beiden Spiralen auf der Höhe der Knie hervor. Zwei Begleitfiguren stehen sich über der Initiale mit fast rechtwinklig gebeugtem Oberkörper gegenüber, fassen sich mit der einen Hand gegenseitig am Haarschopf und deuten mit dem Zeigefinger der anderen Hand auf ihr Auge. Man kann sie als «Haarraufer» bezeichnen. Sie sind spiegelbildlich angeordnet, doch der Maler geht spielerisch um mit der Symmetrie; so trägt der rechte einen grünen Rock und rote Strümpfe, der linke einen roten Rock und grüne Strümpfe. Die Beine des rechten Haarraufers stehen parallel zu den Buchstaben E und C des Initialtextes *HEC SUNT VERBA*, während die Beine des linken in Schrittstellung den linken

Grundstrichbalken der H-Initiale umfassen. Die Darstellung bezieht sich auf den Text der Schriftrolle: *oculum pro oculo* gemäss 5. Mose 19, 21: «Und du sollst in dir kein Mitleid aufsteigen lassen: Leben für Leben, Auge für Auge, Zahn für Zahn, Hand für Hand, Fuss für Fuss.» Die beiden Haarraufer illustrieren auf drastische Art und Weise die im Text geschilderte Vergeltung.[8]

Die Initiale zu Beginn des Buches Josua auf fol. 88v und der Initialtext *ET FACTUM EST POST MORTEM* stehen auf Rasur und wurden in der späten Frowin-Zeit oder zu Beginn der Ära von Abt Berchtold vollkommen neu gestaltet. Dem neuen Zeitgeschmack entsprechend sind die Ranken mit Fächerblättern besetzt, und an den Enden der Buchstaben sind gehörnte, langohrige Fratzen angebracht. Diese finden sich in analoger Weise in Codex 49, fol. 25v, und Codex 4, wo auf fol. 159v zwei Sirenenschwänze im Maul einer Fratze enden. Auf fol. 1v in Codex 48 ist die Fratze am oberen Ende des Grundstrichbalkens der P-Initiale plaziert. In dieser Verwendung erinnert das Motiv an romanische Kapitelle. Weitere Beispiele für diesen Initialentypus in der Berchtold-Zeit finden sich auf fol. 6r in Codex 68 und fol. 77r des Codex 14.

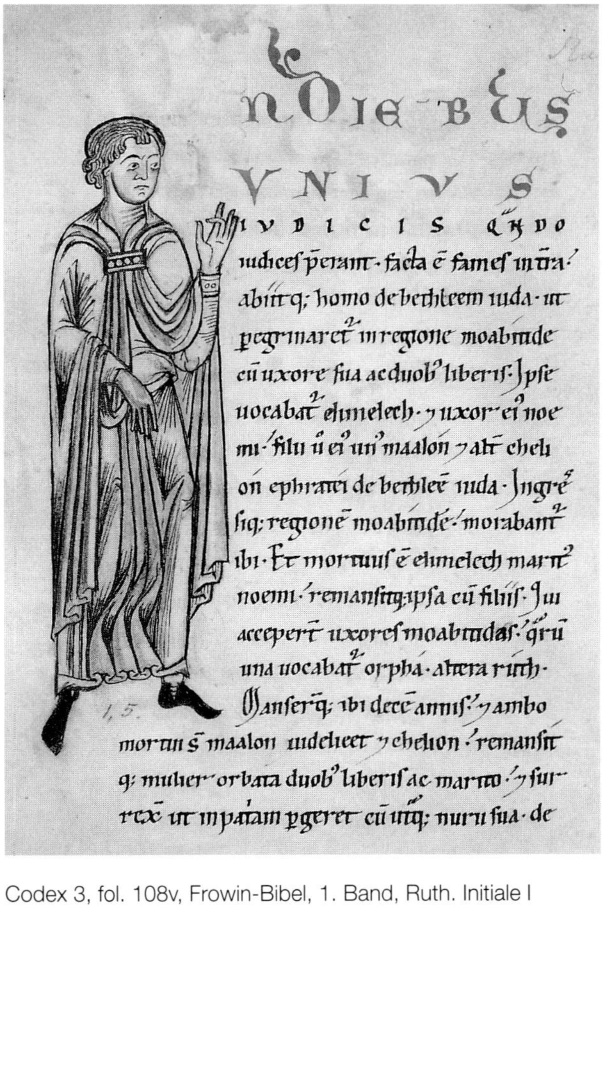

Codex 3, fol. 108v, Frowin-Bibel, 1. Band, Ruth. Initiale I

Am Anfang des Buches Ruth steht auf fol. 108v als I-Initiale ein aufrechtstehender junger Mann in knöchellangem Gewand und Mantel mit kurzem, im Nacken und über der Stirn gelocktem Haar. Seine linke Hand hat er in einer eigenartigen Geste auf Schulterhöhe erhoben; der Mittelfinger krümmt sich gegen den Daumen, die übrigen Finger sind ausgestreckt. Der Dargestellte kann als Abimelech gedeutet werden, wie er mit seiner Frau Noemi und seinen beiden Söhnen nach Moab zieht. Die Figur steht an Stelle einer früheren Initiale mit Knollenranke auf Rasur. Im Unterschied zu den Figuren aus der Zeit Frowins werden die Gewandfalten plastisch mit Schattierungen und Lasuren geformt; die Faltenbildung nähert sich stark derjenigen des Meisters von Codex 14 an. Ob nun die Figur des jungen Mannes auf fol. 108v dem Meister aus Abt Berchtolds Zeit zugeschrieben werden kann, wie dies Schilling und Durrer vorbehaltlos tun, ist allerdings fraglich. Stöckli führt sie als «frühes Vergleichsbeispiel für die Zeichnung des Gewandes» zu Augustinus auf dem Titelbild des Codex 14 an.[9]

Das erste Buch Samuel beginnt auf fol. 112r mit der bereits erwähnten Bischofsfigur in der Ranke. Die Zuschreibung Schillings an den Meister aus der Zeit Berchtolds kann nicht aufrechterhalten werden.[10] Wohl sind spätere Korrekturen festzustellen, doch weisen die Proportionen der Figur, ihr Gesicht und die Anlage ihrer Gewandfalten auf den Zeichner Frowins und der Muttergottes auf dem Frontispiz von Codex 3 hin.

Auf fol. 189v beginnt das Buch Jeremia mit einer Initiale V. Die einfache Spaltleisteninitiale enthält drei Figuren und ist bereichert mit einem Atlanten, Fächerblättern und einem Löwenkopf am Ende der Cauda. Im rechten Teil des Buchstabenstammes wurde auf Rasur ein Bogenfenster eingefügt, aus dessen schwarzer Öffnung die Halbfigur Gottes als Christus Logos mit Kreuznimbus herauslehnt und einer stehenden, durch den langen Bart als Prophet gekennzeichneten Figur ein hohes, schmales Buch überreicht. Zwischen den beiden sitzt auf einem Schemel eine Figur mit kurzem Haar und schreibt mit dem Federkiel auf ein liniertes Blatt, welches auf dem Schreibpult vor ihr liegt. In seiner linken Hand hält der Schreiber das Messer, am oberen Rand des Pultes steht eine Tintenschale bereit. Das später eingefügte, nackte Atlantenfigürchen stützt mit der rechten Hand und dem rechten Fuss den Buchstabenstamm und greift mit dem hochgestreckten linken Arm hinter den Grundstrichbalken. Das Bild nimmt Bezug auf die ersten Verse des 36. Kapitels des Buches Jeremias: «... geschah dieses Wort zu Jeremia von dem Herrn also: ... Nimm dir eine Buchrolle und schreibe darein alle Worte ... Da berief Jeremia den Baruch ... und Baruch schrieb aus dem Munde Jeremias alle Reden des Herrn ... auf eine Buchrolle.» In Vers 18 wird dann noch vermerkt, dass Baruch «mit Tinte in ein Buch» schreibe, was den Illuminator zu dieser präzisen Schreiber-Darstellung angeregt haben mag.

Das Buch Baruch setzt auf fol. 217r mit einer E-Majuskel ein. Die Ästchen der Ranken sind mit fleischigen, sich wenig ausbreitenden Fächerblättern in der Art der Initiale auf fol. 2r in Codex 14 besetzt. Die Blätter 217 bis 221 wurden später in die 27. Lage eingefügt, welche nun fünf Blätter mehr enthält als die übrigen Vierer-Lagen, die Quaternionen, des Codex 3. Im frowinzeitlichen Konzept der Textabfolge bestand offenbar eine Lücke, welche in der Berchtold-Zeit geschlossen wurde. Auf fol. 216v steht noch in der älteren Schrift der Titel: *Incipit Liber Baruch Notarii Jeremiae Prophetae*, und auf fol. 221r beginnt der Hieronymus-Prolog zum Buch Ezechiel.

Mit einer A-Majuskel setzt auf fol. 248r das Buch Daniel ein. Der obere Binnengrund gibt Raum für die Halbfigur eines Engels mit Nimbus, welcher ein Buch in seiner Rechten trägt und mit der Linken auf die Figurengruppe im unteren Feld weist. Dort sitzt mit gekreuzten Beinen auf einem mit Tierköpfen verzierten Faltsessel ein König. Er trägt eine edelsteinverzierte Krone, ein knielanges Gewand mit gestickten Borten, darüber einen Mantel, welcher von einer breiten Schliesse zusammengehalten wird, und ein Lilienszepter. Er disputiert vornübergeneigt, die Körperhaltung der Rundung der Buchstabenform angepasst, mit dem vor ihm stehenden Propheten Daniel, der die Träume König Nebukadnezars deutet. Das Buch, welches Daniel vor dem König aufschlägt, kann als das Wort Gottes gedeutet werden: «Da ward Daniel dieses Geheimnis in einem Gesicht zu Nacht geoffenbart» (Dan 2, 19). Der Engel im oberen Teil der Initiale findet eine Erklärung in Daniel 8, 15 f.: «Als nun ich, Daniel, das Gesicht sah, forschte ich nach dem Verständnisse und siehe, da stand einer vor mir gleich einem Mann. Und ich hörte ... eines Menschen Stimme, der rief: O Gabriel! Gib diesem das Gesicht zu verstehen!» Die Initiale steht auf Rasur und ist mit derjenigen auf fol. 108v verwandt, welche Stöckli als Vorstufe zum reifen Stil des Codex 14 bezeichnet. Auf fol. 258v beginnt mit Hosea das Zwölfprophetenbuch mit einer V-Initiale. Das Rankenwerk bezieht auf köstliche Weise das Loch im Pergament mit ein. Eine Atlantenfigur in knielangem, vorn geschlitztem Rock mit enganliegenden Ärmeln trägt die Initiale auf ihren Schultern. Als Standfläche für die mühsam vorwärts schreitende Trägerfigur ist die erste Textzeile benützt. Bei den fein gezeichneten Händen ist eine zeichnerische Inkonsequenz festzustellen, die Einblick in die Werkstatt des Zeichners gewährt. Der Daumen bleibt sichtbar, obwohl er hinter die Buchstabenleiste greift. Die Figur steht entgegen der von Bruckner geäusserten Meinung nicht auf Rasur.[11] Das Gesicht und die Gewandfältelung sind in derselben Weise ausgeführt wie auf dem Frontispiz des Codex 5, weshalb man von der gleichen Künstlerhand sprechen kann.

Abschliessend sei nochmals die Stilentwicklung von der Frowin- bis in die Berchtold-Zeit kurz zusammengefasst. Die menschlichen Figuren der Frowin-Zeit sind hoch und schmal, und ihre Gewandfalten sind ornamental auf dem Körper angeordnet. In der Zeit im Übergang zum Wirken des Meisters von Codex 14 gewinnen die Körper mehr Volumen. Eine grössere Plastizität wird erreicht durch Schattierungen und Lasuren; die Faltenwürfe der Kleider wollen den Körper betonen. Vegetabile Formen und Tiermotive, auch Fabeltiere und Fratzen, sind naturnaher ausgeführt als in der Frowin-Zeit, wo ein Tierköpfchen in der selben Art wie die Rundungen der Blattknollen gestaltet wurde. Der Stilwandel wird schon in der späten Frowin-Zeit eingesetzt haben, mit dem Amtsantritt Abt Berchtolds wurde der Entschluss gefasst, die Frowin-Bibel zu überarbeiten und zu vollenden.

1 Vergleichbare Blütenmotive finden sich auch bei den Initialen auf fol. 44r und fol. 258v.
2 Fol. 6v, fol. 27r, fol. 44r, fol. 98v.
3 Fol. 88v, fol. 112r, fol. 137r, fol. 152r, fol. 167v, fol. 223r und fol. 258v.
4 Fol. 108v, fol. 189r und fol. 248r.
5 Die Fratzen auf fol. 88v sind zu vergleichen mit Codex 14, fol. 77r. – Fol. 217r ist dem neuen Stil der Berchtoldzeit angepasst. – Die nackten Trägerfigürchen bei den Initialen auf fol. 189r und fol. 248r sind direkt zu vergleichen mit Figürchen aus Codex 14.
6 Entgegen Bruckner, S. 109.
7 Entgegen Bruckner, S. 109.
8 Durrer, ASA, 1899–1928, S. 195.
9 Durrer, ASA, 1899–1928, S. 195. – Schilling 1933, S. 118, Anm. 2. – Stöckli, S. 44.
10 Schilling 1933, S. 118, Anm. 2. – Stöckli, S. 77, Anm. 46e, 52.
11 Bruckner, S. 109.

Anhang: Die Abfolge der Bücher in der Frowinbibel

Codex 3

AT

Pentateuch	1. Buch Mose – Genesis	fol. 6v
	2. Buch Mose – Exodus	fol. 27r
	3. Buch Mose – Leviticus	fol. 44r
	4. Buch Mose – Numeri	fol. 55v
	5. Buch Mose – Deuteronomium	fol. 72v
Propheten	Josua	fol. 88v
	Richter	fol. 98r
	Ruth	fol. 108v
	1. Samuel	fol. 112r
	2. Samuel	fol. 125v
	1. Könige	fol. 137r
	2. Könige	fol. 152r
	Jesaia	fol. 167v
	Jeremia	fol. 189r
	Klagelieder	fol. 214r
	Baruch	fol. 217r
	Ezechiel	fol. 223r
	Daniel	fol. 248r
	Zwölfprophetenbuch	fol. 258r

Codex 4

AT

1. Chronik	fol. 4v
2. Chronik	fol. 22r
Sprichwörter	fol. 48r
Prediger	fol. 63r
Hoheslied	fol. 70r
Weisheit	fol. 73r
Jesus Sirach	fol. 85v
Hiob	fol. 117r
Tobias	fol. 134v
Judith	fol. 141r
Esther	fol. 150v
1. Makkabäer	fol. 159r
2. Makkabäer	fol. 181r
Esra	fol. 197v
Nehemia	fol. 204r

Codex 5

NT

Die Atlanten

Catherine Michel

Tragende und stützende Figuren sind im 12. Jahrhundert allgegenwärtig. Sie schmücken häufig Buchseiten, aber auch liturgische Geräte und Architekturelemente wie Kirchenportale und Kapitelle. Man nennt sie Atlanten.

Das Atlantenmotiv hat seinen Ursprung in der griechischen Mythologie. Zeus gebot Atlas, fortan das Himmelszelt zu tragen als Strafe für seine Teilnahme am Titanenkampf. Atlas wird in der Antike als älterer, nackter, heroischer Halbgott mit langem Bart dargestellt. Sein Körper ist muskulös, und er scheint das Himmelszelt mühelos stützen zu können. Er trägt seine Last mit Kopf, Schultern und Händen. Das Motiv der schwer tragenden Figur hat in der Folge vor allem in der Bauskulptur Verbreitung gefunden, wobei die mythologische Bedeutung des Atlas' weitgehend in den Hintergrund trat. Der Begriff ‹Atlant› hat sich jedoch für die Trag- und Stützfiguren erhalten. Im Mittelalter galt der Atlant in erster Linie als Schmuckelement, fand seine Rolle aber auch in sittlich belehrenden Darstellungen, die den schuldbeladenen Sünder zeigen.[1]

Das Atlantenmotiv kommt in den Engelberger Handschriften in unterschiedlichen Darstellungen vor und ist stets mit Initialen verbunden. Am häufigsten ist der Atlant Teil eines Buchstabens: Bei der Q-Initiale ersetzt er die Cauda[2] und als linker Balken vervollständigt er das A.[3] Als angehängte Figur hingegen findet man den Atlanten unter dem Buchstaben A.[4]

Der Rankenträger

Der Atlant, der die Q-Initiale auf fol. 1v in Codex 1008 trägt, ist die einzige Illustration von Augustinus' *De civitate dei*, weshalb ihm besonderes Gewicht zukommt. Die Initiale erinnert an die antiken Universumträger und an den Atlanten in Otranto; dabei steht der runde Buchstabenkörper für das Universum. Die Primärfarben Rot, Blau und Gelb beleben die Initiale. Die helle blaue Farbe in den Strümpfen des Atlanten und als Hintermalung der Ranken im Binnenkörper hält die Initiale zusammen. Ob der Atlant einen Bezug zum Text hat, ist nicht eindeutig. Man könnte sich vorstellen, dass der Illuminator ein Wesen Gottes darstellen wollte, das sich mit der Last des Bösen abmüht im Kampf und in der Hoffnung auf den Sieg des Guten über die Gegenmächte. Dahinter steht die Vorstellung, das Böse, den Dämon, durch seine Verbildlichung bannen zu können. Dabei war nicht nur die Darstellung als solche von Bedeutung, sondern die Gegenüberstellung des Lasterhaften mit der Heiligen Schrift auf der gleichen Seite.[5] Die Initiale Q auf fol. 36v in Codex 19 mit dem Ezechiel-Kommentar Gregors des Grossen weist eine intensive Farbgebung auf. Der Illuminator hat die zwei Primärfarben Rot und Gelb sowohl als Hintergrund der Initiale als auch zur Hintermalung der Figur gewählt. Wie eine Trophäe stemmt der jugendliche Mann die Ranken in die Luft. Seine gespreizte Beinhaltung verleiht dem Ornament ein physisches Gewicht. Die Figur ist so in den Text eingebettet, dass man sich fragen muss, ob der Schreiber bereits eine Vorzeichnung der Initiale vor sich hatte.

Codex 19, fol. 36v, Gregor d. Gr., Ezechiel-Kommentar. Initiale Q

Der Q-Atlant auf fol. 179r in Codex 20 mit den *Moralia in Job* von Gregor dem Grossen trägt eine Blume, die als Symbol des Universums und der Schöpfung gesehen werden kann. Die weichen, körperbetonten Falten und die schwungvollen am Saum sind die gleichen wie in den Codices 19 und 1008.

Der Atlant aus Codex 3, dem ersten Band der Frowin-Bibel, fol. 258v, trägt die V-Unziale der Worte *Verbum Dominum*, des Anfangs des Buches Hosea. Für die Linien der Ranken und des Atlanten wird schlichtes Braun und etwas Rot verwendet. Kunstvoll hat der Illuminator das Loch im Pergament in seine Ornamentik miteinbezogen. Die Kopf- und Beinhaltung des Trägers vermitteln dem Betrachter den Eindruck mühevollen Tragens, seine Füsse scheinen zu straucheln. Im Buch Hosea ist denn auch mehrmals von ‹straucheln› die Rede. Das Buch handelt davon, wie Israel die Untreue überwindet und durch Gottes Liebe begnadigt wird. Die Figur ist als Schmuckelement gedacht; doch der Atlant wird zugleich als Träger der aufgezählten Sünden in Kontrast zum Wort Gottes gestellt, das in dieser Geschichte die Begnadigung des Volkes Israel verheisst. Die stilistische Nähe der vier ‹Rankenträger› wird deutlich, wenn man sich Gewandgestaltung, Gesichtszüge, Beinhaltung und die Ausführung der Hände vor Augen führt.

Der Rankenspeier

Die rankenspeienden Variationen sind im 12. Jahrhundert in der Buchmalerei weit verbreitet. Die in Engelberg entstandenen Rankenspeier sind den Ranken- oder antiken Universumträgern nahe. Der Rankenspeier auf fol. 6r in Codex 21, dem zweiten Band der *Moralia in Job*, nimmt wie die Rankenträger die Stelle des Schweifs ein. Der feingliedrige, junge Träger schaut nach links und hält den Buchstabenkörper als komplexes Rankengebinde mit beiden Händen hoch. Die Ranken scheinen sich aus seinem Munde herauszubilden. Die Farbgebung ist vergleichbar mit derjenigen in Codex 3, nur sind die Ranken hier zusätzlich mit leuchtendem Rot nachgezogen. Ein weiterer Rankenspeier findet sich in Codex 23, fol. 113r, dem vierten Band von *Moralia in Job*; der Atlant blickt nach rechts und stützt den Buchstabenkörper nur mit der linken Hand. Die Rechte hält den Zeigefinger hoch, als wolle sie mahnend auf etwas hinweisen. Auffallend sind die flammenartigen Haarsträhnen und die Knollennase; zusammen mit der mahnenden Geste mögen sie auf eine negative Bedeutung hinweisen[6], wofür im Engelberger Skriptorium jedoch keine Indizien gegeben sind.

Q-Atlanten zur Zeit Abt Berchtolds

In den *Retractationes* des Augustinus, Codex 17, fol. 80v, zeigt die Ausschmückung der Initiale eine markante Zurückhaltung sowohl in der Ornamentik des Buchstabenkörpers als auch in der Farbgebung. Zentral sind nicht mehr die Jugendlichkeit und die lieblich wirkenden Männergesichter, wie sie zu Frowins Zeiten angestrebt wurden, vielmehr rückt der Ausdruck von Ernsthaftigkeit und Mühsal in den Vordergrund. Der Atlant ist einfarbig mit brauner Tusche gezeichnet ohne jegliche Modellierung von Gesicht und Gewand. Die farbigen Strümpfe und das adrette Schuhwerk sind verschwunden. Dargestellt ist ein nüchterner, barfüssiger Atlant in schlichter, brauner Kleidung. Bei der zweiten Atlantenfigur aus derselben Handschrift, fol. 63v lassen sich Rasurstellen im Bereich des Buchstabenkörpers feststellen. Rote Farbrückstände sind auszumachen, welche die ursprünglichen Ranken andeuten, die nachträglich durch eine heilsverkündende Gestalt ersetzt wurden. Der Atlanten-Typus in Kombination mit einem Heiligen oder einem Ordensträger ist in der Buchmalerei im 12. Jahrhundert geläufig und zeigt sich in phantasievollsten Bildfindungen. Die Veränderung des Atlanten-Typus zur Zeit Berchtolds könnte von einer unterschiedlichen Auffassung der Atlantenrolle herrühren. Der spätere Illuminator unterstreicht das Wesen des moralisierenden Atlanten im Sinne eines schwerbeladenen Sünders. In der Frowinzeit hingegen standen für den Illuminator anscheinend die ornamentalen Elemente, die fröhlichen, leuchtenden Farben, die graziösen Gestalten und die schwungvolle Faltenbildung der Kleider im Vordergrund.

A-Atlanten zur Zeit Abt Frowins

Die drei A-Atlanten aus der Frowin-Bibel (Cod. 4, fol. 141r; Cod. 5, fol. 12v) und aus dem Gregor-Codex 23 (fol. 84r) stellen Figuren dar, die mit der Stützposition in der gewohnten Art wenig zu tun haben. Ihre Haltung kommt eher einem Gaukler nahe, der gerade eine Kapriole vorführt. Im Grunde aber handelt es sich um Balkenträger, die sich damit abmühen, den rechten Balken des A in die richtige Lage zu rücken. Die Atlanten tragen einen Stützgurt, der zur Ausstattung eines Lastenträgers gehörte.[7] Sie stellen mit ihrem gebeugten Körper den linken Balken und den Querstrich des Buchstabens dar. Die Stützfiguren werden dadurch selbst Teil des Buchstabens, wie dies in französischen Handschriften der Zisterzienser zu beobachten ist. Auch wenn entsprechende Inschriften fehlen, könnte man sich doch fragen, ob die angestrengten Figuren nicht verschlüsselt als humoristische und phantasievolle Selbstdarstellungen verstanden werden können. Sowohl der Schreiber als auch der Illuminator sind ja beide auf ihre Art Buchstabenbauer. Abt Petrus von Santo Domingo de Silos schreibt in einer Handschrift aus dem Jahre 1109: «Wer nicht zu schreiben versteht, achtet die Arbeit für nichts. Versuche es aber nur selbst, so wirst du erfahren, wie schwer die Last des Schreibens ist. Es macht die Augen schwindeln, beugt den Rücken, drückt den Brustkorb und Bauch zusammen, macht die Nieren schmerzen und ist für den ganzen Körper eine schwere Prüfung. Wende deshalb, o Leser, die Blätter langsam und halte deine Finger weg von den Buchstaben. Denn wie der Hagel die Fruchtbarkeit der Erde vermindert, so ist der unnütze Leser ein Verderben für Schrift und Buch.»[8]

Ein beliebtes Motiv – die T-Atlanten

Die T-Initiale in Gestalt eines tragenden Atlanten ist in der Buchmalerei allgemein ein beliebtes Motiv. Der querliegende, getragene Teil wird in vielen Initialen als Symbol des Bedrohlichen dargestellt, sei dies in Form einer schweren Bürde, die den Träger niederzwingt, oder als bezwungenes dämonisches Tier. Über Jahrhunderte sind solche Darstellungen in Handschriften nachzuweisen. Ein T-Atlant befindet sich im dritten Band des Engelberger Psalmenkommentars von Augustinus (Cod. 13, fol. 134r). Dargestellt ist ein Mann, der einen riesigen Fisch mit herausgestreckter Zunge auf den Schultern trägt. Die Illumination mit Fisch begleitet Vers 6 des 136. Psalms: «Die Zunge müsse mir am Gaumen kleben, wenn ich dein nicht gedenke, wenn ich nicht Jerusalem setze über meine höchste Freude!» Zwei weitere T-Initialen sind Vertreter von narrativen, historisierenden Initialen mit Tobit und den von ihm weggetragenen Toten (Cod. 4, fol. 134v und Cod. 19, fol. 24v). Das Opfer in der Frowin-Bibel weist drastische Blutspuren am Kopf auf. Offensichtlich hat es das Incipit zum Buch Tobias den Engelberger Malern angetan. Die Darstellung des alten Tobias mit einer Leiche auf der Schulter war ein beliebter Einstieg in dieses seltsame Buch, das zu den deuterokanonischen Büchern, von Luther gar zu den Apokryphen gezählt wird. Es mag ein Fingerzeig sein, dass solche Bilder öfter in französischen Handschriften zu finden sind, so auch in Cîteaux: Es ist nicht der einzige Hinweis auf französische Einflüsse in Engelberg.[9]

Nackte Atlanten

Auf eine andere Art präsentieren sich die Atlanten in Codex 3, fol. 248r und Codex 72, fol. 1v. Es sind nackte, in die Randzone zurückgedrängte, zusammengekauerte Wesen. Über ihnen ist beide Male eine umfangreiche, schön ausgeschmückte Szene dargestellt, in die sie in keiner Weise involviert sind.

Codex 3, fol. 248r, zeigt in der Initiale A den Propheten Daniel, der dem König Nebukadnezar seine Träume deutet. Die beiden Atlanten sind von starker Statur. Sie befinden sich im untersten Bereich der Initiale in den beidseitigen Endstellen des Buchstabenstammes eingebunden, der in Form zweier schöner, symmetrisch liegender Fächerblätterpaare ausgestaltet ist. Das jeweils nach innen schauende Fächerblatt schmiegt sich dem Rücken der gebeugten Atlanten an, der Schulterpartie entlang, wo es sich fein einrollt und die Figur zwingt, in dieser unbequemen Stellung zu verharren.

Das Dedikationsbild der Benediktsregel ist die einzige Illumination in Codex 72. Unter dem Sparren des Initialkörpers steht «Waltherus abbas»; die so bezeich-

Codex 3, fol. 248r, der Prophet Daniel deutet König Nebukadnezar seine Träume. Initiale A nete Prälatenfigur überreicht einem herabschwebenden Engel das Buch, welches er soeben dem links knienden und betenden Schreiber abgenommen hat. Rechts steht die Nonne Guota, die damalige Priorin des Frauenkonventes Engelberg.

Codex 72, fol. 1v, Benediktsregel.
Initiale A mit Abt Walther von Iberg und der Priorin Guota des Frauenklosters des Engelberg mit dem Schreiber Chuono.

Die zwei seltsamen, gnomenhaften Atlanten unter dem Buchstaben A haben direkt nichts mit der eigentlichen Darstellung zu tun. Sie haben kaum Platz in dieser Initiale und scheinen förmlich ins Bild hineingequetscht zu sein. Ihre Füsse sprengen das verkröpfte blaue Feld, welches die ganze Initiale umgibt. Diese zwei Atlanten sind keine kräftigen oder erhabenen Gestalten mehr. Die würdige Ausstrahlung, welche bei allen bisher betrachteten Stütz- und Trägerfiguren der Engelberger Handschriften zu beobachten war, ist hier nicht mehr vorhanden. Nackt und auf allen Vieren, haben sie eher Ähnlichkeit mit einem Tier. Der linke Atlant in Codex 72 wird durch den Abtstab in das auffällig zur Schau gestellte Hinterteil gestochen. Der groteske Atlanten-Typus, der unwürdig und hässlich wirkt, findet sich häufig in der Bauskulptur. Dort ziert er Nischen, Kapitelle, aber auch ganz zentrale Stellen wie Kanzeln, Portale und Fassaden. Die Nacktheit ist im Mittelalter Symbol für Unzucht und Begierde. Allenfalls sind in beiden Beispielen die Atlanten als Gegenpol zur guten Handlung ins Bild eingefügt worden. Auf diese Weise hätte der Illuminator dem allgegenwärtig lauernden Bösen auch einen Platz eingeräumt.

Die Engelberger Handschriften widerspiegeln ein reiches Repertoire von Atlanten-Typen: Rankenträger und Rankenspeier aus der Zeit Frowins, die als Universumträger in der Antike ihr Vorbild finden. Zur Zeit Berchtolds wurde der Rankenträger umgestaltet zum Träger von Fürbittenden. Das Motiv des Rankenspeiers, im 12. Jahrhundert weit verbreitet, war auch in Engelberg beliebt. Das Gleiche gilt für die T-Atlanten, welche jedoch nur selten als historisierende Initialen auftreten. Die Balkenträger in den A-Initialen zeigen, wie phantasievoll das ursprüngliche Stützmotiv des Atlanten weiterentwickelt wurde. Die gemalten Atlanten mussten ja im Gegensatz zu den skulptierten nicht in die Statik der Architektur integriert werden. Im Engelberger Skriptorium ist sowohl der sündenbeladene Atlant vertreten, der eher eine negative Rolle verkörpert, als auch derjenige, der als Held im positiven Sinne auftritt und Träger der christlichen Botschaft ist und sich gegen das Böse stellt. Daneben finden sich aber auch groteske Darstellungen von Atlanten. Sie sind Vertreter der Drolerien, die gerade im 12. Jahrhundert populär waren. Die Maler des Engelberger Skriptoriums nehmen diese Strömung auf. Das Skriptorium zeigt sich allein durch die Verwendung des Atlantenmotivs auf der Höhe seiner Zeit.

1 LCI 1, S. 195. – Siehe das anschauliche Beispiel des Atlanten auf dem Bodenmosaik der Kathedrale von Otranto (1163–66).
2 Der Schwanz der Majuskel Q: Cod. 1008, fol. 1v; Cod. 19, fol. 36r; Cod. 20, fol. 179r; Cod. 21, fol. 6r; Cod. 23, fol. 113r. Beim P dient er als Schaft, vgl. Cod. 4, fol. 48r ebenso beim T, vgl. Cod. 4, fol. 134v; Cod. 13, fol. 134r; Cod. 19, fol. 24v.
3 Cod. 4, fol. 141r; Cod. 5, fol. 12v; Cod. 23, fol. 84r.
4 Cod. 3, fol. 248r und Cod. 72, fol. 1r. In diesem Zusammenhang steht auch Cod. 12, fol. 1v und Cod. 14, fol. 68v.
5 Jürgen Gutbrod, Die Initiale, Stuttgart 1965, S. 11 ff.
6 H. Weigert, Dämonen, in: RDK, Band III, Stuttgart 1959. – Gutbrod (wie Anm. 5), S. 114 ff.
7 George Zarnecki, Studies in Romanesque Sculpture, London 1979, S. 47 ff.
8 Gutbrod (wie Anm. 5), S. 14. – Wilhelm Neuss, Die Apokalypse des Hl. Johannes, Bd. I, Münster 1931, S. 38 f.
9 Nilgen, S. 79 mit Abb. 7 f.

Die Engelberger Evangelistenporträts

Nicole Morlet und Christoph Eggenberger

Die Darstellungen der vier Evangelisten sind meist der künstlerische Höhepunkt in einer Malschule. Dies ist im dritten Band der Engelberger Frowin-Bibel, Codex 5, nicht anders. Die Evangelistendarstellungen gehen zurück auf den antiken Bildtyp der Autorenbilder. Die Autoren werden beim Schreiben gezeigt oder im Augenblick der Inspiration. Das Autorenbild soll dem Leser einen Eindruck der Persönlichkeit des Verfassers vermitteln. Das Evangelistenbild geht jedoch über diesen Zweck hinaus und stellt die Verkörperung des Evangeliums dar. Älteste Darstellungen stammen aus dem 4. Jahrhundert. Die vom Autorenbild übernommenen Motive wie Sinnen, Federzücken, Federprüfen, Federspitzen, Federtauchen und Schreiben werden in den Evangelistenbildern in ihrer expressiven Betonung gesteigert. Neben denjenigen, die den Evangelisten als Autor kennzeichnen, nämlich das Buch, die Schriftrolle, das Spruchband oder die Schreibtafel, gehören die Evangelistensymbole zu den häufigsten Attributen. Diese Symbole sind die vier geflügelten Wesen Mensch, Löwe, Stier und Adler gemäss der Vision des Ezechiel (Ez 1,1–28) und der Offenbarung des Johannes (Apk 4,1–2). Die Zuweisung der vier geflügelten Wesen zu den einzelnen Evangelisten und ihren Texten war in der Frühzeit noch nicht festgelegt, genauso wenig wie die Reihenfolge der Evangelien. Zwischen Symbol und Text bestehen mehrere Sinnbezüge. Der Mensch wird dem Evangelisten Matthäus zugeordnet; sein Evangelium beginnt mit der menschlichen Abstammung, dem Stammbaum Christi. Der Löwe wird Markus zugeteilt; das Markusevangelium erinnert am Anfang an die Stimme des Rufenden in der Wüste. Das Lukasevangelium wird mit dem Stier assoziiert, weil es mit dem Opfer des Zacharias beginnt, und der Adler wird dem Johannes beigefügt. Ein weiterer Bezug findet sich in der Gleichsetzung der vier Evangelistensymbole mit den vier Hauptereignissen im Leben Jesu: Der Mensch versinnbildlicht die Menschwerdung, der Stier den Opfertod, der Löwe die Auferstehung und der Adler die Himmelfahrt Christi.

Die Evangelistenbilder nehmen im Engelberger Codex 5 je eine ganze Seite ein. Auf einem Thron sitzend, mit dem aufgeschlagenen, noch leeren Buch auf dem Schreibpult zur Linken und mit dem Symbol in der rechten, oberen Ecke sehen sich die vier Evangelistenbilder sehr ähnlich. Doch trotz dieser Übereinstimmungen sind sie eigenständig in ihrer Ausgestaltung. Die Abfolge der Tätigkeiten, nämlich Sinnen, Federzücken, Federprüfen und Schreiben, geschieht nicht in einer chronologischen Reihenfolge: Matthäus zückt die Feder (fol. 108v), Markus sinnt (fol. 134v), Lukas schreibt (fol. 153v) und Johannes prüft die Feder (fol. 181v). Die Evangelisten sind mit ihren Symbolen durch die Schriftrollen, Matthäus und Markus auch durch Blickkontakt verbunden. Sie werden im Moment der göttlichen Inspiration gezeigt, die bildlich durch die Überreichung der Schriftrolle dargestellt wird. Mit Ausnahme des Evangelisten Lukas geht die Schriftrolle vom Symbol direkt in die Hand des Evangelisten über. Die Authentizität des Wortes Gottes in den Evangelien wird so veranschaulicht.

Die beschriebenen Sinnbezüge zwischen Symbol und Text sind bei den Engelberger Evangelistendarstellungen auf die Evangelienanfänge bezogen, wobei die anderen auf Christi Leben hinweisenden Interpretationen damit nicht ausgeschlossen werden. Die Zuordnung der Evangelistensymbole zu den Evangelienanfängen wird durch die Beischriften noch verstärkt. Diese verweisen beim Matthäusbild auf das menschliche Geschlecht. *Lectio Mathei datur humanae speciei. Quod sit Christus homo patet id referente Matheo.* «Das Lesen des Matthäus wird dem menschlichen Geschlecht gegeben, damit Christus dem Menschen durch den berichtenden Matthäus offensteht.»[1] *Marci clamantis vox noscitur esse leonis, clamor scribentis similat rugire frementis.* «In der Stimme des Markus wird der schreiende Löwe erkannt. Der Ausruf des Schreibenden gleicht dem Brüllen des Schnaubenden.» Die Bemerkung zur Lukasdarstellung nimmt Bezug auf das Opfer des Zacharias. *Bos quia mactatur, bove Lucas significatur: Cepit ab hoc Lucas, quod sacrificat Zacharias.* «Lukas wird nach dem Stier gekennzeichnet, weil der Stier geopfert wird. Was Zacharias heiligt, von dem ist auch Lukas eingenommen.» Die Beischrift im Johannesbild lautet: *Astra petens ales, est scribens alta Johannes, Aetera transcendit, secreta dei quia pandit.* «Der schreibende Johannes entspricht dem den hohen Himmel anbetenden Adler. Er transzendiert in den Himmel, weil er die Geheimnisse Gottes eröffnet.»

«Im Anfang war das Wort, und das Wort war bei Gott, und das Wort war Gott»: Der Prolog des Johannesevangeliums manifestiert Grundsätzliches. Der Adler kreist in grosser Höhe und überblickt mit scharfem Auge die Welt. Die johanneische Eschatologie, die Sicht des Evangelisten auf die Endzeit, scheint in Bild und Beischrift auf.[2] Dem Johannesevangelium kommt eine Vorrangstellung zu. «... die Reichweite des Johannes ist ungleich umfassender. Es ist, als ob er von einem höheren Berg auf die gleiche Landschaft blickt, in der die Synoptiker zu Hause sind. Aber sein Horizont ist wesentlich erweitert.»[3] Im Vergleich mit den anderen Engelberger Evangelisten ist die Dynamik im Porträt des Johannes am ausgeprägtesten. Die Bewegung geht wie bei allen vier Bildern vom Symbol aus, welche über die Schriftrolle in die rechte Hand des Johannes führt. Diese Bewegung findet ihre Fortsetzung im rotgrünen Gewandzipfel des Evangelisten, der vom Hauch der Inspiration gebauscht erscheint. Die Augen des Johannes sind auf die Spitze seiner Schreibfeder gerichtet und nicht auf den Ursprung der Inspiration, das Symbol, womit die kritische – die theologische – Distanz des Johannesevangeliums angedeutet wird. Alle Evangelistenbilder, mit Ausnahme des Johannesporträts, befinden sich auf einer Verso-Seite gegenüber der ersten Seite des Evangeliums. Alle Evangelien beginnen mit einer Zierinitiale. Bei Matthäus und Lukas besteht die Initiale aus einem rein ornamental ausgestatteten Buchstaben, bei Markus handelt es sich um eine I-Initiale, die von Löwen mit herzförmigen Schwänzen umschlungen wird. Die Sonderstellung des Johannesbildes zeigt sich darin, dass sein Bild auf die Recto-Seite verlegt und einer leeren Seite gegenübergestellt ist. In vielen Evangelienhandschriften findet sich die leere Seite als eines der herausragendsten Mittel der Auszeichnung. Dabei muss gefragt werden, ob in Codex 5 die leere Versoseite von fol. 180 einem blossen kodikologischen Zufall entsprungen ist? Da auf fol. 179v das Explicit des Lukas-Evangeliums sowie das Incipit des Prologs zum Johannes-Evangelium stehen, muss die Werkstatt fol. 180v mit Bedacht leer gelassen haben. Es gibt keinen äusserlichen Grund, weshalb der Maler mitten in der 22. Lage das Bild des Johannes nicht wie bei den anderen Evangelien auf dieser Versoseite plaziert hat.

Möglich, dass der Auftraggeber vor dem Bild eine Pause einlegen, einen Respektabstand einhalten, einen Vorhof gestalten wollte, wie dies einer geläufigen Praxis seit der Etablierung des Codex in der Spätantike entspricht. Man darf in diesem Gestaltungselement ein Zeichen der Renaissance des 12. Jahrhunderts erblicken. Johannes wurde damals zum Lieblingsjünger Jesu; seine Schilderungen vom Leben Jesu galten als die glaubwürdigsten. Erst die moderne Theologie hat erkannt, dass Johannes das Leben Christi bereits theologisch interpretiert, dass der Autor Jesus nicht gekannt haben konnte. Hingegen widerspricht die Tatsache, dass die ausgeschmückte Initiale *I(n principio erat verbum)* auf die Rückseite – fol. 181v – des Evangelistenbildes gemalt wurde, der besonderen Behandlung eines wichtigen Bildes. Doch nur in ganz wenigen kostbaren und aufwendig gestalteten Handschriften wurden die Evangelistenbilder auf Folios gemalt, die ausschliesslich dafür bestimmt waren, die also keine Linierung aufweisen, und wo die Rückseite leer blieb. Denn das Pergament war zu allen Zeiten kostbar, da es nur in zeitraubender Arbeit hergestellt werden kann. Hier drücken die farbigen Gründe der Initiale durch, ebenso wie die Schrift, und beeinträchtigen die Wirkung des Johannesbildes.

Bei einer so wichtigen Textstelle wie dem Beginn des Johannesevangeliums würde man eine gehaltvolle Bildinitiale erwarten. Sie scheint aber auf den ersten Blick ein blosses Capriccio darzustellen. Da die anderen Evangelien-Incipits in einer Tradition stehen, darf man wagen, das Capriccio zu interpretieren. Die Johannes-Initiale folgt zwar dem gestalterischen Schema des Markus-Incipit, doch bietet sie inhaltlich keine Wortillustration der Bildinschrift. Die Initiale gehört in den Zusammenhang der im Kloster zentralen Thematik der Gottesschau, wie sie der Prolog der Benediktinerregel schildert. Die Geheimnisse Gottes werden für den Menschen zugänglich, weil «das wahre Licht» – Christus –, «das jeden Mensch erleuchtet, in die Welt kam» (Joh. 1,9), weil «wir seine Herrlichkeit gesehen haben, die Herrlichkeit des einzigen Sohnes vom Vater, voll Gnade und Wahrheit» (Joh. 1,14). Sind die beiden dargestellten Figuren Mann und Frau? Man möchte es annehmen, ohne Sicherheit zu gewinnen. Es sind diesseitige Menschen in Bewegung, ja in heller Aufregung; die Haare stehen ihnen zu Berge und sie gestikulieren mit den Händen.[4] Mit dem Zeigefinger der Rechten weisen sie auf ihr rechtes Auge, mit demjenigen der Linken weisen sie nach oben und unten, da sie kopfständig einander zugeordnet sind. Sie weisen also darauf hin, was sie mit ihren Augen sehen: das Licht, die Herrlichkeit oder eben die «Geheimnisse Gottes» der Bildinschrift. Diese Unmittelbarkeit, welche die Engelberger Bilderwelt so nahe zu bringen vermag, kann auch zur Lehre gereichen. Die beiden Menschen fordern den Betrachter auf, genau auf das Evangelium des Johannes zu achten. Zum Vergleich sei ein Blick auf die anderen Evangelienanfänge geworfen. Das Matthäus-Incipit zeigt die Initiale *L(iber generationis)* (fol. 109r) in ornamentalen Ranken, wie sie oft zu finden ist; es sei nur daran erinnert, wie die L-Initiale im Book of Kells zu einer ganzen Zierseite vergrössert worden ist. Die Initiale ist zugleich das Sinnbild der Inkarnation Christi, die das eigentliche Thema des Stammbaums zu Beginn des Evangeliums darstellt. In der Frowin-Bibel bilden das Evangelistenporträt und die Inkarnationsinitiale ein Diptychon auf den beiden gegenüberliegenden Folios 108v und 109r. Der Beginn des Markus-Evangeliums (fol. 135r) ist in gleicher Weise gestaltet wie die Johannes-Initiale mit dem gespaltenen «I», zwischen dessen beiden Schäften sich hier zwei brüllende Löwen zwängen, während es bei Johannes zwei nackte Menschen sind; das Dazwischenschieben der Körper verleiht der Initiale plastisch-räumliche Dimensionen und erinnert an bildhauerische Arbeiten an Kirchen und Kathedralen.[5] Die Löwen-Initiale kann in direkter Beziehung zum Text der Bildinschrift auf der gegenüberliegenden Seite interpretiert werden: «In der Stimme des Markus wird der schreiende Löwe erkannt.» Der Schreiber fährt ironisch fort: «Der Ausruf des Schreibenden gleicht dem Brüllen des Schnaubenden.» Die Löwen sind in der gleichen Art gezeichnet wie das Symbol im Markusbild. Es mag überraschen, dass der in der Bildbeischrift im Lukasbild geäusserte Opfergedanke in der Initiale nicht verbildlicht wurde.

Zurück zum Johannessymbol (fol. 181r): Der Adler überreicht dem Evangelisten die Schriftrolle mit dem Schnabel und der rechten Klaue. In dieser Haltung berührt der Nimbus des Symbols denjenigen des Evangelisten. Durch die kreisförmige Anordnung entsteht eine Einheit. In den anderen Darstellungen ist das Verhältnis zwischen Symbol und Evangelist eher in einer linearen als in einer kreisförmigen Bewegung zu sehen. Die Stellung des Adlers in dieser Form ist einzigartig. Zwar trifft man in den Engelberger Handschriften immer wieder auf Vogeldarstellungen, aber keine erscheint in dieser Ausgestaltung. Der dem Johannesadler am nächsten kommende Vogel ist in der E-Initiale auf fol. 159v von Codex 4 zu finden. Der mit roter Farbe vorgezeichnete Vogel, ein Storch oder Flamingo, beugt ebenfalls seinen Hals, um den Buchstabenkörper mit dem Schnabel zu halten oder in ihn hineinzubeissen. Da die beiden Enden dieser Initiale von einem Wesen halb Mensch halb Fisch gebildet werden, könnte die Möglichkeit des Zubeissens (der Fisch wird vom Vogel gefressen) durchaus zutreffen. Beim Johannessymbol ist diese Interpretation allerdings abwegig, denn weshalb sollte der Inspirationsspender die Schriftrolle verspeisen? Der Adler weist eher mit dem Schnabel auf eine Textstelle hin oder hält die Schriftrolle dem Evangelisten einfach hin. Der Adler berührt die Schriftrolle neben der rechten Klaue und dem Schnabel auch mit der Brust. Letztere zeigt eine eigenartige Ausprägung, die an die Wunde des Pelikans erinnert, der laut Legende mit seinem Schnabel die Brust öffnet und seinen Jungen das herabfliessende, lebensspendende Blut zu trinken gibt.[6] Der Pelikan gilt deshalb als Symbol für Christi Todesopfer und Auferstehung. Durch das Wundmal in der Brust des Vogels durchmischt sich die Deutung des Adlersymbols als Sinnbild für die Himmelfahrt mit dem Pelikan als Symbol für Opfertod und Auferstehung. Parallel zum Wundmal, aus dem das lebensspendende Blut in die Schriftrolle fliesst, kann nun auch der Schnabel des Adlers als lebenseinhauchender Körperteil interpretiert werden.

Die Evangelistensymbole finden sich in Engelberg auch in den vier Ecken des Rahmens im Bild Bedas (Codex 47, fol. 1v). Beda ist im gleichen Stil wie die Evangelisten ausgearbeitet, es fehlt aber die reizvolle Dynamik. Beda wird in der gleichen Pose wie Johannes, beim Prüfen der Feder, gezeigt. Das Umfeld mit dem Thron, dem Sitzkissen und dem Schreibpult ist weitgehend identisch. Anders als bei den Evangelisten ist bei Beda das Buch auf dem Pult bereits mit Linien versehen: Ein Hinweis darauf, dass sich der englische Kirchenvater nicht auf die göttliche Inspiration stützen konnte? Der Rahmen ist mit Akanthus- und Flechtwerkbändern verziert; die mit den Evangelistensymbolen ausgefüllten Medaillons schmücken die Ecken. Die Symbole sind ihrem Wesen nach denjenigen auf den Evangelistenbildern verwandt; sie tragen dieselben geflügelten Nimben, wobei diesmal auch der Adler keine Ausnahme bildet. Die Gestalt des Adlers in der Beda-Darstellung kann jedoch weder Vorlage noch Kopie für diejenige auf dem Johannesbild gewesen sein. Alle wesentlichen Kennzeichen wie Flügelform, Kopf- und Schnabelhaltung, Klauen, Federkleid und Körperhaltung sind grundsätzlich verschieden. Der Johannesadler auf der Beda-Miniatur könnte eher mit demjenigen auf dem einfacheren Engelberger Gotteslamm-Kreuz verglichen werden. Die beiden Adler sind sich mit ihren rückwärts gewandten Kopfstellungen sehr ähnlich; umso auffallender, dass die geläufige Rückwärtswendung bei allen Symbolen in der Frowinbibel fehlt. Es sind die Evangelien, die den dritten Band der Bibel Codex 5 abschliessen. Die Evangelisten sind die Verkünder der frohen Botschaft Christi, ihnen kommt eine besondere Bedeutung zu. Nur ein Bild gewichten die Engelberger Mönche noch stärker: die mystische Vermählung. Ihr ist das folgende Kapitel gewidmet.

1 Übersetzungen von Nicole Morlet.
2 LThK 5, Sp. 1003 f.
3 Johannes Hemleben, Johannes der Evangelist, Reinbek bei Hamburg 1993[10], S. 7.
4 Ohne eine Beziehung postulieren zu wollen, sei die parallele Darstellung der Haare und die pointierte Gestik in Vézelay erwähnt. Siehe Salet, 1975, S. 98 f., fig. 64.
5 Rupprecht, S. 87 f., Tafel 62–65: Souillac (Lot), ehemalige Abteikirche Sainte-Marie, 1120–35.
6 LCI 3, Sp. 391.

Das himmlische Brautpaar. Zur Ikonographie der mystischen Vermählung

Carmen Baggio Rösler

Im mittleren Band der Engelberger Frowinbibel, dem Codex 4 der Stiftsbibliothek, gibt es eine einzige Miniatur, die eine ganze Pergamentseite beansprucht (fol. 69v). Sie zeigt einen Mann und eine Frau, die sich in einer höfisch anmutenden Geste die Hände reichen und einander freundlich in die Augen schauen. Dieses Bild steht am Anfang des Hohenliedes, jenes Buches im Alten Testament, das in poetischer, bilderreicher Sprache von der Liebe zwischen Mann und Frau, Braut und Bräutigam erzählt. Es kann kaum verwundern, dass das Hohelied als einziges Buch des Alten Testamentes mit einem Titelbild hervorgehoben wird; es gibt im ganzen christlichen Mittelalter kein anderes Buch der Bibel, das so häufig interpretiert wurde. Die Faszination des Hohenliedes erreichte im 12. Jahrhundert ihren Höhepunkt, als es von nicht weniger als achtzehn Schriftstellern zum Ausgangspunkt genommen wurde, um theologischen Grundfragen nachzugehen. Besondere Bedeutung erlangten dabei die 86 Predigten, die Bernhard von Clairvaux zwischen 1135 und 1153 dazu verfasste. Er sah im Hohenlied den Wegweiser, der den Menschen auf der Suche nach sich selbst und nach Gott leitet. Seine Predigten fanden vor allem in den französischen und deutschsprachigen Zisterzienser- und Benediktinerklöstern rasche Verbreitung.

So besitzt auch das Kloster Engelberg im Codex 32 eine frühe Abschrift davon. Den Predigten ist eine ganzseitige Zeichnung in schwarzer Tinte vorangestellt, wiederum die einzige des ganzen Bandes (fol. 2v). Sie zeigt ein Paar, das jenem der Miniatur in der Bibel in vielem gleicht. Über dieser Zeichnung verrät nun aber eine Inschrift die Namen des Paares: *xpc* und *ecclesia*, also Christus und die Kirche. Die grosse Ähnlichkeit der beiden Miniaturen legt es nahe, dass die Frowinbibel dasselbe himmlische Paar zeigt. Auch dort wird der Mann durch den Kreuznimbus eindeutig als Christus festgelegt. Diese Darstellung von Christus befindet sich aber im Alten Testament und erst noch am Anfang eines Buches, in dem die irdische Liebe besungen und Gott nicht einmal erwähnt wird. Dieser Widerspruch lässt sich nur erklären, wenn die Miniatur gar nicht den Bibeltext illustrieren soll, sondern auf dessen christliche Deutung hinweist. Tatsächlich wurde die sinnliche Liebe des Hohenliedes im ganzen christlichen Mittelalter als Bild für die liebende Beziehung zwischen Christus und seiner Kirche verstanden. Ecclesia steht für die Gemeinschaft der Gläubigen, aber auch für die Beziehung des Menschen zu Gott. Das himmlische Brautpaar Christus und Ecclesia verkörpert damit die grundlegenden theologischen Konzepte, die sich mit dem Verhältnis von Christus und seiner Kirche, der göttlichen und der menschlichen Liebe, zwischen der Seele und dem Körper auseinandersetzen.

So vielseitig die bräutliche Liebe des Hohenliedes ausgelegt wird, so differenziert wird sie auch in der Frowinzeit illustriert. So steht etwa dem königlichen Paar vor dem Hohenlied (Cod. 4, fol. 69v) ein eng umschlungenes Liebespaar in der Initiale O gegenüber (fol. 70r). Die besondere Stellung des himmlischen Brautpaares deutet darauf hin, dass es in seiner theologischen Aussage wohl auch als Leitmotiv des ganzen Klosters diente. Sowohl die schriftlichen wie die gemalten Bilder des himmlischen Brautpaares sind Ausdruck eines theologischen Gedankengebäudes, das sich nur ermessen lässt, wenn man in das allegorische und typologische Denken der mittelalterlichen Bibelexegese und der Auslegung des Hohenliedes eintaucht.

Die Auslegung des Hoheliedes

Im frühen Christentum war es umstritten, ob die recht locker verbundenen Liebeslieder aus dem 3. oder 4. Jahrhundert v. Chr. überhaupt in die Bibel gehörten. Das Hohelied wurde zwar König Salomo zugeschrieben, doch blieb es für wichtige Vertreter der antiochenischen Schule, vor allem für Theodor von Mopsuestia (392–428), nichts weiter als ein weltliches, erotisches Lied, das Salomo zur Hochzeit mit einer Ägypterin geschrieben habe. Auf dem fünften allgemeinen Konzil 553 wurde jedoch die Auffassung Theodors verurteilt und das Hohelied endgültig in den Kanon der Heiligen Schriften aufgenommen. Die frühesten christlichen Auslegungen des Hohenliedes entstanden in enger Anlehnung an die jüdische Tradition, welche das Lied als Allegorie der Liebe Gottes zu seinem Volk deutete.[1] Die Vorstellung eines symbolischen Braut-Bräutigam-Verhältnisses zwischen Jahwe und Israel findet sich bereits bei Ezechiel (16, 8 ff.), wo der königliche Schmuck der Braut ausführlich beschrieben wird.[2]

Analog zur jüdischen Auslegung wurde der Bräutigam in der christlichen Exegese als Christus und die Braut als Ecclesia, die aus dem Juden- und Heidentum herausgewachsene Gemeinschaft der Christen, gedeutet. Dieses Bild wird schon im Neuen Testament vorgezeichnet, am deutlichsten im Brief an die Epheser.[3] Paulus vergleicht dort die Liebe Christi zu seiner Gemeinde mit der Liebe zwischen Mann und Frau in der Ehe: «Ihr Männer, liebt eure Frauen, wie auch Christus die Gemeinde geliebt hat» (Eph 5, 5). Das Hohelied wurde in der Folge immer allegorisch als Lied der Liebe Christi zu seiner Kirche gelesen.

Für das Verständnis der unterschiedlichen Deutungen sind zwei Methoden der mittelalterlichen Bibelexegese wichtig. Dies ist zum einen die Lehre vom vierfachen Schriftsinn, nach der jeder Text neben der wörtlichen und der allegorischen Bedeutung auch eine moralische und eine eschatologische, auf das Ende der Zeiten bezogene Sinnebene enthält. Das zweite ist die theologische Typologie, welche das ganze Alte Testament als prophetische Vorausdeutung der neutestamentlichen Erfüllung versteht. Danach gelten die Bücher des Alten Testamentes kaum mehr als eigenständige Texte, sondern eröffnen ihren wahren Sinn erst im Hinblick auf Christus und die christliche Heilsgeschichte. Auf diese Weise wurden alle Personen und Ereignisse des Alten Testamentes mit entsprechenden Personen und Ereignissen des neuen Testaments verknüpft und so in den göttlichen Heilsplan eingebunden.

Kirche – Seele – Maria

Eigentlicher Schöpfer der christlich-allegorischen Auslegung ist Origines von Alexandria (+ 254), der viele Predigten zum Hohenlied und einen zehnbändigen Kommentar dazu verfasste.[4] Als erster Bibelwissenschafter beschäftigt er sich zuerst mit der wörtlichen Bedeutung des Hohenliedes. Den eigentlichen Inhalt des Liedes erkennt er in der spirituellen Liebe, die Christus mit seiner Kirche verbindet und deutet diese auch auf die Liebe der einzelnen Seele zum Wort Gottes. Im Jahre 383 übersetzte der Kirchenvater Hieronymus (347–420) die Predigten des Origines ins Lateinische und verhalf ihnen damit auch im Westen zu verpflichtendem Ansehen. Ambrosius von Mailand (339–397) legte das Hohelied nicht systematisch in einem Kommentar aus, sondern näherte sich ihm von verschiedenen Fragestellungen her. Er war der erste, der das Hohelied für predigtartige Unterweisungen zukünftiger Nonnen verwendete und damit ein wichtiges Element der späteren Frauenmystik vorbildete.[5] Er erkannte nämlich in jeder Jungfrau, die sich Christus versprach, die Braut des Hohenliedes. Als leuchtendes Vorbild für die Reinheit des jungfräulichen Lebens galt ihm wiederum die Gottesmutter Maria. Von da war es nur noch ein kleiner Schritt, in Maria auch die Braut des Hohenliedes zu sehen. Bei Ambrosius findet sich damit bereits die dreifache Auslegung der Braut, wie sie in wechselnder Gewichtung während des ganzen Mittelalters beibehalten wird: die Braut Christi als Kirche, als Seele und als Maria.

In der intensiven Diskussion um die Berechtigung der *vita contemplativa* ergriff Gregor der Grosse (um 540–604) für das besinnliche Leben in den Klöstern Partei. Er begründete dies mit dem Hohenlied, das er als Lied von der Vereinigung mit Gott der *vita contemplativa* zuordnete. Gregor legt so das Hauptgewicht seiner Auslegung auf die Beziehung von Gott zur einzelnen Seele, weil die dem Hohelied zugeordnete Kontemplation im Herzen der einzelnen Menschen geschieht.[6] Wie Gregor begründete der vierte Kirchenvater, Augustinus (354–430) eine Tradition der Hohenliedauslegung. Ihm ging es um eine moralisch-dogmatische Deutung. Seine Auslegung des Hohenliedes steht im Dienst der Apologetik, der wissenschaftlichen Rechtfertigung christlicher Lehrsätze. Auch der Hoheliedkommentar von Beda Venerabilis (+735) ist nicht vom Bestreben nach eigener Erkenntnis geprägt, sondern belegt das Anliegen der karolingischen Theologie, die damalige Position der Kirche durch die Überlieferung der Autoritäten zu stärken.[7] Die Deutung der Braut als Kirche liegt ihm am nächsten, während die Seele – *anima-sponsa* – nur noch erwähnt wird und die Auslegung des Hohenliedes auf Maria ganz fehlt. Da der Hoheliedkommentar von Beda Venerabilis bis ins 12. Jahrhundert massgeblich blieb, legte er für vier Jahrhunderte die ausschliessliche Deutung der Braut als Ecclesia fest.

Im 12. Jahrhundert wurden schliesslich mehr Erklärungen zum Hohenlied geschrieben als im ganzen Jahrtausend zuvor. Neben der traditionellen Auslegung an den Schulen der Frühscholastik gewann das Hohelied in der Kirchenreform und mit dem Aufblühen einer neuen, mystischen Frömmigkeit in den Klöstern erneut an Aufmerksamkeit. Als Vertreter der wahren Kirche und ihrer Lehre stehen die Scholastiker in der Nachfolge von Augustinus und Beda Venerabilis. In den *ennarrationes in cantica canticorum* des Frühscholastikers Anselm von Laon (+1117) geht es einzig um die Verteidigung christlicher Lehrsätze in der Auseinandersetzung mit Philosophie und Irrlehren. In schclastischem Geist gilt es, durch Überwindung von Nichtwissen – *ignorantia* – und Irrtum – *error* – zur Erkenntnis Gottes zu gelangen. Mit Rupert von Deutz (vor 1070–1129) tritt zum ersten Mal ein völlig neues Verständnis des Hohenliedes auf. Rupert geht es nicht mehr um das überlieferte Wissen der Väter, sondern um eine ganz persönliche Deutung der Bibel aus der Liebe zum Wort Gottes. Im Bild der im Hohenlied besungenen Zuneigung zwischen zwei Menschen sieht er die Liebe, durch die Gottes Sohn in Maria Mensch wurde. Seine Auslegung steht deshalb ganz unter dem Zeichen der Menschwerdung Christi und trägt den Titel *de incarnatione Domini*. An Maria ereignet sich die Vollendung der Hochzeit zwischen Gott und der Menschheit, sie ist die Braut des Hohenliedes. Gegenüber dieser neuen, persönlichen Art der Bibellektüre ist der zweite wichtige Kommentar, der das Hohelied ausschliesslich auf Maria ausdeutet, viel traditioneller. Ausgangspunkt des *sigillum beatae Mariae* von Honorius Augustodunensis (um 1090–1156) ist die herkömmliche Auslegung der Braut als Kirche, die er dann auf Maria als Mittlerin zwischen Gott und der Kirche überträgt. Die beiden Hoheliedkommentare von Rupert von Deutz und Honorius Augustodunensis spielten eine wichtige Rolle für die aufblühende Marienverehrung im 12. Jahrhundert. Dreissig Jahre später verfasste Honorius Augustodunensis einen zweiten Kommentar, in dem die Deutung der Braut als Maria fehlt. Seine *expositio in cantica canticorum* kann bereits zu einer dritten Art der Hohenliedauslegung gezählt werden, bei der die künstlerische Wirkung im Vordergrund steht. Honorius inszeniert die Hochzeit von Christus und der Kirche in einem symbolischen Weltheil-Drama in vier Akten.[8] Für die Hohelied-Exegeten des 12. Jahrhunderts ist die Allegorie des himmlischen Brautpaares keine verborgene Bedeutung mehr, sondern eine völlig offensichtliche Tatsache, die nun «reliterarisiert» wird.[9]

Bernhard von Clairvaux

Der Zisterzienser Bernhard von Clairvaux (1090–1153) wählte für seine Auseinandersetzung mit dem Hohenlied nicht die wissenschaftliche Form des Kommentars, sondern wandte sich in Predigten an seine Klosterbrüder. Diese scheinbar spontan gehaltenen Predigten, in denen die Zuhörer immer wieder zum Mitdenken aufgefordert werden, sind überaus komplexe, sorgfältig überarbeitete Texte.[10] Bernhard geht es vor allem darum, den Zuhörern neue Erfahrungsbereiche zu erschliessen. Erst die eigenen Erfahrungen machen das Verstehen der Bibel möglich, die für Bernhard nicht nur die höchste Autorität in der christlichen Lehre ist, sondern ebenso ein Schatz an vorgelebter religiöser Erfahrung. Besonders das Hohelied ist als «Buch der Erfahrung» (3, 1) ein Spiegel der unterschiedlichen Gottesnähe der Seele. Deshalb thematisiert Bernhard auch die schweren Momente des Klosterlebens, die er selber als «Schlaffheit der Seele, Abgestumpftheit des Gemüts und Schwerfälligkeit des Geistes» erlebt (54, 8). Die Annäherung an Gott ist eine stufenweise Entwicklung, die ausgehend von der fleischlichen Liebe zum menschgewordenen Christus zu einer höheren, geistigen Liebe führt und schliesslich in der *unio mystica*, einer ganz persönlichen, mystischen Gotteserfahrung gipfelt (20, 6). In der doppelten Auslegung der Braut als *ecclesia* und *anima* thematisiert Bernhard das geistliche Leben in der Gemeinschaft und das darin aufgehobene spirituelle Leben des Einzelnen.[11] Bernhard war aber nicht nur um das spirituelle Leben seines Klosters bemüht, sondern griff auch aktiv in die Politik seiner Zeit ein. Gerade für ihn, der zwischen seinen verschiedenen Aufgaben fast zerrissen wurde, war die traditionelle Frage nach dem Verhältnis von *vita activa* und *vita contemplativa* besonders wichtig. «Die Liebe selbst, die nicht müssig sein kann», rät ihm zum «Einsatz für die Sache Gottes» (57, 9). Indem er das beschauliche Leben im Kloster zur Voraussetzung eines sinnvollen Wirkens in der Welt erklärt, gibt er eine neue, dem klösterlichen Leben gemässe Antwort.[12] Obwohl der Hoheliedkommentar seines Freundes Wilhelm von Saint-Thierry (um 1085–1148) in engem geistigem Austausch mit ihm entstand, zog Wilhelm daraus andere Konsequenzen für sein Leben. Wilhelm wollte nicht wie Bernhard andere in die mystische Liebe zu Gott einführen, sondern blieb bei der still betrachtenden Form des Kommentars. Gegen den Willen des Freundes legte er die Abtwürde des cluniazensischen Klosters Saint-Thierry nieder, um als einfacher Mönch in ein Zisterzienserkloster einzutreten. Ganz auf die mystische Gotteserfahrung konzentriert, legte Wilhelm das Hohelied einzig auf die Beziehung zwischen Christus und der einzelnen Seele aus.

Das Bild von Braut und Bräutigam

Nach diesem Überblick über die Hoheliedauslegung lassen sich die Eigenheiten in der Darstellung des himmlischen Brautpaares in Engelberg differenzierter betrachten. Da die gemalte Allegorie aber anderen Gesetzen als ein schriftlicher Kommentar folgt, können die Miniaturen nicht als blosse Illustrationen der Hohenliedexegese gesehen werden. Die meisten Darstellungen des himmlischen Brautpaares lassen sich deshalb nicht auf einen bestimmten Hoheliedkommentar beziehen und es ist in der Regel auch nicht festzustellen, ob eine Miniatur das Hohelied selbst illustriert oder einen Kommentar.[13]

Dies lässt sich auch in den Engelberger Darstellungen des himmlischen Brautpaares feststellen. Im mittleren Band der Frowin-Bibel präsentieren sich Braut und Bräutigam in einem doppelten, mit feinen, braun-schwarzen

Tintenlinien gezogenen Rahmen (Cod. 4, fol. 69v). Sie stehen fast frontal zum Betrachter, wenden sich aber die Gesichter zu und schauen sich aus den Augenwinkeln freundlich an. Die Braut hat ihre rechte Hand anmutig auf die linke, angehobene Hand des bärtigen Mannes mit dem Kreuznimbus gelegt. Beide tragen je eine leere Schriftrolle. Während das rechte Band dem Rahmen entlang gerade herabhängt, flattert die Rolle aus der Hand Christi in einem Schwung nach oben und rahmt seinen Kopf zusätzlich zum Nimbus als Halbkreis ein. Beide Figuren tragen lange, rote und blaue Gewänder mit goldgelben Bordüren. Die Braut ist auffällig reich gekleidet: Über einem gefalteten Kopftuch trägt sie eine seltsam flach wirkende, dreistufige Krone, von der hinten zwei Bänder, die *infulae*, herabhängen. Unter einem Mantel mit weiten, gefütterten Ärmeln – der Mode der Zeit entsprechend – schaut ein enges Unterkleid hervor, das an den Handgelenken mit Edelsteinborten geschmückt ist. Die Braut trägt schwarze, elegant zugespitzte Schuhe, während Christus barfuss geht. Die Füsse berühren den inneren rahmenden Strich, der Zeigefinger der Frau weist über die Begrenzung hinaus auf die gegenüberliegende, beschriebene Seite. Dort beginnt das Hohelied, wie es die rote Schrift unter dem doppelten Rahmen ankündigt: *incipiunt cantica canticorum, quod hebraice dicitur sirasirim*. «Es beginnt das Hohelied, das auf hebräisch *sir hassirim* heisst.» Mit dem hebräischen Namen wird die jüdische Herkunft des Hohenliedes betont. Dies wird mit dem alttestamentlichen Bild der geschmückten und gekrönten Braut unterstrichen. Christus und seine auserkorene Braut präsentieren sich dem Betrachter als Herrscherpaar. Ecclesia ist die Auserwählte, die durch die Hochzeit in den königlichen Rang ihres Bräutigams erhoben wird. Ihre Krone weist gar über das königliche Attribut hinaus: In ihrer architektonisch steifen Form erinnert sie an die Mauerkronen antiker Stadtgottheiten und an das von einer goldenen Mauer eingefasste himmlische Jerusalem.[14] Damit wird auf die endzeitliche Erhöhung der Kirche als neues Jerusalem hingewiesen, wie es in der Apokalypse 21, 2 beschrieben wird: «Und ich sah die heilige Stadt, das neue Jerusalem, von Gott aus dem Himmel herabkommen, bereitet wie eine geschmückte Braut für ihren Mann.»

Ganz anders wirkt dagegen das sich innig umarmende Paar in der Initiale, die der ganzseitigen Darstellung auf der Rectoseite gegenübersteht (Cod. 4, fol. 70r). Die Initiale O des Hohenliedes bildet den schlichten Rahmen für die beiden Halbfiguren des Liebespaares: *osculetur me osculo oris sui*, «wenn er mich doch küsste mit dem Kusse seines Mundes». Die beiden halten sich eng umschlungen, legen die Köpfe aneinander und schauen sich tief in die Augen. Die Braut trägt nun ein einfaches Kleid und statt der Krone einen Nimbus. Christus ist bartlos dargestellt, was die Gleichheit der Partner zusätzlich betont. In der engen Umarmung verschmelzen die Nimben der beiden Liebenden, und die durchgehende rote Linie unter den Augen scheint ihre Blicke zu verbinden. In der Initiale wird nicht mehr die von Christus erhöhte Gemahlin des Alten Testamentes dargestellt, sondern die mit Christus in Liebe verbundene Braut. Um ja keinen Zweifel an der Deutung der Miniatur aufkommen zu lassen, weist die Braut auch hier mit dem Zeigefinder nach rechts auf den folgenden Hoheliedtext.

Stuttgart, Württembergische Landesbibliothek, Codex 55, fol. 180v, Lectionarium matutinale aus Ellwangen. Christus und Ecclesia (Foto Bildarchiv Foto Marburg)

So nebeneinandergestellt, wird die Aufmerksamkeit auf die Unterschiede zwischen den beiden Brautpaaren gelenkt. Der Erhöhung der königlichen Braut steht die *unio mystica* gegenüber. Im Titelbild erscheint Christus und Ecclesia, und in der Initiale Christus und die Seele des Gläubigen. Dieses didaktische Vorführen unterschiedlicher Gotteserfahrungen in Form eines gemalten Hohenliedkommentars ist in dieser Art einmalig.[15] Im Gegensatz dazu legt sich etwa die Miniatur aus dem süddeutschen Kloster Ellwangen nicht auf eine Unterscheidung zwischen Ecclesia und Seele fest.[16] Sie ist zwar in vielem der Engelberger Initialminiatur ähnlich, doch wird gleichzeitig auch der offizielle Charakter des Brautpaares betont, so etwa in der ganzfigurigen Darstellung, der reichen Kleidung der Braut, der nur von Christus ausgehenden, weniger innigen Umarmung und der Beschriftung *sponsa ecclesia*.

Die Darstellung in Codex 32 (fol. 2v) wirkt retardierter als jene in der Frowinbibel. Das liegt vor allem am nicht fertig ausgeführten floralen Rahmen und den Falten, die nicht so streng sind wie jene in der Bibel, die zu ornamentalen Knoten und phantasievollen Formen ausschwingen. Trotz der Unterschiede scheint das Paar der Frowinbibel für die Zeichnung als Vorbild gedient zu haben. Dafür sprechen zum einen die vielen Übereinstimmungen, etwa in der Darstellung der Kleidung, der Füsse Christi und der Schuhe der Braut. Andererseits gibt es einige seltsam anmutende Details, welche die Miniatur in der Bibel als Vorlage vermuten lassen. Im Codex 32 wird die kostbare Fütterung der Ärmels nur noch einseitig dargestellt und der Arm verschwindet nicht mehr im Pelzfutter, sondern geht direkt in den Ärmel über. Auch das gefaltete Kopftuch ist nur noch als ornamentale Schlaufe zu erkennen. Die Köpfe, die in der Bibel bereits verschieden gross sind, werden nun fast karikaturhaft zum kleinen, ausgemergelten Gesicht Christi und zum grossen, runden der Braut.

In der Körperhaltung der Figuren kommt aber ein neuer Aspekt hinzu. Obwohl der rechte Fuss der Braut nun auf den Bräutigam zugedreht ist, fehlt das sich zugewandte Auftreten als Paar. Christus hat den Oberkörper ganz nach vorne gedreht, schaut aus dem Bild heraus und braucht nun beide Hände, um dem Betrachter seine Schriftrolle zu präsentieren. Die Braut hält ihr Band hingegen nur mit einer Hand, wendet sich Christus zu und kneift ihn in den Oberarm. Auf dem Band Christi ist ein Satz aus dem Hohenlied zu lesen: *Ego flos campi*, «ich bin die Blume des Feldes.» Auf der Rolle der Braut steht: *Dilecte mi, app(re)hen(dam) te*. Während die Stelle aus dem Zusammenhang im Hohenlied «mein Geliebter, ich werde dich führen» heisst, würde die Übersetzung «ich werde dich festhalten» die etwas seltsam anmutende Geste der Ecclesia erklären.[17] Im Band der Braut wird Christus als Geliebter angesprochen, der Vers «Ich bin die Blume des Feldes» bezieht sich hingegen nur auf den Träger des Bandes selbst. Damit betonen die Inschriften auf den Spruchbändern die Komposition, in der sich Ecclesia ihrem Bräutigam zuwendet, Christus dagegen ganz auf den Betrachter ausgerichtet ist. Das didaktische Zusammenspiel von Bild und Text zeigt sich auch in den beiden erläuternden Versen über dem Bild. Sie benennen nicht nur die beiden Brautleute, sondern weisen auch auf die heilsgeschichtliche Bedeutung ihrer mystischen Vermählung hin: *Conjugis in morem permiscetur per amorem Ecclesie xpe, perit hinc dolor et quoque fastus*. «Nach Art eines Gatten vereinigt sich Christus mit der Kirche in Liebe. Daher verschwindet der Schmerz und die Hoffart.» Während der Text die Liebe Christi zu seiner Kirche beschreibt, zeigt das Bild nur die Zuneigung der Kirche zu ihrem Bräutigam.

Kirche – Eva – Maria

Im Vergleich mit dem Paar in den Engelberger Bernhardpredigten rücken die beiden unterschiedlichen Darstellungen der Frowinbibel näher zusammen. Während in der einfarbigen Tintenzeichnung die Zweisamkeit in eine, den Betrachter miteinbeziehende Dreieckskomposition aufgebrochen wird, bestimmt in der Initiale und im Frontispiz die herzliche Zuneigung der Partner den Bildeindruck. In beiden Miniaturen der Bibel ist die gegenseitige Hinwendung von Braut und Bräutigam die zentrale Aussage. Der Vergleich mit anderen Darstellungen des himmlischen Brautpaares zeigt, dass dies nicht selbstverständlich ist. Wie in der Miniatur von Ellwangen bleibt in den meisten Darstellungen der innigen Umarmung die Braut passiv, was der scholastischen Betonung der Rolle Christi als Retter und Erlöser seiner Braut entspricht.[18] In der Zeichnung der Predigtsammlung berührt Christus seine Braut nicht mehr, ja wendet sich ihr nicht einmal zu. Christus ist das frontal präsentierte Heil, «die Blume des Feldes», und es ist nun an der Kirche, sich dem himmlischen Bräutigam zuzuwenden.

links: Heidelberg, Universitätsbibliothek, Cod. Sal. IXb, fol. 40v, Sakramentar von Petershausen. Ecclesia (Foto Universitätsbibliothek Heidelberg)

rechts: Heidelberg, Universitätsbibliothek, Cod. Sal. IXb, fol. 41r, Sakramentar von Petershausen. Christus (Foto Universitätsbibliothek Heidelberg)

Der Aufbau der Engelberger Miniatur lässt sich mit einer der ältesten Darstellungen von *sponsa* und *sponsus* im Petershausener Sakramentar vergleichen, wo die *ecclesia triumphans* zur Gemahlin und Mitherrscherin Christi, zur *ecclesia imperatrix* erhoben wird.[19] Auch in den beiden ganzseitigen Miniaturen von Engelberg ist die triumphierende Herrscherin Ecclesia durch die königliche Ausstattung der Braut mitgemeint. Diese Ideenverbindung von *ecclesia-sponsa* und *ecclesia triumphans* wird in der Hohenliedminiatur der Heisterbacher Bibel besonders deutlich dargestellt. Dort trägt die von Christus zärtlich umarmte Braut eine Kreuzfahne, wie sie später zum Siegeszeichen des auferstandenen Christus wird. Mit diesem Attribut wird explizit auf die endzeitliche Erhöhung der Kirche hingewiesen.[20]

Berlin, Staatsbibliothek Preussischer Kulturbesitz, Cod. theol. lat. 379, fol. 267v, Bibel aus Heisterbach. Christus und Ecclesia (Foto Staatsbibliothek Preussischer Kulturbesitz, Berlin)

Die Ikonographie der mystischen Vermählung wird sehr oft durch Attribute der Kirche erweitert. Neben dem Buch und der Kreuzfahne ist der Kelch besonders wichtig. Er weist die Kirche als Spenderin der Sakramente aus und betont wie das Buch und die Fahne die heilsgeschichtliche Dimension der Institution Kirche. Der Kelch ist ein Symbol der Liebe Christi zu seiner Braut. Im bereits erwähnten Epheserbrief schreibt Paulus, Christus habe seine Gemeinde so sehr geliebt, dass er sich selbst für sie hingegeben und die Kirche mit seinem Tod geheiligt habe.[21] Die Deutung des Todes Christi als Liebestod für seine Braut bringt die Brautmystik mit der Kreuz- und Blutmystik in Berührung. Christus hat den Opfertod aus Liebe zu seiner Braut erlitten. Diese sammelt Blut und Wasser in einem Kelch und wird damit zur irdischen Verwalterin der Sakramente. Im 12. und 13. Jahrhundert entstand daraus das Bild der Kirche, die aus dem Blut des gekreuzigten Christus geboren wird. Das Bild der Geburt der Ecclesia aus der Seitenwunde ihres Bräutigams ist die typologische Analogie zur Erschaffung Evas aus der Seite des schlafenden Adam. Denn die Ehe zwischen Adam und Eva, die von Gott im Paradies gestiftet wurde, ist das Urbild der Vermählung von Christus und Ecclesia und das Vorbild der Ehe als göttliches Sakrament.[22] Als Braut des geopferten Christus wurde Ecclesia dann auch folgerichtig mit der Braut des apokalyptischen Lammes gleichgesetzt (Apk 19, 7). In der Apokalypse überschneiden sich schliesslich die Bilder der Vermählung des Lammes mit jenen des himmlischen Jerusalems und des apokalyptischen Weibes. Auch die gebärende, von der Sonne umkleidete Frau deutete man als Ecclesia und las deshalb die Apokalypse auch als Buch der siegenden Kirche – vielleicht der Grund dafür, dass die Offenbarung in der Frowinbibel vor den Paulusbriefen und Evangelien plaziert ist?[23] Durch die allegorischen und typologischen Verbindungen entsteht ein sehr kompliziertes Geflecht, das die Ikonographie der *sponsa-ecclesia* in fast alle Gebiete der Bibelauslegung hinausträgt. Diese Bezüge sind aber nicht allein der Ecclesia vorbehalten: Auch Maria ist die jungfräuliche Braut Christi, auch Maria ist das apokalyptische Weib, die Himmelskönigin und die neue Eva, welche die von ihr in die Welt gebrachte Sünde durch die Geburt ihres Sohnes besiegt. Da in der Liturgie zu den Marienfesten die Verse des Hohenliedes ihren festen Platz hatten, war die Verbindung von Maria, Ecclesia und der Braut des Hohenliedes im ganzen mittelalterlichen Christentum geläufig. Die vielschichtige Ecclesia-Maria-Typologie führte zur ikonographischen Verschmelzung von Ecclesia und Maria im Bild der gekrönten Frau zur Seite Christi. *Maria Synthronos* und *ecclesia imperatrix* sind kaum mehr von einander zu unterscheiden und werden zum gleichen Typ der thronenden Himmelskönigin. Die enge Beziehung zwischen Maria und Ecclesia erklärt auch die Ähnlichkeit der *ecclesia-sponsa* im Frontispiz des Hohenliedes mit der Maria im Dedikationsbild der Frowinbibel (Cod. 3, fol. 1v). Der Abt widmet die Bibel also nicht nur der gekrönten Gottesmutter Maria als Patronin des Klosters, sondern ebenso der klösterlichen Gemeinschaft, die sich in der *vita contemplativa* im Sinne Bernhards als Braut Christi auf die Begegnung mit dem himmlischen Bräutigam vorbereitet. Wie wichtig die Jungfrau Maria für die Klöster wurde, zeigt die Deutung bei Rupert von Deutz: Maria ist die Verkörperung der reinen Kirche. Sie wird auf der moralischen Ebene zum Modell der monastischen Tugenden – Jungfräulichkeit, Demut und Gehorsam.[24] In diesem Zusammenhang können auch die beiden Darstellungen über dem Widmungsbild mehr sein als nur die Illustration der folgenden Genesis. Die Szenen mit der Erschaffung Evas und dem Sündenfall betonen die heilsgeschichtliche Bedeutung der Maria-Ecclesia als neue Eva. Wie eng die Beziehung zwischen Maria und Ecclesia in Engelberg gesehen wurde, zeigt auch eine kleine Figur (Cod. 54, fol. 4r). Die Initiale D steht am Anfang eines Textes, der von der Verkündigung Mariae handelt und zeigt die Halbfigur einer Frau, die sich mit einer Hand am Buchstaben festhält und die andere grüssend erhoben hat. Auch sie erscheint als Maria-Ecclesia mit der typischen klobigen Krone, von der wiederum die *infulae* herabhängen.

Esther

In der Engelberger Frowinbibel findet sich noch eine weitere Figur, die der Ecclesia gleicht. Die grosse, stehende Frau bildet die Initiale I zu Beginn des Buches Esther (Cod. 4, fol. 150v) und zeigt wie schon die Braut im Frontispiz auf den Beginn des folgenden Textes. Ihre Kleidung ist jener der Braut sehr ähnlich: der gleiche Mantel mit langen, gefütterten Ärmeln und gelben Bordüren, der von einer grossen, rechteckigen Fibel zusammengehalten wird, dieselben schwarzen Schuhe und ebenfalls eine schwere Krone mit den Zierbändeln über einem gefalteten Kopftuch. Obwohl das schwer zu entziffernde Spruchband keinen Hinweis auf eine besondere Bedeutung der Darstellung zu geben scheint, lässt sich die Ähnlichkeit der beiden Frauen wohl nicht einfach daraus erklären, dass beide Königinnen sind.[25] Esther steht hier vielmehr im Kontext der Ecclesia-Maria-Typologie. Esther und König Ahasver wurden wie die anderen alttestamentlichen Paare Salomo und die Königin von Saba, David und Bathseba als Vorläufer von Christus und Ecclesia aufgefasst. In der mittelalterlichen Mystik gewinnt die allegorische und moralische Auslegung des Esther-Stoffes darüber hinaus an Bedeutung.[26] So wie die geschmückte, auserwählte Königin Esther unter Lebensgefahr vor den König tritt, um für ihr Volk zu bitten, so tritt auch die Kirche vor ihren Bräutigam Christus: *Mystice Esther, id est Ecclesia*.[27] Die verschiedenen Typen stehen in Engelberg nicht wie in den *bibles moralisées* exemplarisch nebeneinander, sondern werden durch die Art ihrer Darstellung über mehrere Codices hinweg miteinander in Beziehung gebracht. Die feinen ikonographischen Anspielungen kommen trotzdem zur Geltung, weil die Handschriften eher sparsam ausgemalt sind.

Auch die schwer zu interpretierende Miniatur in der Initiale zum 87.(88.) Psalm (Cod. 12, fol. 113v, s. S. 55), dürfte in den Themenbereich von Braut und Bräutigam gehören. Sie zeigt Christus, der hinter einer kleineren, weiblichen Figur steht und diese mit der rechten Hand schützend umfasst. Beide blicken nach oben und haben die eine Hand bittend erhoben. Das Kreuzszepter und die giebelförmige Krone zeichnen die Frau als Ecclesia aus. Der 87. Psalm ist ein verzweifeltes Klagegebet, und es wäre denkbar, Christus und die Kirche als Fürbitter des Bedrückten zu sehen. Ebenso könnte die Frau die hilfesuchende Seele meinen, die von Christus seinem Vater empfohlen wird. Eine weitere Ecclesia-Darstellung, die auf den ersten Blick gar nichts mit dem Bild von *sponsa* und *sponsus* zu tun hat, findet sich schliesslich im Engelberger Codex 48 (fol. 103v). Die von der Initiale O eingerahmte *mater ecclesia* nährt an ihren Brüsten Mose mit dem spitzen Hut als Vertreter der Juden und den bärtigen Paulus als bekehrten Heiden. Damit wird das Herauswachsen der christlichen Kirche aus dem Judentum (*ecclesia ex circumcisione*) und aus dem Heidentum (*ecclesia ex gentibus*) dargestellt. Die Vorstellung der Ecclesia als *alma mater* entstand in Analogie zum Bild der antiken Philosophie als Mutter der Künste. Über die Ideenverbindung *ecclesia-philosophia* zur Weisheit – *sapientia* –, die ebenfalls als Maria und Braut Christi angesprochen wurde, kann schliesslich auch die Mutter Kirche in den grossen Themenkreis von Braut und Bräutigam miteinbezogen werden.[28]

Mystische Vermählung – christliche Ehe

Das himmlische Brautpaar ist zwar ein Bild für komplexe theologische Theorien, doch kann es nicht von der Idee der irdischen Ehe losgelöst werden. Die Vermählung kann als Bild für die innige Vereinigung von Christus und seiner Kirche nur so lange stehen, als die Vermählung als gesellschaftliche Form dafür eine geeignete Grundlage ist. Dabei kommt es weniger darauf an, wie die Ehe im 12. Jahrhundert wirklich ausgesehen hat, als vielmehr auf das Bild, das man sich von ihr machte. Die Kirche hatte gegenüber der Ehe schon immer grundsätzliche Vorbehalte. Als kleineres Übel war sie aber doch der völligen Ausschweifung vorzuziehen: «Um aber Unzucht zu vermeiden, soll jeder seine eigene Frau haben und jede Frau ihren eigenen Mann» (1 Kor 7, 2). Ein wichtiger gesellschaftlicher Aspekt der Ehe ist ihre Funktion als Friedensgarant zwischen zwei Familien. In diesem Zusammenhang sind die Miniaturen mit einem herrschaftlich auftretenden Brautpaar zu sehen, welche die Vermählung von Christus und Ecclesia als Friedensbund betonen. Mit der Verschwägerung zweier Familien waren aber auch materielle Ansprüche verbunden. So entwickelte sich die Darstellung der *ecclesia imperatrix* neben dem thronenden Christus parallel zum Repräsentationstyp des weltlichen Herrscherpaares auf Siegeln und Münzen und war damit geeignet, die Herrschaftsansprüche der Kirche zu legitimieren.[29] Die traditionelle, strategische Form der Ehe, bei der die Frau oft gegen ihren Willen einem fremden Mann übergeben wurde, eignete sich aber nicht als Symbol der innigen, liebenden Verbindung im Sinne der *unio mystica*. Zudem stand bei diesen Eheschliessungen mit der Betonung der Nachkommenschaft das Körperliche zu sehr im Vordergrund. Deshalb war der Klerus seit dem Ende des 11. Jahrhunderts bestrebt, das Hochzeitszeremoniell kirchlich festzulegen und die Ehe zu spiritualisieren. Dabei wurde die Verbindung der Seelen betont und die Heirat vom Konsens beider Partner abhängig gemacht. Diese Ideologie der christlichen Ehe entwickelte sich in ständigem Austausch mit den Auslegungen des Hohenliedes und führte zu einer zunehmenden Übereinstimmung der beiden Bilder. So ist für Hugo von Saint-Victor (+ 1141) das himmlische Brautpaar keine blosse Metapher, sondern ein Urbild, aus dem sich Aussagen über die Ehe ableiten lassen. Er kann deshalb behaupten, ein Mann heirate nicht in erster Linie, um legitime Nachkommen als Erben seines Vermögen zu zeugen, sondern «um mit der Frau auf eine einzigartige und unvergleichliche Weise in gegenseitiger Liebe vereint zu sein.»[30]

Während sich die Kirche um die Spiritualisierung der Ehe bemüht, zeichnet sich in der Theologie eine gegenläufige Tendenz zur Verkörperlichung des himmlischen Brautpaares ab. Im Gegensatz zu Origines, der die Erotik im Hohenlied wie in seinem Leben unterdrückte, strebten die Theologen des 12. Jahrhunderts nun nach einer Verbindung der verschiedenen Ausdrucksformen der Liebe. Die sehnende Liebe der Seele nach ihrem Geliebten (*dilectus*) ist nicht einfach ein Bild für den Wunsch nach Gotteserkenntnis, sondern die mit allen Sinnen gelebte Begierde (*concupiscentia*) nach Gott. Das Hohelied ist deshalb für die Mystiker in den Klöstern nicht ein Bibeltext unter anderen, wie noch in der Frühscholastik, sondern ein besonderes, «heilig erregendes Zeugnis».[31] Diese Entwicklung zeigt sich in den Darstellungen des himmlischen Brautpaares. In allen drei Engelberger Miniaturen der mystischen Vermählung ist die Braut keine abstrakte, mit Ecclesia-Attributen ausgestattete Personifikation, sondern eine schöne Frau, die mit zärtlichen Gesten ihre Zuneigung zum Bräutigam ausdrückt. Besonders deutlich wird der Übergang zur Körpersprache in der Umarmung als Ausdruck der *unio mystica*, wie sie in der Initiale der Frowinbibel dargestellt ist (Cod. 4, fol. 70r). Obwohl jede der Engelberger Miniaturen einen anderen Aspekt der Kirche und ihrer Beziehung zu Christus betont, gehören doch alle drei Bilder zu einer neuen Art, wie sie erst im 12. Jahrhundert möglich wird: Sie stellen das himmlische Brautpaar als Liebespaar dar.

1 Herbert Haag, Katharina Ellinger: «Wenn er mich doch küsste ...». Das Hohe Lied der Liebe, Zürich-Düsseldorf, 1994, S. 94. – Ohly, S. 13.

2 Weitere Stellen aus dem Alten Testament: Jes 62, 4 f.; Ps 45 (44); Hos 2, 18–22.

3 Eph 5, 21 ff. Von dieser Stelle bei Paulus stammt auch das Bild von Christus als Haupt und der Gemeinde als Leib. Weitere Hinweise auf die Braut- und Hochzeitsthematik finden sich in Mt 22, 1–14 und 25, 1 f.; Mk 2, 19 f.; Joh 3, 29; und 2 Kor 11, 2.

4 Origines, Homiliae in cantica canticorum, übersetzt von Hieronymus. – PL 23, 1117–1144.

5 Ambrosius, De virginibus. – PL 16, 212. – Ohly, S. 34. – Die Idee der Gemeinde als Jungfrau findet sich auch im 2. Kor 11, 2. – In der Scholastik liegt die Betonung auf einer Jungfrau, die auf die Einheit und Einzigartigkeit der Kirche verweist. – Knoch, S. 96.

6 Rosmarie Herde, Das Hohelied in der lateinischen Literatur des Mittelalters bis zum 12. Jahrhundert, Münchner Beiträge zur Mediävistik und Renaissance-Forschung, 3. Bd., 1968, S. 973. – Ohly, S. 60 und 61.

7 Beda Venerabilis, In cantica canticorum allegorica expositio. – PL 91, 1065–1236.

8 Ohly, S. 255. – Honorius Augustodunensis, Expositio in cantica canticorum. – PL 172, 347–496.

9 Ann W. Astell, The Song of Songs in The Middle Ages, Ithaca und London 1990, S. 18.

10 Bernhard von Clairvaux, Sermones super cantica canticorum. – PL 183, 779–1198. – Ulrich Köpf, in: Bernhard von Clairvaux, Band V, S. 27–47.

11 Ohly, S. 307.

12 Ohly, S. 153 f.

13 Matter, S. 109.

14 Anton Mayer, Das Bild der Kirche. Hauptmotive der Ekklesia im Wandel der abendländischen Kunst, Regensburg 1962, S. 25, Anm. 35.

[15] Schiller, S. 96 f.

[16] Lectionarium matutinale aus Ellwangen, 1124/36. – Stuttgart, Württ. Landesbibliothek, Codex 55, fol. 180v.

[17] Die Zitate auf den Spruchbändern stammen aus Hl 2, 1; 7, 13 und 8, 2. Der starke Griff der Ecclesia klingt auch in Hl 3, 4 an: «Ich hielt ihn fest und liess ihn nicht los.» – Siehe die 47. Hoheliedpredigt Bernhards von Clairvaux.

[18] Knoch, S. 95.

[19] Sakramentar von Petershausen, Reichenau um 980/90. – Heidelberg, Universitätsbibliothek, Cod. Sal. IXb, fol. 40v.

[20] Bibel aus Heisterbach. – Berlin, Staatsbibliothek Preussischer Kulturbesitz, Cod. theol. lat. 379, fol. 267v.

[21] Eph 5, 25. – Vgl. Knoch, S. 97. – Siehe auch Bernhard von Clairvaux, Sermones super Cantica Canticorum 45, 8.

[22] Die Adam-Christus-Typologie, Röm 5, 12 ff. und 1. Kor 15, 44, führte zur parallelen Eva-Ecclesia-Typologie. – Schiller, S. 43. – Casel, S. 65.

[23] Schiller, S. 44. – Vgl. Matter, S. 106.

[24] Matter, S. 163.

[25] Omnis hec gl(ori)a quasi P. men. «All das ist Ehre wie ...»

[26] Louise Gnädinger, Esther. Eine Skizze, in: Zeitschrift für deutsche Philologie, Bd. 113, 1994, S. 31–62.

[27] Hrabanus Maurus (780–856), Liber Octavus, Caput XIX. – PL 169. – Gnädinger, S. 33 f.

[28] Schiller, S. 86 und S. 44 f. – Casel, S. 73. – George Louis Scheper, The spiritual marriage. The exegetic history and literary impact of the Song of Songs in the Middle Ages, PhD thesis, Princeton 1971, S. 506 f.

[29] Helga Sciurie, Ecclesia und Synagoge. Bilder von Sinnlichkeit und Gewalt am deutschen Kirchenportal des 13. Jahrhunderts, in: Blick-Wechsel: Konstruktionen von Männlichkeit und Weiblichkeit in Kunst und Kunstgeschichte, hrsg. von Ines Linder [et al.], Berlin 1989, S. 246.

[30] Hugo von Saint-Victor, De beatae Mariae Virginitate. – PL 176, 184. – Zitiert nach Georges Duby, Die Ehe in der Gesellschaft des Hohen Mittelalters, in: Die Frau ohne Stimme. Liebe und Ehe im Mittelalter, Berlin 1989, S. 7–31, S. 26. – Hans Zeimentz, Ehe nach der Lehre der Frühscholastik, Düsseldorf 1973, S. 190.

[31] Ohly, S. 134. – Astell (wie Anm. 9), S. 19.

Der Psalmenkommentar des Augustinus. Die Bildinitialen (Codex 12)

Katja Lesny

Mit seinem Format von 40, 5 auf 29,5 cm weist Codex 12 der Engelberger Stiftsbibliothek (s. Abbn. S. 54 und 55) die für Augustinus-Handschriften mit Psalmenkommentaren im 12. Jahrhundert gebräuchlichen Masse auf. Die hölzernen Buchdeckel sind noch mit dem ursprünglichen bräunlich-gelben Leder überzogen, abgesehen von einer rückseitigen Flickstelle und dem Rücken aus weissem Leder aus dem 17. Jahrhundert. Aus romanischer Zeit stammen die zwei ziselierten Messingschliessen. Der Codex umfasst 155 Blätter aus Pergament, deren zahlreiche Löcher wie in den anderen Handschriften Engelbergs mit farbiger Seide vernäht sind. Der Text ist in zwei Kolummnen – 31,2 cm x 9,1 cm bis 9,8 cm – zu je 49 Zeilen geschrieben.[1] Das Werk trägt die Überschrift *Augustinus, Enarrationes in psalmos, T. II*. Es handelt sich um den zweiten Band des Psalmenkommentars von Augustinus von Hippo, dem lateinischen Kirchenvater und Bischof (354–430). Auf fol. 1r hat der Schreiber die folgende Widmung eingetragen: *Psalmorum lumen noscas hoc esse volumen. / Institit id fieri FROWI(N) pro lumine veri.* «Mögest du erkennen, dass dieser Band das Licht der Psalmen ist. Frowin hat darauf bestanden, dass er für das wahre Licht gemacht werde.» Der Codex wurde also unter Abt Frowin zwischen 1143/47 und 1178 geschrieben. Der erste Band ist verloren, der dritte Band mit dem Kommentar zu den Psalmen 101 bis 150 trägt die Signatur Codex 13; auch er ist Frowin gewidmet und enthält drei figürliche und zoomorphe und fünf ornamentale Initialen.[2] Viele der verzierten Initialen des Codex 12 wurden auf Rasur gezeichnet, sind also später hinzugefügt worden. Aufgrund von schwachen Miniumspuren lassen sich noch an gewissen Stellen Knollenblätterranken in roter Tinte erahnen; auf fol. 66r sind doppelte Umrisse erkennbar, die zu einer ähnlichen Übergangsform des Blattwerks zwischen Frowin- und Berchtoldzeit zu gehören scheinen, wie sie in Codex 37, einer Abschrift der *Collationes patrum* des Johannes Cassianus auf fol. 3v zu finden ist. Von fol. 183v an sind aber auch die Initialen des Codex 37 ganz im Berchtoldstil ausgeführt. Kennzeichnend dafür sind die gerippten Palmettenblätter, die teilweise mit wässriger Tinte lasiert sind, und die runden Lappungen am Buchstabenkörper, die von nun an ins Repertoire aufgenommen werden. Der Codex 12 gehört zu jener Gruppe von Handschriften aus der Frowinzeit, deren Schmuck unter Abt Berchtold ergänzt worden sind.[3] Der Figurenstil dieser «Handschriftenfamilie» – Codices 3, 5, 12, 17 und 18 – zeichnet sich durch die etwas steif wirkende Würde der untersetzten Gestalten aus, vor allem im Vergleich zum späteren, lebendigen Berchtold-Stil des Codex 14. Stark ausgeprägt ist in der Handschriftengruppe um den Codex 12 bereits die Schattierung mittels farblosen bis schmutzig-braunen lasierenden Strichen, besonders der Wangen, des Halses und des Nasenbeins, von welchen sich klar ein heller Nasenrücken und eine Stirn-Mund-Kinn-Partie abheben. Die Buchstabenkörper umrahmen die Figuren so, dass Bilder von Visionen entstehen oder Fenster, die Räume miteinander zu verbinden scheinen.

Die Illustration von Psalterhandschriften beruht im wesentlichen auf den alttestamentlichen Psalmenüberschriften mit den Hinweisen auf das Davidleben und den christlichen *Tituli psalmorum* mit den christologischen Deutungen. Bei den Psalmenkommentaren ergeben sich zusätzliche Möglichkeiten, so beispielsweise auf den Autor der Kommentare. Die zwanzig ausgeschmückten Initialen des Codex 12 scheinen nach ästhetischen Gesichtspunkten im Text verteilt worden zu sein, denn sie folgen weder der liturgischen Achtteilung noch sonst einer erkennbaren Ordnung.

Den Anfang des Bandes ziert auf fol. 1v eine geschickt eingefügte Initiale zum 51. Psalm, die zugleich die figurenreichste ist. Sie stellt das Thema der biblischen Überschrift des Psalms dar: «Als Doëg der Edomiter kam und König Saulus die Kunde brachte, David sei in das Haus des Abimelech gekommen.» Nach dieser meisterhaft komponierten, historisierenden Illustration folgt auf fol. 46r zu Psalm 67 eine bescheidenere Rankeninitiale, die etwas ungelenk ausfällt. Hier wie auch im weiteren Verlauf der künstlerischen Ausführungen ist eine Suche nach geeigneten Formen, Mustern und Motiven zu erkennen, die das Gesamtkonzept des Initialschmucks thematisch wie gestalterisch uneinheitlich erscheinen lässt. Umso auffälliger dominieren die Darstellungen Christi die zweite Hälfte der Initialgestaltungen in diesem Band. Nach einem etwas zögernd wirkenden Christus-Brustbild mit unbestimmbarer Handgebärde auf fol. 66r folgen zwar noch Rankeninitialen, Buchstaben mit Figuren und Drolerien, sowie zwei mit Gestalten, die vermutlich mit dem Kommentartext in Verbindung gebracht werden können: Die Initiale *D(eus venerunt)* zu Psalm 78 auf fol. 91r beispielsweise wird ausgefüllt durch das Brustbild eines weltlichen Herrschers. Über ihm schwebt ein nacktes, langohriges Teufelchen, das sich am oberen Buchstabenteil festhält.

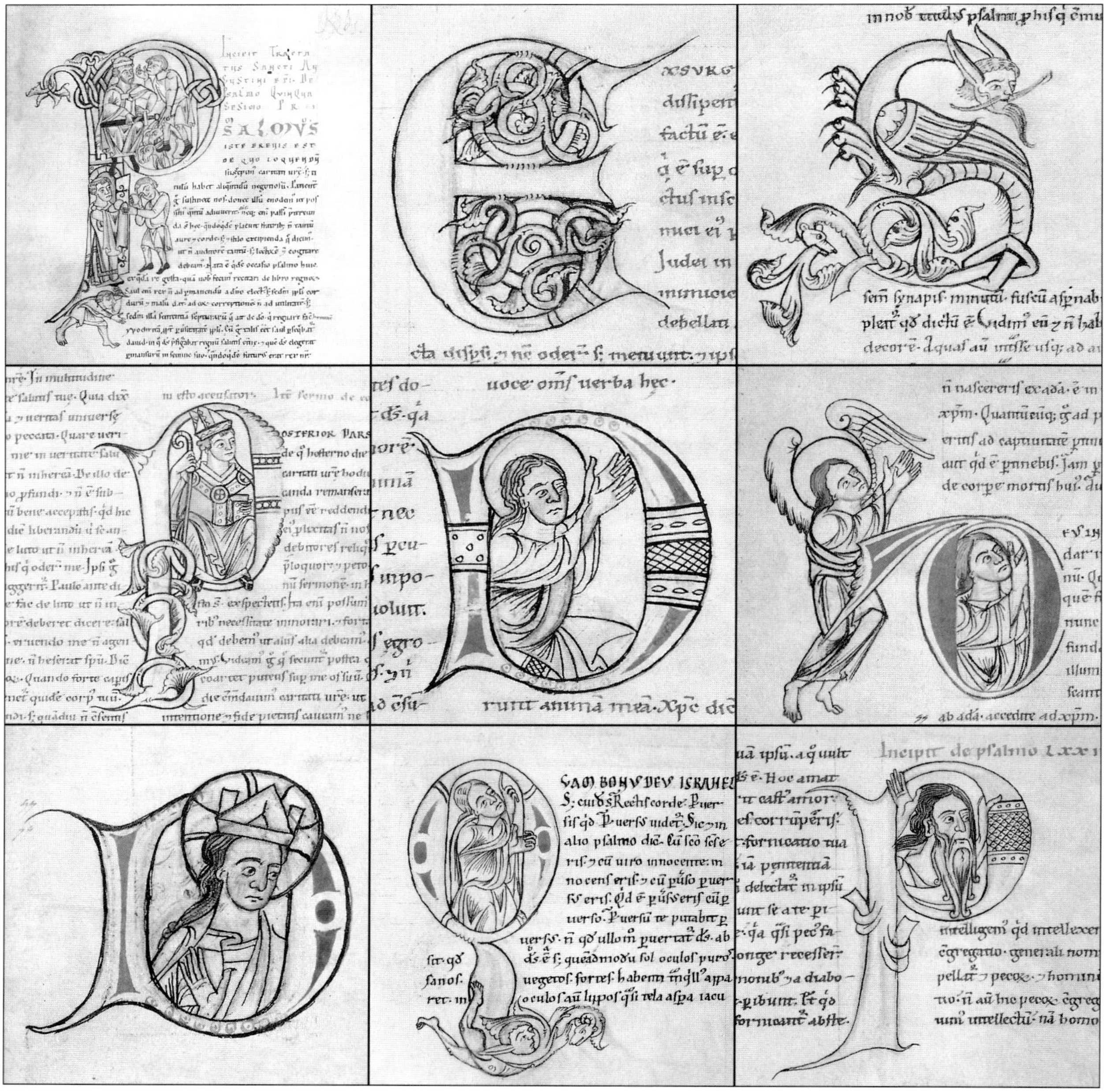

Codex 12, Psalmenkommentar des Augustinus

Von links nach rechts; von oben nach unten

fol 1v,	Psalm 51.	Doëg vor Saul, Initiale P
fol 46r,	Psalm 67.	Initiale E
fol 52v,	Psalm 68.	Bischof, Initiale S
fol 55r,	Psalm 69.	geflügelte Schlange, Initiale S
fol 58r,	Psalm 69.	Orant, Initiale D
fol 60v,	Psalm 70.	Engel und Orant, Initiale d
fol 66r,	Psalm 71.	Christus, Initiale D
fol 69v,	Psalm 72.	Orant, Initiale Q
fol 72r,	Psalm 73.	Prophet, Initiale P

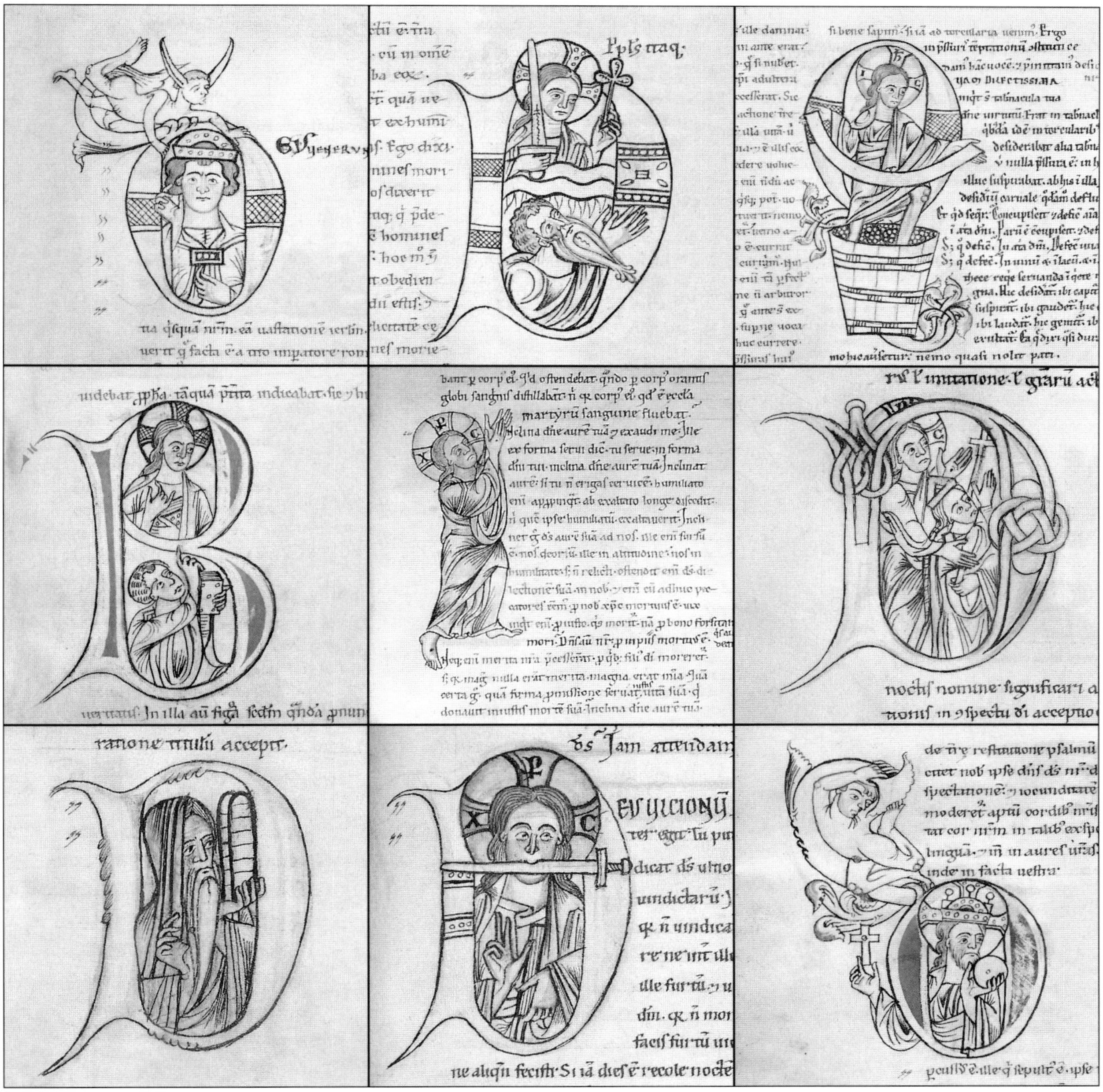

Codex 12, Psalmenkommentar des Augustinus

Von links nach rechts; von oben nach unten

fol 91r,	Psalm 78.	König David, Initiale d
fol 99r,	Psalm 82.	Christus mit Schwert und Szepter, Orant, Initiale D
fol 101r,	Psalm 83.	Christus in der Kelter, Initiale Q
fol 104r,	Psalm 84.	Christus und Orant, Initiale B
fol 107r,	Psalm 85.	Himmelfahrts-Christus , Initiale I
fol 113v,	Psalm 87.	Christus und Ecclesia, Initiale D
fol 120v,	Psalm 89.	Moses mit den Gesetzestafeln, Initiale D
fol 133r,	Psalm 93.	Christus als Weltenrichter , Initale D
fol 142v,	Psalm 96.	Christus als König, Initiale d

Die Figur im Binnenfeld stellt wohl den römischen Kaiser Titus Flavius Vespasianus dar, von dem in der zehnten Zeile die Rede ist. Titus besiegte im Jahre 70 die Juden und zerstörte Jerusalem. Deshalb beginnt der Kommentar dieses Psalms mit dem Satz: «O Gott, Heiden sind in dein Erbe eingefallen, haben deinen heiligen Tempel befleckt und Jerusalem zu Steinhaufen gemacht.»[4] Ab fol. 99r rückt das Christusmotiv als thematischer Leitfaden ins Zentrum der Aufmerksamkeit. Die Reihe von sieben Christusdarstellungen und -szenen wird lediglich einmal von einer Mosesdarstellung auf fol. 120v zu Psalm 89 unterbrochen. Der greise Moses mit Kapuze und langem Bart ist erkennbar an den Gesetzestafeln in seinen Händen. Von ihnen handelt der Kommentar: «Wenn ihr Moses glaubt, so glaubt ihr auch mir, von mir hat er nämlich geschrieben.» Das Schwergewicht der Psalmenauslegung liegt auf der typologischen Ebene, wobei drei Grundgedanken zu erkennen sind: die Aufhebung des Alten Testaments durch das Neue, die Gerichtsfunktion, die sowohl im Strafen als auch im Schützen liegt, der Sieg Christi über den Tod und seine darauf folgende Weltherrschaft.

Die erstgenannte Thematik wird beim 84. Psalm auf fol. 104r deutlich. Das untere Binnenfeld der B-Initiale zeigt einen nicht näher gekennzeichneten Mann, der mit der Linken ein Buch hält und mit dem rechten Zeigefinger zum oberen Binnenfeld hinaufweist, wo Christus seinerseits unter dem Mantel ein Buch an die Brust drückt. Die Erklärung dieser Gebärde gibt ein Zitat von Augustinus: «Es war eben jenes Volk, dem das Alte Testament gegeben worden ist; aber im Alten Testament wurde das Neue Testament vorgebildet: jenes war die Form, dieses ist der Ausdruck der Wahrheit.»[5] Da es also offensichtlich um die Beziehung zwischen beiden Büchern geht, dürfte der Besitzer des Alten Testaments ein Vertreter des israelitischen Volkes, vielleicht sogar der korahitische Psalmschreiber sein. Da aber auch der typologische Vorläufer Christi gemeint sein kann, muss eine Deutung als David erwogen werden. Das Einbeziehen Christi in der Kelter auf fol. 101r scheint dem Auftraggeber und dem Zeichner von besonderer Wichtigkeit gewesen zu sein, wurde doch zugunsten des Sinnbildes ein ganzer Textabschnitt wegrasiert und zum Rand hin leicht verschoben neu geschrieben. Der 83. Psalm, dem der Kommentar an dieser Stelle gewidmet ist, bildet zusammen mit den Psalmen 8 und 80 die Gruppe der Kelterlieder, wie an ihrer gemeinsamen Psalmüberschrift *pro torcularibus* zu erkennen ist.[6] Die Darstellung der Mystischen Kelter entwickelte sich im 12. Jahrhundert im deutschen Sprachraum.[7] Als alttestamentliches Vorbild des Gekreuzigten findet man sie meistens mit diesem zusammen. Ihren Ursprung hat sie in Jesaja 62, 11–63, 7, weshalb ihr oft die daraus abgeleitete Beischrift beigefügt ist: *Torcular calcavi solus* – «Ich trat die Kelter allein.» Seit frühchristlicher Zeit wurde diese Stelle als Weissagung des Leidens Christi interpretiert und mit der Apokalypse 19, 13–15 in Verbindung gebracht, weil dort Christus in blutgetränktem Kleid die Kelter des Zornweins des allmächtigen Gottes tritt. Parallelen sahen die Theologen des Mittelalters auch in Genesis 49, 1, wo Juda sein Kleid im Wein und sein Gewand im Traubenblut wäscht, sowie in weiteren alttestamentlichen Texten, darunter im Hohenlied 1, 14, wo sie Christus mit der Zyperntraube aus den Bergen von Engaddi gleichsetzten, welche im Leiden, das heisst am Kreuz, ausgepresst wird. Christus kommt somit die Doppelrolle des Keltertreters und gleichzeitig der ausgepressten Traube zu. Der Benediktiner Rupert von Deutz (+1129) gibt in seinem Werk *De trinitate de operibus eius* über das Verständnis im 12. Jahrhundert für diesen Sachverhalt Aufschluss. Ausgehend von der Jesajastelle 2, 9 schreibt er: «Beim Keltern ist im allgemeinen das, was gekeltert wird, etwas anderes als derjenige, der keltert. Beim Leiden des Kreuzes, ist jedoch derjenige, der keltert, und derjenige, der gekeltert wird, derselbe. Er kelterte nämlich, da er sich selbst für uns hingab; er wurde wie eine Traube gekeltert, da er unter dem Drucke des Kreuzes den Wein von der Hülle des Körpers ausscheiden liess und seinen Geist aushauchte. Ausserdem keltert er selbst, weil er durch sein Leiden die Guten und Bösen trennt, jene belohnend und diese bestrafend, genau so wie in der Kelter der Wein von der Trester abgesondert wird.»[8] Da der Engelberger Illuminator den Akt des Kelterns in den Vordergrund stellt, kommt neben der Selbstopferung vor allem die Gerichtssymbolik zum Ausdruck. Dies bedeutet eine Abweichung vom Kommentar des Augustinus zum ersten Psalmvers: «... so wisse jeder, der zur Knechtschaft Gottes herantritt, dass er zu den Keltern kommt: er wird eingepresst, zermalmt, zerdrückt, nicht damit er in dieser Welt zugrunde gehe, sondern damit er in die Lager Gottes fliesse ...»[9]

Das unbeschriftete Spruchband lässt vermuten, dass es für die Psalmüberschrift gedacht war. Man könnte aber auch an das Johanneswort in Apokalypse 19, 13 denken: «Und sein Name lautet: Das Wort Gottes» und in 19, 16: «Und er trägt am Kleid, und zwar an seiner Hüfte, den Namen geschrieben: König der Könige und Herr der Herren.» Oder ist das leere Spruchband die witzige, bildliche Umsetzung von Apokalypse 19, 12? Dort heisst es: «Und er trug einen Namen geschrieben, den niemand weiss als er selbst.»

Das Gerichtsmotiv findet sich auch in zwei weiteren Initialen eindrücklich gestaltet. Auf fol. 99r steht es sogar mit der glorreichen Gottesherrschaft in Verbindung. Christus, dessen Brustbild über einem Wolkensaum erscheint, hält in der Rechten ein Schwert und in der Linken ein Lilienszepter, dem von König Kyrus in Codex 4 auf fol. 197v gleich. Sein Kreuznimbus ist reich mit Edelsteinen besetzt, wie nur noch in der letzten Initiale auf fol. 142v. Dem unteren Wolkenrand entlang sind kleine Flammen gezeichnet, welche nahelegen, dass der bärtige Mann darunter Christus um die Gnade bittet, ihn aus dem Fegefeuer zu retten.[10] Im zweischneidigen Schwert, das Christus auf fol. 133r zwischen den Lippen hält, wird nach Apokalypse 19, 15 der Doppelfunktion des Jüngsten Gerichts im Strafen und Schützen Rechnung getragen. Und bezeichnenderweise ziert das erste Brustbild Christi auf fol. 66r den ersten Vers zum 71. Psalm, welcher lautet: «Gott, gib dein Gericht dem König und deine Gerechtigkeit dem Königssohne.»

Mit Wundmalen zeigen fol. 107r (Psalm 85) und 113v (Psalm 87) den siegreichen Christus. Die erste I-Initiale hat die Gestalt eines nach oben schreitenden Himmelfahrts-Christus. Der Illuminator bediente sich dabei eines Typus, der seit frühchristlicher Zeit nachgewiesen werden kann, bei dem Christus seine Rechte der Gotteshand entgegenstreckte.[11] Auf fol. 113v legt Christus segnend seine rechte Hand auf die Schulter einer mit Mitra ausgestatteten Person. Mit der linken, an der das Wundmal erkennbar ist, weist er gleichzeitig auf einen Kreuzstab, als wollte er damit die Hoffnung auf das Heil durch seinen Opfertod unterstreichen. Ihren Abschluss und inhaltlichen Höhepunkt findet die Initialengruppe in einer Art Herrscher-Brustbild auf fol. 142v. «Der Herr war König», lautet der Versanfang. Erscheint Christus in der ersten Darstellung als Jüngling, mit blankem Kreuznimbus und ohne Wundmale, als stünde er noch am Anfang seiner Lebensaufgabe, so ist er hier gereift, zum ersten Mal mit Bart, mit prächtigem, edelsteinbesetztem Kreuznimbus und Bügelkrone mit drei aufgesetzten Kügelchen. Die Attribute in seinen Händen, Weltkugel und Kreuz, sind Zeichen seines Sieges über den Tod und seiner Herrschaft über das Erdenreich. Es sind zwar keine Wundmale sichtbar, denn es ist ein glorreicher Christus, aber die als Kreis angedeutete Reliquie in der Mitte des Kreuzes erinnert an die überwundene Passion und ebenso an das Engelberger Kreuz. Damit findet die in Konzept und Ausführung ungewöhnliche Christusreihe ihre Vollendung.

Zur Bedeutung des Psalters und seiner Auslegung

Die für das Mittelalter massgebende lateinische Übersetzung der 150 Psalmen wurde im späten 4. Jahrhundert von Hieronymus (347–420) verfasst. Für Geistliche wie Laien spielte diese alttestamentliche Schrift als Gebetsbuch eine zentrale Rolle. Die Benediktsregel schrieb den Mönchen vor, nach einem bestimmten Schlüssel wöchentlich den Psalter zu beten. In der Liturgie waren die Psalmen gewissen Stellen in der Messe und bestimmten Wochentagen oder Zeitpunkten im Kirchenjahr zugeteilt.[12] Sie dienten als Basis für die Stundengebete und förderten so die Entstehung des Kirchengesangs.[13] Aber auch im Schulunterricht, der in den Händen der Klöster und Geistlichen lag, fanden die Psalmen als Grundlage Verwendung. Da der Psalter zu den prophetischen Schriften gehört, genoss er schon bei den Kirchenvätern für die Bibelinterpretation besondere Aufmerksamkeit.

Diese spätantiken Kommentare waren für das theologische Psalmenverständnis des Mittelalters wegweisend. Zusätzlich entstanden in der Karolingerzeit, aber vor allem in der Frühscholastik, zahlreiche neue Psalmenkommentare. Das Bestreben der Scholastiker ging dahin, mittels Anwendung der Vernunft und Philosophie eine systematische und nachvollziehbare Einsicht in die Heilslehre zu gewinnen. Den Ausgangspunkt bildeten die Kommentare der Kirchenväter.[14] Psalterkommentare konnten im Mittelalter auf zweierlei Weise gestaltet sein: entweder als Psalmentext mit erläuternden Glossen oder als ausführlicher, fortlaufender Kommentar wie die Psalterhomilien des Augustinus. Mischformen waren ebenfalls möglich. Im Gegensatz zur Glossenhandschrift mit einzelnen Erläuterungen, wo dem vollständigen Psalmentext durch eine grössere Schrift die Vorrangstellung gegeben wird, enthält der fortlaufende Kommentar nur Ausschnitte des Psalters und ist eher als selbstständiger Studientext zu verstehen.[15] Susanne Wittekind erklärt das wachsende Interesse an Augustinus' Psalmenauslegungen mit seiner Bedeutung für die Kanonikerreformbewegung und der Verehrung, die ihm im neuen Augustinerorden zuteil wurde. Illustrationen dazu drängten sich nicht auf. Romanische Abschriften von Augustinus' Psalmenkommentaren aus süddeutschen Klöstern sind nur selten durch Schmuck ausgezeichnet. Seit Ende des 11. und Anfang des 12. Jahrhunderts werden unter den verbreiteten Psalmenkommentaren der Kirchenväter geschmückte Exemplare aber immer zahlreicher. Der Schmuck beschränkte sich meist auf Federzeichnungen.[16]

Augustinus' *Enarrationes in psalmos* gingen aus einer Reihe von Predigten hervor, in denen der Kirchenvater die Psalmen allegorisch-typologisch auslegte.[17] Diese Tendenz widerspiegelt sich im gesamten Augustinismus des Mittelalters in Form einer Abkehr von den materiellen Dingen zugunsten einer intelligiblen Wirklichkeit im Innern des Menschen. Obwohl der philosophische Augustinismus erst Mitte des 13. Jahrhunderts als Konzeption erkennbar wird, bietet er schon im ausgehenden 12. Jahrhundert eine Orientierung für systematisches Denken. Die Schriften Augustinus' beeinflussten im Grunde genommen jede theologische Auseinandersetzung, weil von ihnen als oberste Autorität ausgegangen wurde.[18]

Die künstlerische Ausstattung des Engelberger Codex 12 liegt im üblichen Rahmen der Zeit, sowohl in seiner ursprünglich schlichten wie auch in seiner später ergänzten Ausführung. Er scheint von Anfang an anders konzipiert worden zu sein als Codex 13, der dritte Band des Psalmenkommentars. Für die nachträgliche Ausschmückung sind wahrscheinlich verschiedene Gründe ausschlaggebend gewesen. Einerseits könnte Stöcklis Vermutung zutreffen, dass nach Frowins Tod unter Einwirkung von aussen eine probierfreudige Neuorientierung stattgefunden hat, was die Überarbeitung zahlreicher Codices aus der frowinischen Zeit mit sich zog.[19] Andererseits scheint die im Vergleich zu den anderen Engelberger Handschriften besonders grosszügige Umgestaltung des Codex 12 bereits im Zusammenhang mit der zunehmenden Augustinusverehrung zu stehen. Sie offenbart sich im späteren Codex 14 auf phantasievolle Weise. Aus der Zeit Frowins und Berchtolds sind in Engelberg elf Augustinus-Handschriften erhalten.[20] Es wird kein Zufall sein, dass gerade Augustinus' Abhandlung über die Dreifaltigkeit Gottes mit so reichem, oft spielerischem Schmuck versehen worden ist.

1 Wittekind, S. 47. – Scarpatetti, S. 84.
2 Fol. 117r: ein Fisch als I; fol. 134v: eine Figur, die einen Fisch auf den Schultern trägt als T; fol. 55r: eine gehörnte Figur, die eine Spaltleisteninitiale verschluckt oder ausspuckt. Schwarz umrissene Spaltleisteninitialen mit roten Füllungen, mit Knollenblätterranken, Spangen und verschiedenfarbigen (gelb, blau und türkis) Hintergründen: fol. 137v, 58r, 1v, 43r, 151v.
3 Durrer, 1901, S. 127f. – Stöckli, S. 77.
4 Die deutschen Übersetzungen sind Balthasar, 1936, entnommen.
5 PL 37, Sp. 1070.
6 Thomas, S. 51.
7 Thomas, S. 153, 159. – Green, Hortus Deliciarum, fol. 241r.
8 PL 167. – Thomas, S. 62.
9 Balthasar, 1936, S. 166.
10 Durrer, 1901, S. 129.
11 LCI 2, Sp. 272–273.
12 Wittekind, S. 13. – Jakobi, S. 115.
13 LexMa 7, Sp. 296.
14 Wittekind, S. 15–19.
15 Wittekind, S. 21.
16 Wittekind, S. 25.
17 Wittekind, S. 15.
18 Krause, S. 700f.
19 Stöckli, S. 41.
20 Codices 12, 13, 14, 15, 16, 17, 18, 87, 88, 89, 138.

Der Trinitätstraktat des Augustinus (Codex 14)

Christoph Eggenberger

Der Kirchenvater Augustinus spielt nicht nur im Kloster Engelberg eine herausragende Rolle; hier ist es aber auffallend, dass zwei Handschriften mit seinen Werken besonders sorgfältig bebildert worden sind: der Psalmenkommentar – Codex 12 – und der Dreifaltigkeitstraktat Codex 14. Es ist dies keine Beliebigkeit, die etwa dem Zufall der Erhaltung zuzuschreiben wäre, denn in beiden Codices porträtierten die Mönche Augustinus als Bischof, als die gewichtige geistige Instanz, die er in seinen zahlreichen und umfangreichen Werken repräsentiert. Irritierend an den beiden Werken sind die Engelberger Bildinitialen, die scheinbar nichts mit den dazugehörigen Texten gemeinsam haben. Kann es sein, dass gerade Bilder, welche die Werke des Mailänder Kirchenvaters illustrieren, bloss den spielerischen Einfällen der Mönche zuzuschreiben sind? Dies scheint undenkbar zu sein. Und doch, was sollen zu Beginn des 6. Buches auf fol. 77r die Menschen mit Steinbockhörnern, was der Mann, der sich gegen eine Blattranke stemmt oder die nackte Figur mit ihrem Spitzbauch als Initiale und der sich in den Buchstabenkörper verbeissende Mann? Schon Kuno Stöckli musste seine gut gerüsteten Waffen vor diesem Problem strecken.[1]

Auf die Steinbock-Initiale soll hier näher eingegangen werden. Die obere Figur ist als eine rein menschliche gegeben, mit Ausnahme der auffallenden, überlangen Ohren. Die Figur ist bereits in Codex 12 in der Initiale zum Kommentar des 78. Psalms auf fol. 91r aufgetaucht (s. Abb. S. 55). Dort hat sie als Tor einen tieferen Sinn, indem sie die schlechten Eigenschaften des römischen Kaisers Titus veranschaulichen soll. Der Maler von Codex 14 kopiert diese Vorlage bis hin zu den beiden Kreislein als Angabe der Knie. Nur ist er der bessere Zeichner: Der Mund ist geöffnet, der Tor schreit wild um sich, während er in die Ranke und mit der Linken an das Steinbockhorn greift; es gelingt dem Zeichner auch, die Figur in die Ranke zu integrieren, auf eine brutale Art und Weise, indem er sie am Hintern aufspiesst. Die Anspielung könnte deutlicher nicht sein; der sexuellen Komponente, die darin liegt, kann man sich nicht verschliessen. Der mittlere Steinbockmensch zieht sich mit einfältig geschlossenen Augen die Zunge aus dem Mund und präsentiert in der Linken ein Trinkgefäss. Auch er also ein Narr, der so natürlich nicht trinken kann und verdursten wird. Der Zeichner mochte aber auch gewusst haben, dass der Steinbock mit nur sehr wenig Wasser übeleben kann. Mit böser Miene betrachtet der untere Steinbockmensch die Szene. Dieses Gesicht zählt zu den Meisterleistungen der Engelberger Buchmalerei. Nicht nur künstlerische Virtuosität kommt zum Ausdruck, vielmehr noch die Fähigkeit psychologisierend einen Gesichtsausdruck auf Pergament zu bringen, psychologisierend *avant la lettre* müsste man hinzufügen, 700 Jahre vor Sigmund Freud. Im Gegensatz zum oberen Narren spiegelt dieses Gesicht angespannte, ja überspannte Aufmerksamkeit wider und gleichzeitig eine deutlich ablehnende, kritisch auf Distanz gehende Haltung. Die Gestik wiederholt diejenige des obersten Narren, doch wirkt sie kräftiger, bestimmter; beide sind brutal auf die Ranke gespiesst.

Der Steinbock macht im Engelberger Kontext mehrfachen Sinn.[2] Zunächst ist er ein Tier, das die Mönche des Alpenklosters gut kennen; sie wissen von seinen Lebensgewohnheiten, von seiner Zähheit, seiner Sprungkraft und seiner Geselligkeit. Der Steinbock nimmt als Sternzeichen des südlichen Himmels im Zodiak die Stellung zwischen dem Schützen und dem Wassermann ein und markiert die Zeit der Geburt Jesu. Damit ist er ein Zeichen der Hoffnung; als Tierkreiszeichen erscheint er seit der Antike als Mischwesen mit Fischschwanz, was dämonisch anmutet, wie der Bock überhaupt negativ belastet ist. Um oder kurz nach 1120 malte der Maler von Zillis ein Bildfeld der Randzone mit dem fischschwänzigen Steinbock aus.[3] Der Bock kann aber auch als Sinnbild der Triebhaftigkeit und der Zeugungskraft gelten; die sexuellen Anspielungen mit der Zeichnung der Ranke, welche den Genitalbereich der Figuren miteinander verbindet, wurden schon erwähnt; B.-U. Hergemöller verweist auf das biblische Zeugungsgebot in Genesis 1, 28.[4]

Auch im Alten Testament ist der Steinbock verankert, so als Beschützer Davids, als er in den sogenannten Steinbock-Felsen das Leben Sauls verschont (1. Sam 24, 3). In der Rede Gottes an Hiob (39, 1) erscheint der Steinbock als Teil der Schöpfung; im Schöpfungspsalm 103 (104), 18 wird er als Bewohner der hohen Berge besungen. Im Deuteronomium erscheint der Steinbock als reines Tier.[5] Im 12. Jahrhundert findet sich bei Hugo von St. Victor die Aussage, der Steinbock versinnbildliche den Gelehrten, der im Vertrauen auf die beiden Testamente Schweres ertragen könne. Köstlich auch die Szene der Dame mit dem Steinbock im Bild des Ritters Heinrich von

Sax in der Manesse Liederhandschrift, zu verstehen vielleicht als Anspielung auf die Fähigkeit des Minnesängers, ähnlich dem Steinbock, in seiner Minne auch in heiklen Situationen seinen Weg zu finden.[6] Und zu guter Letzt kann der Steinbock auch für Christus stehen.[7]

Der Maler des Codex 14 musste nicht unvorbereitet in das Abenteuer dieser Darstellung steigen. Er fand, wie Durrer und Stöckli schon gesehen haben, eine Vorstudie in der Initiale E zu Beginn des Buches Josua in der Frowin-Bibel (Codex 3, fol. 88v).[8] Dort wird der Typus des Toren mit den langen Ohren mit dem Steinbock kombiniert; der Maler des Codex 14 brauchte nur noch die Menschengestalt der Tiere einzubauen. Das Interessante an diesem Vergleich liegt darin, dass er eindeutig belegt, wie sehr der Zeichner von Codex 14 über seine Vorgänger hinausgeht und versucht, in seinen Bildinitialen Inhalte zu formulieren. Davon ist der nur wenig frühere Mönch in der Josua-Initiale weit entfernt. Der Steinbock könnte dort allerdings auf das Josua in Aussicht gestellte gelobte Land hinweisen, das er trotz aller Hindernisse erreichen wird.

Codex 3, fol. 88v, Frowin-Bibel, 1. Band, Josua. Steinbockinitiale

Die Komposition ist streng symmetrisch aufgebaut und in sich ausgewogen bis in die Ranke hinein, die in den Vogelköpfen endet; nur das Trinkgefäss stört die Symmetrie leicht. Die Initiale gehört auch als Ganzes zum Besten, was in der Engelberger Klosterwerkstatt geschaffen wurde. Das «E» als Anfangsbuchstabe des ersten Wortes dieses Kapitels ruft nach dieser Harmonie: *Equalitatem patris et filii et spiritus sancti*. Diese Gleichheit von Vater, Sohn und Heiligem Geist, fährt Augustinus fort, könne von niemanden angezweifelt werden; es ist, als ob diese Anfangszeilen des sechsten Kapitels des Trinitätstraktats als Bildlegende zur Figureninitiale gelesen werden können. Da man davon ausgehen kann, dass es Mönche waren, welche zum Zeichenstift und zum Pinsel griffen, ist auch die intime Kenntnis des Traktats vorauszusetzen. Die scheinbare Harmonie der Initiale herrscht nur auf der Oberfläche; bei näherem Zusehen wird man sich der Diskrepanz der drei Figuren bewusst. Darum geht es auch im Traktat; die Dreifaltigkeit wird zwar allgemein anerkannt, verstanden wird sie kaum – kann der menschliche Geist sie überhaupt erfassen? Zur Zeit des Kirchenvaters in der Spätantike um 400 wurde noch gestritten und gekämpft um die Anerkennung der Trinität. Es gab Theologen, welche die absolute Gleichheit und Einheit der Dreiheit abstritten und entweder den Vater, den Sohn oder den Heiligen Geist hervorhoben oder in seiner Bedeutung zurückdrängten. Nicht so der Engelberger Mönch um 1200; für ihn ist die Trinität die feste Basis seines Glaubens und seiner Daseinsberechtigung im Benediktinerkloster. *... gloriam. Quam dum incipit cantor dicere, mox omnes de sedilia surgant ob honorem et reverentiam sanctae trinitatis.* – «... das Gloria. Sobald der Vorsänger es anstimmt, erheben sich aus tiefer Ehrfurcht vor der heiligen Dreieinigkeit sofort alle von ihren Sitzen», sagt Benedikt im 9. Kapitel seiner Regel.[9] Und er fährt fort: «In den Vigilien lese man die von Gott beglaubigten Bücher des Alten und Neuen Testamentes, aber auch Erklärungen dazu, die von anerkannten und rechtgläubigen katholischen Vätern verfasst sind.»[10] In diesen kurzen Vorschriften der Benediktsregel, die auch heute die Grundregeln des klösterlichen Zusammenlebens ordnet, kommt alles zum Ausdruck, was die Produktion des Engelberger Skriptoriums ausmacht. Und so darf man im Sinn des Engelberger Malermönches um 1200 auch die inhaltliche Bedeutung in die besprochene Initiale legen.

Es kann hier nicht der Ort sein, alle Initialen des Codex 14 auf dieselbe eindringliche Art und Weise zu befragen. Wichtig war es aufzuzeigen, *wie* sie befragt werden können und welche Antworten sie zu geben vermögen. Einige Beobachtungen zu weiteren Initialen seien angefügt. Der in der Steinbock-Initiale exemplarisch herausgearbeitete Bildinhalt kündigt sich schon auf dem Frontispizbild des Codex 14 an, auf fol. 1v. Der Bischof mit Tiara, Stab und Buch links ist zweifelsohne ein Portät von Augustinus, dem Kirchenvater persönlich. Der Bischofsstab ist von einfacher Machart, zu vergleichen mit dem frühesten Engelberger Abtstab. Die hier von Susanna Blaser-Meier behandelten Stäbe aus Limoges sind wohl etwas später ins Kloster gekommen (s. Abbildungsteil). Der Zeichner stellte, wie deutlich zu sehen ist, keinen Codex dar, sondern eine Buchrolle, worin die rechte Lehre aufgezeichnet ist. Kuno Stöckli hat sorgfältig darauf hingewiesen, dass die Figur auf Rasur teilweise erneuert worden ist.[11] Die proto-psychologisierende Darstellungsweise findet sich auch hier in der Art wie der erste Häretiker seine Hand vor das Gesicht hält und zwischen Zeige- und Mittelfinger blinzelt, um Augustinus nicht offen in die Augen sehen zu müssen, dazu die abwehrende Handgestik – ein Meisterstück an Erfindungsgabe und zeichnerischer Virtuosität. Dass der Maler sein Metier verstand, zeigt sich auch darin, wie er die Szene komponiert, wie er den knappen, ihm zur Verfügung stehenden Platz ausfüllt. Die Auseinandersetzung zwischen dem Kirchenvater und dem ersten Häretiker findet ihren anschaulichen Ausdruck in dem leeren Abstand zwischen den beiden. In die leere Fläche ragt die Buchrolle, worin die orthodoxe Lehre aufgeschrieben steht. Etwas weniger weit hinaus ragt der Bischofsstab, auch er ein Zeichen der Rechtgläubigkeit. Mit dem zweiten Häretiker setzt sich Augustinus schon gar nicht mehr auseinander. Jener wendet sich desillusioniert ab. Der Vergleich des Kopfs der Figur rechts aussen mit dem auf Rasur gezeichneten Kopf des Paulus im dritten Band der Frowin-Bibel – Codex 5, fol. 49v – lässt keinen Zweifel offen, dass an beiden Orten das gleiche Porträt gezeichnet wurde.

Als Augustinus im Disput mit den Irrlehrern wurde die Titelminiatur des Codex 14 stets interpretiert. Die Figur rechts aussen passt aber nicht zu den übrigen, sie verhüllt das Buch nicht, sondern enthüllt es, offenbart das Evangelium: Es ist Paulus. Das Werk und die Gedanken Bernhards von Clairvaux spielten im Kloster Engelberg eine entscheidende Rolle. In der 65. Hoheliedpredigt zu Hld 2, 15 sagt Bernhard: «Wie lange wird noch etwas geheimgehalten, was Gott bekanntzumachen befiehlt? Wie lange bleibt euer Evangelium verhüllt? Ich vermute, dass es euer eigenes Evangelium ist und nicht das des Paulus, denn dieser sagt, das seine sei nicht verhüllt. Und ‹wenn unser Evangelium dennoch verhüllt ist›, heisst es, ‹ist es nur denen verhüllt, die verlorengehen.› (2 Kor 4, 3)».[12] Die Predigt liest sich wie eine Auslegung des Engelberger Bildes. Paulus präzisiert im zweiten Brief an die Korinther (2 Kor 4, 4–6): «Denn der Gott dieser Weltzeit hat das Denken der Ungläubigen verblendet. So strahlt ihnen der Glanz der Heilsbotschaft nicht auf, der Botschaft von der Herrlichkeit Christi, der Gottes Ebenbild ist. Wir verkündigen nämlich nicht uns selbst, sondern Jesus Christus als den Herrn, uns aber als eure Knechte um Jesu willen. Denn Gott, der sprach: Aus Finsternis soll Licht aufleuchten!, er ist in unseren Herzen aufgeleuchtet, damit wir erleuchtet werden zur Erkenntnis des göttlichen Glanzes auf dem Antlitz Christi.» Der Auftraggeber – wohl Abt Berchtold I. – hätte dem virtuosen Zeichner keine passendere Vorgabe für die Titelminiatur des Trinitätstraktates machen können. Augustinus beginnt diesen so: «Wer diese

Codex 5, fol. 49v, Frowin-Bibel, 3. Band, Brief an die Römer. Initiale P mit Paulus

meine Abhandlung über die Dreieinigkeit lesen will, soll zuerst wissen, dass meine Feder wachsam sich gegen die Verdrehungskünste jener wendet, welche es verschmähen, vom Glauben auszugehen, und so durch ihr vorwitziges und verkehrtes Verlangen nach Verstehen in Irrtum fallen.»[13]

In der Initiale auf fol. 2v sind in den Ranken sicherlich nicht die Irrlehrer dargestellt, wie Stöckli fragend vermutet,[14] denn der oben zuschauende Mönch ist nicht Bischof, ist sicher nicht Augustinus. Aber die Szene lässt sich deuten in einem allgemeineren Sinn: Der Mönch, in seinem Gewand in der Art der Frowin'schen Malerei mit den charakteristischen seitlich verknöpften Öffnungen, beobachtet die Feldarbeit auf dem Klostergut, den Mann mit Hut und Rebmesser, den Holzfäller mit der Axt und den Jäger mit dem Pfeilbogen. Die Form des Rebmessers findet sich häufig in Engelberg; es ist das gleiche Messer, das nach 1120 schon an der Bilderdecke von Zillis zu sehen ist. Die Darstellung der Feldarbeit gehört zur zisterzienischen Tradition, wie manche Handschriften aus Cîteaux belegen.[15] Sicherlich spielt die Dreiheit auch hier eine Rolle, zumal die drei Figuren um eine Ranke gruppiert erscheinen, die einem Windrad, einer Rose wie in den Kathedralen oder einem Glücksrad ähnelt. Die drei halten das Leben in Bewegung, geben ihm Sinn. Staunend betrachtet der Mönch aus seinem Kloster die Welt.

Die Kelterszene auf fol. 19v zum 2. Buch des Traktats gehört mit der vorangehenden zu den wenigen narrativen Bildinitialen. Wenig früher schon wurde das Thema der Kelter von den Engelberger Zeichnern aufgenommen, als Titelbild zu Augustinus' Kommentar des 83. Psalms, wo der die Trauben tretende Christus Sinn macht. Aber hier, wo die Kelterszene keinerlei christliche Kennzeichen aufweist? Es ist eine dionysische Szene; mit Begierde drückt die nackte Figur links aussen den Saft der Trauben in seinen Mund, die anderen greifen nach den Trauben und werfen sie in den Zuber. Was der Zeichner deutlich macht, sind die Trauben und ihr Saft als Lebensquell; die drei Nackten sind diesseitige Männer, die das Leben zu geniessen scheinen. Die Versuchung liegt nahe, die drei wieder als Dreiheit zu sehen und Weinstock und Kelter als Zeichen der Eucharistie. Man könnte auch die siebzehn Trauben – vierzehn hängen noch, drei wirft die mittlere Figur in die Kelter – mit der von Augustinus formulierten Bedeutung aufladen als Zeichen von Gesetz und Gnade, wie in seinem Kommentar zum 17. Psalm zu lesen steht.[16] Der erste Band seines Psalmenkommentars fehlt in Engelberg, doch er war ohne Zweifel damals in der Bibliothek greifbar. Man gäbe viel dafür zu wissen, ob der 17. Psalm dort mit einer Bildinitiale geschmückt war.

Der Interpretation Stöcklis zur Initiale des 3. Buches auf fol. 37v ist nur hinzuzufügen, dass die Dreiheit der Hauptfiguren wieder ins Auge sticht.[17] Von einer vierten Person ist bloss das Gesicht in einem Rankenblatt zu sehen. Stöckli sieht richtig, dass der Mund «zu hauchen oder zu blasen scheint», was er mit der «Stimme, die die Weise mit dem Ohre ihres Herzens hört» zu deuten versucht. Man könnte einen Schritt zu einer generellen Bedeutung weitergehen und die deutlich wiedergegebenen Hauchspuren, die an die beliebten Winddarstellungen erinnern, mit dem Wehen des Heiligen Geistes gleichsetzen. Kuno Stöckli beobachtete richtig, dass der Mönch links aussen dem Typus des Apostels Petrus angeglichen ist.[18] Dies verwundert nicht, porträtierte doch der Zeichner zu Beginn der Handschrift Paulus. Müsste man nun nicht konsequenterweise die Dreiheit in den beiden Frauen und dem Gesicht in der Ranke sehen, in der Gegenüberstellung zum ersten Nachfolger Christi, dem Gründer der Kirche, Petrus?

Die Verbindung zu den Darstellungen der klugen und törichten Jungfrauen, die Darstellung der Barmherzigkeit, wie Stöckli ausführt, belegt erneut, welche weitreichende Inhalte der Zeichner in diese Initiale gelegt hat. Es ist ein herrliches Bild. Der Maler schwelgt in der Wiedergabe der Faltenwürfe der modischen Gewänder. Auch darin schliesst er sich der Frowin'schen Tradition an, wo die Faltenkaskaden des Richene oder der Evangelisten wahre Feuerwerke ornamentaler Faltengebung darstellen. Die Eleganz der Linienführung lässt einen an französische Denkmäler denken, etwa an das romanische Tympanon in Vézelay im Burgund.[19] Verschiedentlich wurde darauf aufmerksam gemacht, wie die architektonischen Elemente in den Engelberger Zeichnungen fehlen, z. B. im Unterschied zu Einsiedeln. Deshalb soll hier eine Beobachtung besonders hervorgehoben werden, nämlich die Faltenkaskade des Stoffes, welcher der rechten Frau vom linken Arm fällt. Die senkrechten, geraden, parallelen Falten sind mit einfachen Linien in regelmässigen Abständen gezeichnet, wie die Zeichner dies sonst nie tun. Unweigerlich fühlt man sich an eine kannelierte Säule erinnert. Eine Folgerung lässt sich daraus kaum ziehen.

Das vierte Buch setzt auf fol. 50r mit einer Initiale ein, deren Bildinhalt den Betrachter auf die allgemeine Ebene führt, sich vor dem Bösen in Acht zu nehmen. Dabei ist nicht klar auszumachen, ob nur der doppelköpfige Drache das Böse meint, oder ob die beiden menschlichen Figuren auch zu den Gefallenen zählen? Aufschlussreich ist zu sehen, über welches ikonographische Repertoire der Maler verfügen konnte, wenn man die bewaffnete und behelmte nackte Figur unten betrachtet. Zu vergleichen ist sie mit antiken Darstellungen des gefallenen Feindes, über den der siegreiche Herrscher schreitet, wie im Barberini Diptychon im Louvre und wie sie im Mittelalter oft wieder aufgenommen wurden, auch in der Illustration biblischer Bücher. In einem letzten Aufbäumen versucht der Unterlegene sich zu wehren und stösst dem Drachen einen Pfeil in die Seite. Auch bei dieser Bildinitiale darf die Beziehung zum Text nicht übersehen werden[20], wenn diese auch nur darin liegt, dass jeder bestraft wird, der die Dreifaltigkeit nicht in seinen Glauben einschliesst.

Wieder findet sich der Betrachter im Weinberg bei der Initiale zum fünften Buch auf fol. 68v. Das dionysische Element beschränkt sich hier auf die nackte Figur links, während die beiden anderen als Arbeiter gekennzeichnet sind. Der den Mühlstein rollende Nackte nimmt die stützende Funktion des in Engelberg so beliebten Atlanten ein. Darf man in dieser Figur eine renaissancehafte Anspielung auf das vergebliche Mühen des Sisyphus sehen? Die von Stöckli erwähnte Anregung für die Komposition aus dem Wort *hinc* überzeugt nicht. Die Engelberger Initialenmaler bilden die Buchstaben nur ganz selten aus menschlichen Körpern; der dreschende Mönch in der Handschrift aus Cîteaux zeigt, wie ganz anders dort der Buchstaben geformt wird.[21] Wieder betont der Maler die Dreiheit der im Weinberg Beschäftigten und man mag darin lesen, dass, wer sich um die Pflege des Weinstocks bemüht, reiche Ernte nach Hause tragen kann, gleich wie der an die Trinität Glaubende belohnt werden wird.

Die Steinbock-Initiale zum sechsten Buch wurde bereits ausführlich behandelt. Das siebte Buch fällt mit der von einem Mönch in Rückenansicht gebildeten Initiale «I» innerhalb der Engelberger Buchmalerei besonders auf (fol. 83v). Die Ausgewogenheit der Komposition und die Feinheit der Zeichnung sucht aber nicht nur in Engelberg seinesgleichen. Man fühlt sich an die Florentiner Protorenaissance zur Zeit Giottos erinnert. Die Bildaussage ist einfach, aber klar: Der Mönch beruft sich auf die Heilige Schrift, die er als Schriftrolle vor sich hinträgt. Da es eine Rolle und kein Codex ist, könnte damit eine Anspielung auf das Alte Testament gemeint sein, wo die Dreifaltigkeit in den drei Engeln, die Abraham und Sarah erscheinen, präfiguriert wird. Das achte Buch setzt auf fol. 93r wieder mit einer Initiale ein, welche die Feldarbeit zeigt. Dieses Mal sind vier Figuren an einem Baum beschäftigt, während zwei weitere in den Ranken herumturnen und eine letzte als Atlant am Boden ausgestreckt erscheint. Mehr als einen Ausblick in die Welt ausserhalb der Klostermauern vermag man darin nicht zu erkennen, es sei denn, die Gegenüberstellung der vier Arbeiter und der drei «Putten» werde zahlensymbolisch gewertet. Der Zeichner misst der Axt besondere Bedeutung zu, da er sie sich vor dem leeren Grund des Buchstabenkörpers abheben lässt. Die mit Schwung geführte Baumaxt zeichnete er schon auf fol. 68v.

Mit Energie geladen kommt auch die sich gegen eine Ranke stemmende Figur zum neunten Buch auf fol. 101r auf den Betrachter zu. Hier nun mag der Phantasietrieb des Malers ausschlaggebend für die Komposition gewesen sein. Eine Initiale ist ein Lesezeichen, ein Mittel, den Leser aufzurütteln. Die Figur mit geöffnetem Mund scheint ihm zuzurufen: «Hier hast du die ganze Erklärung der Trinität vom Kirchenvater Augustinus, halte dich daran!» *Trinitate certe . . .* heisst es in der Zeile, welche die Initiale einleitet: «Wir suchen also auf jeden Fall die Dreieinigkeit, nicht eine beliebige, sondern jene Dreieinigkeit, die Gott ist, und zwar der wahre und höchste und einzige Gott»[22]. Die nackte Gestalt mit Spitzbauch in der Initiale zum zehnten Buch auf fol. 108r mag als Orant gelten oder auch nur als Teil der Schöpfung, der die Gnade der Dreifaltigkeit zugutekommt. Als Auftakt zum elften Buch (fol. 115v) beisst ein Mann grimmig in den Schaft des Buchstabens, unten verbeisst sich ein Hase in die Ranke. Es gibt nichts, was der unverrückbaren Wahrheit der Trinität etwas anhaben kann, liest man daraus. Und mehr noch: Unscheinbar, aber überdeutlich markiert der Zeichner die Scham der Figur mit einer Dreiecksform und einer senkrechten, horizontal gestrichelten Linie. Der Hase ist Sinnbild der Fruchtbarkeit und Unkeuschheit, in Dreiergruppen Symbol der dreigegliederten Zeit.[23] Auch für Feigheit kann der Hase stehen.[24] Augustinus aber sieht im Hasen das Sinnbild für den reuevollen Sünder, der zu Gott zurückkehrt und in den Felsen Zuflucht sucht.[25] Damit bieten sich dem Betrachter zwei Möglichkeiten von Zugängen zu dieser Bildinitiale, die sich widersprechen und gleichzeitig ergänzen, ganz nach dem Gusto der Zeit um 1200: der in seiner Sexualität gefangene Mensch und der reuige Sünder, der seine Verfehlungen zur Schau trägt und Busse tut. Die Suche nach Schutz in den Felsen bringt den Hasen in die Nähe des Steinbocks der Initiale zum sechsten Buch und damit zu David, dem Psalmisten.

Nach den Capricci der vorangehenden Initialen kehrt der Maler zu Beginn des zwölften Buches auf fol. 125r wieder zu einer ganz konkreten Darstellung zurück. Ein

Bischof in Tiara und Pallium – ohne Zweifel Augustinus, der Bischof von Hippo, selbst – legt die rechte Hand auf die Schulter eines sitzenden Mönchs und mit der linken öffnet er das Buch, das der Mönch auf dem Schoss hält. Es ist ein Bild von innigster Schönheit und widerspiegelt die väterliche Liebe des Kirchenvaters zu den Mönchen, auch denjenigen in Engelberg. Man ist wieder versucht, an Vergleiche aus der italienischen Protorenaissance zu denken. Der Zeichner hatte hier eine andere Aufgabe zu lösen als in den übrigen Initialen, was die feinen Stilnuancen erklärt. Es ist immerhin eine der Schlüsselinitialen, die sicherlich nicht von ungefähr gerade dem 12. Buch vorangestellt ist. Augustinus gibt sein Wissen in apostolischer Sukzession – worauf die Zwölfzahl hinweist – den Mönchen weiter, die es getreulich aufschreiben. Der Text im hier dargestellten Buch entspricht den ersten Zeilen des 12. Buches.[26] In der Nachfolge der Malerei zur Zeit Frowins mag die Andeutung der Rückenlehne des repräsentativ ausgestalteten Stuhles, eines Thrones fast, gesehen werden; man fühlt sich an die Darstellung des Schreibers Richene in Codex 5 (fol. 1r) erinnert. Ist der Thron nicht ein Hinweis dafür, dass es eigentlich der Sitz des Kirchenvaters ist, auf den er den Mönch zu sitzen eingeladen hat? Das Genrehafte dieser wie vieler anderer Szenen macht die besondere Lebendigkeit dieser Darstellungen aus, die es dem Betrachter achthundert Jahre später leicht machen, einen Zugang zu finden.

Zu ausgefallenen, in ihrer Phantasie überbordenden Capricci findet der Zeichner beim 13. und 14. Buch auf fol. 134r und 148v zurück. Die Bildabfolge schliesst er mit einer Darstellung Christi und des Augustinus zum 15. und letzten Buch des Traktats auf fol. 162r ab. Es ist ein würdiger Abschluss, ein Bild voller Anspielungen und Aufforderungen an den Leser. Augustinus steht im Zentrum. Er weist zu Christus und zum nackten Menschen hin, der seinerseits zu Christus blickt. Ein dämonischer Atlant versucht, den Menschen am Fuss nach unten zu zerren. Gleichzeitig verbeisst er sich in die Ranke. Stöckli weist darauf hin, dass Augustinus im 15. Buch den 104. Psalm zitiert, wo in Vers 4 von der Gottesschau die Rede ist: «Fraget nach dem Herrn ... Suchet sein Antlitz.» Die Menschen werden in den Versen 6 und 7 so angesprochen: «Ihr, der Same Abrahams, seines Knechts, Ihr Kinder Jakobs, seine Auserwählten! Er ist der Herr, unser Gott; Er richtet in aller Welt.» Christus ist durch den mit Edelsteinen verzierten Kreuznimbus ausgezeichnet. Christus Logos ist gemeint, Christus als Gott, vielleicht auch als Zeichen der Dreieinigkeit gedacht, in der Dreiheit zusammen mit dem Mann und der Frau an der Brust. Die Gruppe ist unmissverständlich eine Anspielung auf Abrahams Schoss – «Ihr, der Same Abrahams» –, ein Motiv, welches seit dem 9./10. Jahrhundert geläufig war.[27] Die Rückkoppelung an das Alte Testament, an den Stammbaum Christi, wie er im *Liber generationis* im ersten Kapitel des Matthäus-Evangeliums aufgelistet ist, und damit auch an David, den Autor der Psalmen, wird zum Abschluss der Trinitäts-Traktats wichtig. Die Bildinitiale stellt den Dreischritt der Heilsgeschichte mit dem Hinweis auf Abraham, Christus und die Rezeption von Augustinus bis zur Gegenwart dar, wofür der nackte Mensch steht. Die bösen Mächte des Dämons vermögen dem guten Menschen nichts anzuhaben, ihn nicht an der Gottesschau zu hindern. Damit kommt die Benediktsregel ins Spiel, die das Klosterleben ständig begleitete. Im Prolog heisst es: «Öffnen wir unsere Augen dem göttlichen Licht ... Gehen wir unter der Führung des Evangeliums seine Wege, damit wir ihn schauen dürfen, der uns in sein Reich gerufen hat»[28], und im grossen Kapitel über die zwölf Stufen der Demut: «Wenn also der Mönch alle Stufen auf dem Wege der Demut erstiegen hat, gelangt er alsbald zu jener vollendeten Gottesliebe – *ad caritatem* –, die alle Furcht vertreibt.»[29] Darauf baut Bernhard von Clairvaux in seinem Traktat *De gradibus humilitatis et superbiae* auf; die Wirkung seiner Werke in Engelberg ist allgegenwärtig. Das Bild des Auf- und Absteigens auf der Demuts- oder Tugendleiter war im 12. Jahrhundert geläufig, gut fassbar im fast gleichzeitigen *Hortus Deliciarum* aus dem Elsass (fol. 215v). Dieses Bild mag auch in der Initiale anklingen. Der nackte Mensch strebt hier nach oben, nicht auf den Sprossen einer Leiter, wohl aber am Schaft des Buchstabens, und er wird darin behindert von einem Dämon, vergleichbar mit den Teufeln in der Miniatur des Hortus oder dem «Presbiter», der eine tugendhafte Frau beim Aufstieg belästigt. Damit wird das Bild Christi mit den Menschen an seiner Brust zum Sinnbild für die grenzenlose, für den Menschen unfassbar grosse Liebe, die ihm in der Gottesschau zufliesst.

Das Schlussbild im Engelberger Codex 14 präsentiert sich als eine *summa*, als eine prägnante visuelle Zusammenfassung der Heilsgeschichte und des benediktinischen Klosterlebens. Es ist eine grossartige Komposition, ein eindringliches Bild von suggestiver Wirkung, fast möchte man von einem Meditationsbild sprechen, lange bevor dieses erfunden wurde.

1 Stöckli, 1976/77.
2 Von Stöckli, S. 27, nicht als Steinbock identifiziert, nur Vergleiche in Anm. 37f.
3 Susanne Brugger-Koch, Die romanische Bilderdecke von Sankt Martin, Zillis (Graubünden). Stil und Ikonographie, Diss. Basel 1975, Muttenz 1981, S. 38, und Huldrych Blanke, Zillis. Evangelium in Bildern, Zürich 1994, S. 47, die Poeschel folgen und den Steinbock als Widder bezeichnen: Erwin Poeschel, Die romanischen Deckengemälde von Zillis, Erlenbach-Zürich 1941, S. 84, Kat. Nr. 47.
4 LexMA 7, Sp. 1812.
5 5. Mose 14,5.
6 Manesse Liederhandschrift, fol. 59v.: Heinrich von Sax; Heinrich oben mit Wappen, unten nicht gedeutete Szene einer Frau, die einen Steinbock liebkost. – Codex Manesse. Die Miniaturen der Grossen Heidelberger Liederhandschrift, hrsg. und erl. von Ingo F. Walther unter Mitarbeit von Gisela Siebert, Frankf. a.M. 1988, S. 48f., Tafel 24: «Balanceakt des Minnesängers und Kletterkühnheit des Steinbocks ... Vielleicht hat auch der Name des Dichters (lat. ‹saxum› = Fels, Stein) oder eine mit ihm verbundene Geschichte das Motiv beeinflusst.» Der Steinbock ist auch hier an den Querwülsten der Hörner erkennbar.
7 Gerd Heinz-Mohr, Lexikon der Symbole, Köln 1984[8], S. 275: Sternbild des Südhimmels, 10. Zeichen des Tierkreises/Zodiak – als solches Mischwesen/Meertier mit Fischschwanz Monatszeichen der Winterwende und damit der Geburt Christi: hoffnungsvolles Symbol der erneuerten Herrschaft des Lichts. Als amphibische Existenz und auf Grund der negativen Symbolik des Bocks auch mit dämonischer Bedeutung belastet.
8 Durrer, ASA, 1901, S. 130. – Stöckli, S. 46.
9 Verse 6f. – La Règle de Saint Benoît, S. 118f. – Deutsche Übersetzung: sh.: Holzheer.
10 Vers 8. – Siehe 9,10: «... eine Lesung aus den Apostelbriefen, auswendig vorgetragen ...» – «... ex corde recitanda ...».
11 Stöckli, S. 20.
12 Bernhard von Clairvaux, Band VI, S. 362f.
13 Des heiligen Kirchenvaters Aurelius Augustinus fünfzehn Bücher über die Dreieinigkeit, 1. Band, S. 1.
14 Stöckli, S. 21.
15 Dijon, Bibliothèque Municipale, Ms. 173. – Cahn, Kat. Nr. 59, Abb. 139.
16 Christoph Eggenberger, Psalterium aureum Sancti Galli. Mittelalterliche Psalterillustration im Kloster St. Gallen, Sigmaringen 1987, S. 74f.
17 Stöckli, S. 24f.
18 Kuno Stöckli, Codex Engelbergensis 14 und das Engelberger Skriptorium, Diss. maschinenschriftlich, Basel 1973, S. 61.
19 Nur als beliebiges Beispiel: Salet, S. 96, fig. 59f. – Rupprecht, 1984, Tf. 149–151.
20 Stöckli, S. 25.
21 Stöckli, S. 26 mit Anm. 36.
22 Des heiligen Kirchenvaters Aurelius Augustinus fünfzehn Bücher über die Dreieinigkeit, 2. Band, S. 42.
23 LexMA 4, Sp. 1951f. – Heinz-Mohr (wie Anm. 7), S. 127f.
24 Wilhelm Molsdorf, Christliche Symbolik der mittelalterlichen Kunst, Leipzig 1926, Nachdruck Graz 1984, S. 222 Nr. 1082.
25 Manfred Lurker, Wörterbuch der biblischen Bilder und Symbole, München 1990[4], S. 158. – W. Kemp, LCI 2, Sp. 221; dort die Quellenangaben: PL 26, 50; 36, 879; 37, 1372 s; 38, 598.
26 Stöckli, S. 31.
27 LCI 1, Sp. 31.
28 Prolog 9, 21. – La Règle de Saint Benoît, S. 64f., 66f.
29 Kapitel 7, 67 . – La Règle de Saint Benoît, S. 114f.

Das Heilige Kreuz von Engelberg

Mirjam Munz und Christoph Eggenberger

Seit etwa 800 Jahren hütet das Benediktinerkloster Engelberg einen ganz besonderen Schatz, das Heilige Kreuz von Engelberg. Das vergoldete und reichverzierte Reliquienkreuz nimmt noch heute einen zentralen Platz im Leben des Klosters ein. Es wird mit grosser Ehrfurcht behandelt; eine geheimnisvolle Kraft strahlt von ihm aus. Wann und wo die *crux gemmata* geschaffen wurde, beschäftigte die Forscher immer wieder. Die Meinungen über seine Herkunft scheiden sich. Als Stifter des Reliquiars ist Abt Heinrich I., der von 1197–1223 im Amt war, urkundlich bekannt; er soll sich um das Kreuz «heiss abgemüht» haben.[1]

Das Heilige Kreuz von Engelberg besteht aus Nussbaumholz und ist mit einem feinen Silberblech umkleidet. Die Vorderseite ist vergoldet, die Rückseite in seinem silbernen Zustand belassen. Das Kreuz misst 92 cm in der Höhe und 60 cm in der Breite. Die äusserliche Form wird bestimmt durch vier Quadrate, die an den Enden der Kreuzbalken angebracht sind. In seinem reichen Edelstein- und Filigranschmuck steht das Reliquiar in der Tradition der früh- und hochmittelalterlichen *crux gemmata*, dem kostbaren, mit Edelsteinen besetzten Kreuz. Der Kruzifixus dominiert die Vorderseite. Die wichtigste unter den vielen Reliquien, die in das Kreuz eingelassen wurden, ist ein Holzsplitter der *vera crux*, des Kreuzes auf Golgatha. Sie ist denn auch gut sichtbar über dem Haupte des Gekreuzigten angebracht.[2] Die Rückseite ist flacher im Relief als die Vorderseite, und anstelle des Filigran- und Edelsteinschmuckes treten gestanzte Rahmenornamente. Das Medaillon im Zentrum zeigt die thronende Maria mit dem Kind. Abt Heinrich verewigte sich auf dem Spruchband des Stifterbildes auf der Rückseite: *Memento mei deus Heinric[us] peccator* – «Gedenke meiner, Gott. Heinrich, der Sünder.»[3]

Das Engelberger Kreuz sah nicht immer so aus, wie wir es heute kennen. Es wurde im Laufe der Jahre wiederholt ausgebessert und abgeändert. Am meisten Schaden nahm das Kreuz auf den vielen Bittgängen zur Muttergottes-Kapelle in Horbis und in die Nachbarspfarrei Wolfenschiessen. Pater Bernard Büsser schreibt von achtzehn solcher Prozessionen allein im Jahre 1729. Natürlich versuchte das Kloster, Schäden an seinem so wichtigen Reliquiar zu beheben, was aber meist mit einem Verlust der Originalsubstanz einherging.[4] Im Jahre 1908 drängte sich eine grössere Renovierung auf, wobei weitere 97 Reliquien in den Höhlungen der Kreuzarme gefunden wurden. Die Kreuzreliquie erhielt neu eine Silberkapsel als Fassung. Eine Neuvergoldung wurde 1908 nicht vorgenommen. Dafür ersetzte man die Glasflüsse durch Edel- und Halbedelsteine, die nach einem Raub (1599) bis 1908 das Kreuz schmückten. Anstelle der Silberfiligrankrone setzten die Restauratoren eine stilgerechte vergoldete auf das Haupt Christi. Da man einen Zusammenhang zwischen den Schreibschulen Frowins und Berchtolds und dem Kreuz vermutete, heisst hier «stilgerecht» die Nähe zu den Initialen in Codex 12. Den später eingesetzten Nimbus entfernte man, und die etwas plumpe Kopfstütze wurde verfeinert. Platt gedrückte Reliefs liess man so wie sie waren.

Anhand einer Fotografie, aufgenommen während der letzten Restaurierung, kann ein Rekonstruktionsversuch des originalen Zustandes versucht werden. Die folgenden Veränderungen lassen sich erkennen: Die Querbalken wurden neu getrieben, und die Umrisse – z. B. am linken Arm – verändert. Der Nimbus war einst für einen tiefer gelegenen Kopf bestimmt. Es ist sehr zweifelhaft, ob Nimbus und Krone beide von Anfang an und gleichzeitig angebracht worden sind. Oberhalb der Christusfigur befindet sich die Engelplatte mit der Staurothek, dem «Kreuzbehälter» mit der Kreuzreliquie. Einerseits umfasst eine Inschrift diese Reliquienscheibe – *CRVX IACET HIC DIGNE REDIMENS VOS MORTE MALIGNA* –, andererseits liest man unten *IHC NAZARENU' REX IVDEOR'*, was darauf hinweist, dass die Engelplatte zu einer Kreuzigungsszene gehört. Da das Haupt Christi gerade diese Inschrift verdeckt, erhebt sich die Frage, ob die beiden Platten für einander bestimmt gewesen waren, oder ob sich der Kopf des Gekreuzigten einst etwas weiter unten befunden habe.

Der Körper des Gekreuzigten ist im Vergleich zu den anderen Reliefs äusserst plastisch, der Kopf sogar vollplastisch dargestellt, wodurch eine klare Hierarchie der Wertung der Figuren entsteht. Die Augen von Christus sind geschlossen. Für die damalige Zeit ist es bemerkenswert, wie der Künstler versuchte, die Augen in die Augenhöhlen zu legen. Der Nasenrücken ist lang und auf klassisch antike Weise gebogen. Der Gekreuzigte trägt einen Bart. Die Lippen sind erschlafft und darum leicht nach unten gezogen. Wieder überrascht die genaue Beobachtung der entspannten Körperhaltung. Die

Brustpartie verrät anatomisches Interesse des Künstlers; Muskeln und Rippen sind erkennbar. Die zu dünnen Arme gehören nicht zum ursprünglichen Zustand. Das schwungvoll gefältelte Lendentuch ist über der rechten Hüfte geknotet und fällt diagonal über das linke Knie. Das Körpervolumen bleibt durch den Stoff hindurch spürbar. Die Knie sind eingeknickt, die leicht auswärts gerichteten Füsse stehen auf dem ovalen Fusspodest.

Im Relief unterhalb des Gekreuzigten kämpfen ein Löwe und ein Drache, ein Basilisk – ein seltenes Motiv im Zusammenhang mit dem Kruzifix und deshalb von besonderer Bedeutung. Es ist die Anspielung auf den Psalmenchristus nach Psalm 90(91), Vers 13, der als *Christus Victor* über Aspis und Basilisk, über Löwe und Drache schreitet. Ein Grundsatz der Psalmen besteht darin, den Gerechten zu loben in seinem Kampf gegen das Böse. Der 90. Psalm nimmt darin eine besondere Stellung ein auch wegen der Parallele zu den unmittelbar vorangehenden Versen 11 und 12 mit der Versuchung Christi: «Denn er befiehlt seinen Engeln, dich zu behüten auf all deinen Wegen. Sie tragen dich auf ihren Händen, damit dein Fuss nicht an einen Stein stösst; du schreitest über Löwen und Nattern, trittst auf Löwen und Drachen.» Die Darstellung im karolingischen Stuttgarter Bilderpsalter ist beispielhaft. Der um 830 in Paris wirkende Maler hat auf demselben fol. 107v dem 11. Vers die Versuchungen und dem 13. Vers den Psalm-Christus beigegeben.[5]

Stuttgart, Württembergische Landesbibliothek, Cod. bibl. fol. 23, fol. 107v. Christi Versuchung und Psalmenchristus (Foto Bildarchiv Foto Marburg)

Was bedeutet diese Konstellation nun für das Engelberger Kreuz? Sie weist den Gekreuzigten nicht primär als den Leidenden aus, sondern als den Besieger des Bösen. Der Gekreuzigte wird zum *Christus triumphans*, der in der Niederfahrt zur Hölle Tod und Teufel überwältigt. Die Höllenfahrt Christi ist gleichbedeutend mit der Auferstehung. Die Ostkirche nennt die Szene denn auch *Anastasis*. Zur Entstehungszeit des Kreuzes findet sich Christus auf Löwe und Drache als zentrale Eingangsfigur am Südportal der Kathedrale von Chartres und nur wenig später, 1230/40, am Hauptportal der Kathedrale von Amiens, bekannt als «Beau-Dieu» von Amiens.[6] Das Engelberger Kreuz steht im Zentrum des Geschehens der Mönchsgemeinschaft. Es wird hervorgeholt bei den hohen Festen, bei den Professen, aber auch beim Tod eines Mönchs. Das Kreuz gibt die Heilsgeschichte in ihrer Ganzheit wieder und erinnert an die Menschwerdung Jesu, an die Passion, die Auferstehung und das ewige Leben. Darauf weist auch das antike Triumphmotiv der beiden Engel hin, die über dem Gekreuzigten die kostbare Kreuzreliquie flankieren.

In Johannes 3,14 steht «... und wie Mose in der Wüste eine Schlange erhöht hat, also muss des Menschen Sohn erhöht werden.» Die christliche Exegese deutet die Erhöhung der Schlange am Holz analog zum Kreuzesholz Christi. Auf dem Kreuz zeigt mit hinweisender Geste Moses auf eine Schlange, die sich um einen gegabelten Baum windet. Rechts steht ein Jude; jeder Israelit, der gegen Gott spricht, soll von giftigen Vipern – sie kriechen am Boden – gebissen werden. Das Relief unterhalb des Löwen und Basilisken ergänzt die heilsgeschichtliche Aussage mit diesem Hinweis auf das Alte Testament. Theologen und Künstler des 12. Jahrhunderts liebten die typologische Parallele zwischen Altem und Neuem Testament.

Die Medaillons mit den vier Evangelisten vervollständigen das Bild der Heilsgeschichte; sie befinden sich in den Quadraten an den Kreuzesarmen. An den Seitenflächen des Kreuzes sind Inschriften angebracht, die hier in der Parallele zu den Beischriften der Evangelisten in der Frowin-Bibel interessieren (Cod. 5, fol. 108v, 134v, 135r, 153v).[7] *VIRGINE MATRE SATVM SPECIES HEC DATQ MATEVM.* – «Den von der jungfräulichen

Mutter Geborenen und zugleich den Matthäus zeigt dieses Bild.» *IN TRIDVO SVRGENS LEO FIT DEVS ISTEQ MARCVS.* – «Der Löwe, der nach dem dritten Tage aufersteht, derselbe bedeutet Gott und zugleich Markus.» *BOS TYPICVS LVCAM FERT XPM CRVCEQ PASSVM.* – «Der symbolische Stier bezeichnet Lukas und Christus, der am Kreuze gelitten hat.» *CVM DEVS IT CELOS ALES FVIT ESTQ JOHANES.* – «Wenn Gott zum Himmel hinaufsteigt, ist ein Adler gewesen, und ist auch Johannes.» Ausser Johannes sind die Evangelisten jugendlich und bartlos dargestellt, was ungewöhnlich ist. Den Typus der vier Figuren jedoch findet man schon in karolingischer Tradition: Matthäus wird durch den Engel inspiriert, Markus taucht eine Feder ein, Lukas liest und Johannes schreibt. Als Pendants zu den Evangelisten erscheinen auf der Rückseite die vier Elemente. Sie gehören zum kosmischen Geschehen, das heisst, zur ganzen Welt um das Kreuz herum – zur Heilsgeschichte also.

Die thronende Maria mit Kind, flankiert von zwei Engeln, dominiert die Rückseite des Kreuzes. Links und rechts schweben zwei Engel auf einem wolkenartigen Gebilde. Es ist eine Wiederholung des Engelpaares zu Seiten des Reliquienmedaillons; hier wie dort steht das antike Triumphbild des von Viktorien umgebenen Herrschers dahinter. Zusammen mit der Taube des Heiligen Geistes über der Maria ergibt sich ein komplexes Bildprogramm. Die Taube ist die Begleiterin sowohl der Verkündigung an Maria als auch der Taufe Christi.

Zu wiederholten Malen konnte in den Engelberger Handschriften auf elsässische Bildvorlagen verwiesen werden. Der *Hortus Deliciarium* der Äbtissin Herrad von Landsberg spielt dabei eine zentrale Rolle. Das nur in Nachzeichnungen bekannte Kreuz von Niedermünster der Äbtissin Edelmonde, der Nachfolgerin Herrads, und das Böcklinkreuz im Münster von Freiburg im Breisgau kommen dem Engelberger Kreuz am nächsten[8]. Es liegt deshalb nahe, dass Abt Heinrich das Kreuz in einer elsässischen Werkstatt fertigen, oder – wahrscheinlicher – ein bestehendes Kreuz nach seinen Bedürfnissen umgestalten liess. Trotz Verwandtschaft bleibt das Engelberger Kreuz aber unverwechselbar in seinem vielschichtigen Bildprogramm.

1 Klosterchronik von 1223.- Grimme, 1968, S. 22. – Grimme, 1972, S. 50.
2 E. A. Stückelberg, Geschichte der Reliquien in der Schweiz I, Basel 1902, S. XL. – Grimme, 1968, S. 23, 27.
3 Corpus Inscriptionum, S. 71.
4 Pater Bernhard Büsser verfasste den Restaurationsbericht von 1908, auf den ich mich im folgenden stütze. «Die Restauration des Engelberger Reliquienkreuzes», in: Angelmontana, Blätter aus der Geschichte von Engelberg, Gossau 1914. – Grimme, 1968, S. 27–29.
5 Christoph Eggenberger, Der Mensch lebt nicht vom Brot allein. Die Versuchung Christi in Zillis, in: Festschrift für Hermann Fillitz zum 70. Geburtstag, Aachener Kunstblätter Band 60, 1994, S. 237–244.
6 Wilhelm Schlink, Der Beau-Dieu von Amiens. Das Christusbild der gotischen Kathedrale, Frankfurt a. M. und Leipzig 1991.
7 Corpus Inscriptionum, S. 71.
8 I. Walter, La Croix de Niedermünster, sa légende, son histoire, son symbolisme, in: Archives Alsaciennes X, 1931, S. 9 ff. – Grimme, 1968, S. 31. – Hermann Fillitz, Das große Reliquienkreuz des Klosters Engelberg, in: Basler Nachrichten, Nr. 84, 25. Februar 1971, S. 5.

Zwei Abtstäbe aus Limoges im Engelberger Klosterschatz

Susanna Blaser-Meier

Im Schatz des Klosters Engelberg befinden sich zwei Abtstäbe mit vergoldeten und teilweise emaillierten Krümmen. Ihre Machart verweist sie nach Limoges, der bedeutenden mittelalterlichen Exportstätte von Email. Beide Stäbe weisen trotz unterschiedlicher Ikonographie und Ausführung Gemeinsamkeiten auf. Derjenige Stab, dessen Krümme eine Verkündigungsszene rahmt, wurde in der Literatur schon mehrfach beschrieben.[1] Der zweite Stab wurde erst am 9. Juli 1974 unter der Grabplatte des Abtes Placidus Knüttel († 31. 8. 1658) in der Gruft der Engelberger Stiftskirche entdeckt. Er fand bisher noch keinen Eingang in die Literatur. Wie kamen die beiden Stäbe ins abgelegene Bergtal nach Engelberg? Wie ordnen sie sich in die Reihe der übrigen Limousiner Abt- und Bischofstäbe ein? Gibt es ikonographische Besonderheiten, die mit dem benediktinischen Auftraggeber zusammenhängen?

Der Verkündigungsstab

Alle Limousiner Krummstäbe sind aus den drei Elementen Schaft (Hülse), Knauf (Nodus) und Krümme (Volute) zusammengesetzt. Beim Engelberger Verkündigungsstab ist die über den hölzernen Stab gestülpte Hülse mit goldenen Blattranken auf blauem Emailgrund verziert. Drei identische Eidechsen bilden erhabene Längsstege auf dem sonst glatten Schaft. Ihre Schwänze rollen sich unter dem Knauf volutenartig zusammen und wirken so wie kleine Konsolen für den darüberliegenden Nodus, ohne diesen jedoch wirklich zu stützen. Die Köpfchen der Echsen ragen über den unteren Abschlussring des Schaftes hinaus. Schwarze Emailperlen bilden die Augen und je fünf türkisblaue Emailperlen verzieren die Rücken der Echsen. Die Vorderfüsse der Tiere erscheinen als flache Goldornamente wie die Blattranken im blauen Emailgrund.

Der Knauf weist eine für Limoges typische Form auf, die bei Marquet de Vasselot als «à deux frises de dragons» beschrieben wird.[2] Jede Hälfte der abgeplatteten Kugel wird aus vier geflügelten Drachen geformt, die im Uhrzeigersinn um den Stab angeordnet sind. Der Schwanz des vorderen Drachen schlingt sich dabei um den Kopf des hinteren, von dem er gebissen wird. Die zweifüssigen Wesen stehen auf dem Mittelreif des Knaufes. Dieser ist mit sechs dunkelblauen, pyramidenförmigen Steinen besetzt.[3] Der ganze Knauf bildet eine ornamentale Einheit, die bis ins Detail, etwa der geschuppten Körper, sorgfältig ausgearbeitet ist. Neun lanzettenförmige Blätter bilden einen kronenähnlichen Übergang vom Knauf zur eigentlichen Krümme, die durch einen mit blauen Emailrauten verzierten Schlangenleib gebildet wird. Kleine vergoldete Krabben säumen den Rücken des Tieres. Eine geschwungene Blattranke stützt konsolenähnlich den Kopf gegen den Leib hin ab. Die Gesamthöhe der metallenen Krümme des Verkündigungsstabes beträgt 33 cm, ihr Durchmesser 12,5 cm. Sie besteht aus vergoldetem Kupfer, das stellenweise mit tiefblauem Grubenemail (*émail champlevé*) verziert ist. Die Krümme rahmt in ihrer Mitte eine vollplastische Verkündigungsszene. Die aus vergoldetem Kupferblech getriebenen Figürchen der Maria und des Engels stehen einander zugewandt auf dem Schlangenkörper.[4] Ihre Augen bestehen wie diejenigen der Schlange aus schwarzen Emailperlen. Der Engel hat die rechte Hand zum Segensgestus erhoben, während er in der linken einen blumenähnlichen Gegenstand hält, der als Lilie gedeutet werden kann. Maria hat die Rechte in einer abwehrend-erschreckenden Geste vor dem Körper erhoben. Es scheint fast, als weiche sie leicht zurück. Eine in einer Knospe endende Pflanze rankt hinter dem Rücken Marias schwungvoll empor; eine zweite S-förmige Ranke schliesst den Raum zwischen Maria und dem Engel. Diese vegetabilen Formen bilden sowohl raumfüllende wie auch verbindende Elemente. Die Gruppe wirkt in sich geschlossen, umso mehr da der Kopf des krümmenbildenden Tieres den Engel in dessen linken Flügel beisst und somit jede Figur des Stabes mit ihrer nächsten verbunden ist.

Stäbe mit Verkündigungsszenen erfreuten sich einer grossen Beliebtheit. Marquet de Vasselot zitiert in seinem umfassenden Werk über die Limousiner Krummstäbe des 13. Jahrhunderts neununddreissig Beispiele von Stäben mit Verkündigungsszenen; drei weitere wurden nach Erscheinen seiner Publikation bekannt.[5] Ein mit dem Engelberger Stab eng verwandtes Exemplar befindet sich in der Abegg-Stiftung in Riggisberg. Die Ähnlichkeit betrifft in diesem Fall nicht nur das Motiv der Verkündigung, sondern auch Knauf und Schaft. Leider ist dieser Stab teilweise stark beschädigt; so fehlen die Echsen am Schaft – die ehemalige Befestigung ist deutlich sichtbar –, und die Ranke, welche den Schlangenkopf der Krümme gegen den Stab abstützt, ist abgebrochen. Die Verkündigungsszene ist im Vergleich mit dem Engelberger Stab zwar ähnlich aufgebaut, in der Gestik und Bewegung aber sehr viel erstarrter. Was beim Riggisberger Stab noch ganz in romanischer Steifheit verharrt, ist beim Engelberger Stab bereits gotisch bewegt. Der Engel schreitet mit gebeugtem Knie, das sich unter dem organischen Faltenwurf des Gewandes abzeichnet, auf Maria zu. Vor allem die ziselierten Teile wie Falten, Haarsträhnen und das Muster auf den Flügeln des Engels sind hier reicher ausgebildet als bei den nur sparsam angedeuteten Kleiderfalten und den fast glatten Haaren des Riggisberger Stabes. Diese Unterschiede machen deutlich, dass eine Feindatierung anhand der Motive im Sinne von Marquet de Vasselot nicht möglich ist. Dasselbe Motiv, das sich bis ins Detail ähnelt, kann stilistisch grosse Unterschiede aufweisen.

Riggisberg, Abegg-Stiftung, Abtstab mit Verkündigungsszene (Inv.Nr. 8.63.63) (Foto Abegg-Stiftung Riggisberg)

Marquet de Vasselot unterscheidet drei Gruppen mit einer leicht unterschiedlichen Ikonographie. Beim ersten Typ nähert sich der Engel in einem weit ausgreifenden, tief gebeugten Schritt mit einem Heroldstab der zurückweichenden Maria. Zwischen den beiden erhebt sich eine fleischige Blattranke.[6] Ein zweiter Typ charakterisiert sich dadurch, dass Maria – aufrecht vor einem Thron stehend – in ihrer Rechten ein Buch hält, und dass der Engel mit seinem rechten Zeigefinger sein Kinn berührt.[7] Der dritte und weitaus häufigste Typ entspricht in seinen allgemeinen Zügen dem Engelberger Verkündigungsstab.[8] Bei diesen verallgemeinernden Beschreibungen bleibt stets zu berücksichtigen, dass kein Stab einem anderen bis ins Detail gleicht. Trotz gewisser Anzeichen serienmässiger Produktion bewahren die einzelnen Stäbe ihren individuellen Charakter. Im Unterschied zu Marquet de Vasselot werden in der jüngsten Publikation zum Limousiner Email, dem Katalog zur Ausstellung im Louvre und im Metropolitan Museum of Art, die Krummstäbe generell früher datiert. Das älteste Stück, ein Stab ohne Schlange mit einer von der Volute umschlossenen fünfblättrigen Blume, dürfte bereits zwischen 1175 und 1185 entstanden sein.[9] Die ersten Schlangenstäbe, seien es reine Schlangen oder Kombinationen von Schlangen mit dreilappigen Blumen, werden zwischen 1200 und 1220 datiert. Ebenfalls um 1200 entsteht das Motiv der Krabben auf dem äusseren Grat der Krümme, das nachher ständige Verwendung findet.[10] Für die Engelberger Krümme von besonderer Bedeutung ist jedoch, dass figürliche Darstellungen schon im ersten Drittel des 13. Jahrhunderts auftauchen und nicht erst, wie Marquet de Vasselot annimmt, von der Mitte des Jahrhunderts an.[11] Anhaltspunkte für die Datierung der Stäbe gibt aber nicht nur die Gestaltung der Voluten, sondern auch diejenige der Knäufe. Bei den ältesten Exemplaren herrscht eindeutig das Emailelement vor; Hülse, Knauf und Krümme sind in den verschiedensten Farben emailliert. Um 1200 kommen Knäufe auf, die aus einem Fries von Engeln und Blumen aus vergoldetem Kupfer in Durchbrucharbeit bestehen. Ein anderer Typus zeigt durchbrochene Blattranken, die mit Rosetten abwechseln, welche mit Emailperlen geschmückt sind. Diese grössere Varietät der älteren Knäufe wird offenbar um etwa 1210/20 von einem einheitlichen Typus abgelöst, der dem Knauf beider Engelberger Abtstäbe entspricht. Der Nodus mit den umlaufenden Drachenfriesen ist sehr beliebt. Das Motiv der Echsen scheint noch vor Mitte des 13. Jahrhunderts aus der Limousiner Emailkunst zu verschwinden, später fehlt die Emaillierung. Krummstäbe von Ende des Jahrhunderts bestehen nur noch aus graviertem und ziseliertem vergoldetem Kupfer.[12] Für den Engelberger Verkündigungsstab ergibt sich aus diesen Feststellungen eine Datierung ins erste Drittel des 13. Jahrhunderts.

Der Drachenreiterstab

Der zweite Abtstab aus dem Engelberger Klosterschatz, der Drachenreiterstab, ist zwar mit dem Verkündigungsstab verwandt, weist aber doch einige grundlegende Unterschiede auf: So ist die Krümme ohne die bei der Restaurierung von 1974 neu hinzugefügten Teile nur 26,5 cm hoch, bei ungefähr gleichem Durchmesser der Volute von etwa 12 cm,[13] auch ist der Hülsenumfang an deren stärksten Stelle um einen Zentimeter kleiner als beim Verkündigungsstab. Die Vergoldung des Drachenreiterstabs weist einen rötlichen Ton auf, dies auch im Vergleich mit dem messingfarbenen Verkündigungsstab. Von den drei Teilen Krümme, Knauf und Schaft, weist nur der Knauf eine nahezu identische Gestaltung auf. Er ist aus zwei Halbkugeln mit Drachenfriesen in Durchbrucharbeit gebildet. Der Nodus des Verkündigungsstabs ist stärker abgeplattet als beim Drachenreiterstab. Der Bearbeitung des Schaftes hingegen kann sonst bei keinem der bekannten Stäbe festgestellt werden. Er besteht aus durchbrochenen, sich überkreuzenden Blattranken mit fünfblättrigen Blüten, die teilweise rot, blau, grün, gelb und weiss emailliert sind. Das Rankenmotiv erscheint zwar häufig auf den Schäften der Krummstäbe, jedoch immer als Goldranken auf blauem Emailgrund.[14]

Die Volute des Drachenreiterstabs wird wie beim ersten Stab durch einen mit Emailschuppen bedeckten Schlangenleib gebildet, auf dessen äusserem Rand eine Krabbenreihe verläuft. Jede der fächerförmigen Schuppen ist rot, hellblau und blau verlaufend emailliert. Diese ungewöhnliche Gestaltung der Schuppen findet sich als reines Ornament an der linken Innenwand eines Email-Tabernakels, der in die 1220er Jahre datiert wird.[15] Diese von der üblichen Schuppengestaltung der Limousiner Stäbe abweichende Form betont zusammen mit der Ikonographie des Binnenfeldes den aussergewöhnlichen Charakter des Engelberger Abtstabes. Die bei Stäben mit figürlichen Motiven übliche einfache Drehung der Volute ist hier durch eine anderthalbfache ersetzt, wie sie sich sonst nur bei reinen Schlangen- oder Blütenstäben findet. Die Schlange, welche die Krümme bildet, verjüngt sich dementsprechend so stark, dass der letzte Teil nicht mit Schuppen sondern nur mit einer Reihe von Goldquadrätchen auf blauem Emailgrund verziert ist. Der für das Motiv verbleibende Platz wird dadurch ebenfalls verkleinert. Dieses zeigt einen Jüngling, der auf einem flügellosen Drachen reitet. Das Tier ist zweifüssig und hat einen Schwanz, der in einer grossen, mit ziselierten Rauten verzierten Quaste endet und vom Schlangenkopf der Krümme mit dem Mund gepackt wird. Der Drache hat seinen Kopf vollständig zurückgewandt und blickt seinem Reiter ins Gesicht. Der mit einem Rock bekleidete Jüngling hält mit seiner Rechten das Tier am Hals, mit seiner Linken am Rücken gepackt.

Zwei Stäbe in Mainz und im Metropolitan Museum of Art in New York stimmen mit dem Engelberger Drachenreiterstab überein.[16] Während sie eine abweichende Gestaltung der Knäufe aufweisen, sind die Schäfte mit den applizierten Echsen vom gleichen Typ wie der Engelberger Verkündigungsstab. Der Mainzer

Mainz, Dommuseum, Abtstab mit Drachenreiter (Inv.Nr. S50) (Foto Dommuseum Mainz)

Stab wirkt durch die Gestaltung ohne Durchbruchverzierungen schwerer und altertümlicher als diejenigen Stäbe, die durch Ornamente wie die Drachenfriesknäufe aufgelockert werden. Dem Engelberger Drachenreiterstab kann ein weiterer Limousiner Krummstab zur Seite gestellt werden, der sich – aus dem Kloster Rüti ZH stammend – heute in Rapperswil befindet.[17] Schaft und Volute weisen eine ähnliche Gestaltung wie der Verkündigungsstab auf, wobei der ursprüngliche Knauf durch eine gotische Arbeit ersetzt wurde, während das Bildfeld ein drachenartiges Fabelwesen mit Schlangenkopf, Löwenkörper und Flügeln zeigt. Der Steg zwischen Krümmung und Stab, der meistens durch eine vegetabile Ranke gebildet wird, besteht hier aus einem drachenähnlichen Tier. Das seltsame Wesen erinnert in seiner Gestaltung am ehesten an ein geflügeltes Evangelistensymbol.

Schlangen, Echsen, Drachen

Der symbolischen Bedeutung der Abt- und Bischofstäbe liegen unterschiedliche Quellen zugrunde. Als Attribut des guten Hirten verleiht er seinem Besitzer sowohl Würde wie auch Macht. Die Schlange in der Ikonographie der Krummstäbe weist auf den Stab Aarons hin. Die Schlüsselstelle für die Bedeutung der Schlange und die magische Kraft des Stabes lautet in Exodus 7, 9–12: «Wenn der Pharao zu euch sagt: Tut doch ein Wunder zu eurer Beglaubigung!, dann sag zu Aaron: Nimm deinen Stab, und wirf ihn vor den Pharao hin! Er wird zu einer Schlange werden. Als Mose und Aaron zum Pharao kamen, taten sie, was ihnen der Herr aufgetragen hatte: Aaron warf seinen Stab vor den Pharao und seine Diener hin, und er wurde zu einer Schlange. Da rief auch der Pharao Weise und Beschwörungspriester, und sie, die Wahrsager der Ägypter, taten mit Hilfe ihrer Zauberkunst das gleiche: Jeder warf seinen Stab hin, und die Stäbe wurden zu Schlangen. Doch Aarons Stab verschlang die Stäbe der Wahrsager.» Und tatsächlich gibt es Stäbe, wo die Exodus-Stelle illustriert wird.[18] Wenn die Schlange eine Blüte in ihrem Mund hält, so mag dies als Anspielung auf Numeri 17, 23 gelten. Die Verbindung von Stab und Schlange weist somit auf Aaron hin und legitimiert den Stabträger als Nachfolger des alttestamentlichen Priesters. Physiologus setzt die Echse mit dem Menschen gleich, der Christus, die Sonne der Gerechtigkeit, suchen soll, wie die erblindete Eidechse ihre Augen der Sonne zuwendet.[19] Im Buch der Sprichwörter 30, 24–28, wird die Eidechse zu den kleinsten und trotzdem klügsten Tieren gezählt, denn «Eidechsen fängst du mit der Hand und doch wohnen sie in Königspalästen.» Gleichzeitig wird sie jedoch in Levitikus 11, 29 zu den unreinen Tieren gerechnet. Die Eidechse weist also eine ambivalente Symbolik auf. Die positiven Aspekte sind im Zusammenhang mit den Abtstäben jedoch hervorzuheben. Auch ihre rein dekorative, formal spielerische Wirkung ist dabei nicht zu unterschätzen. Drachen schliesslich erscheinen an den Abtstäben in verschiedenen Zusammenhängen. Zu erwähnen ist die grosse Gruppe erhaltener Stäbe, die Michael als Drachentöter wiedergeben.[20] Der Kampf des Guten gegen das Böse ist das Hauptthema aller Drachendarstellungen. Die Schlange, welche den Drachen in den Schwanz beisst, symbolisiert wie der Jüngling das Gute, der Drache das Böse. Gleichzeitig ist das Drachenmotiv als Drolerie wie in der gleichzeitigen Buchmalerei zu deuten, mit dem Unterschied, dass der Drachenreiter des Abtstabes bekleidet, derjenige der Drolerie nackt ist.[21]

Engelberg und seine Stäbe

Um 1200 erlebte das Kloster Engelberg unter den Äbten Berchtold und Heinrich eine Blütezeit. Das grosse Reliquienkreuz fand in den Engelberger Annalen beim Eintrag zu Heinrichs Tod 1224 Erwähnung. Doch die Abtstäbe werden weder in den Urkunden noch in den Annalen genannt. Die Frage, wie sich das *opus lemovicense*, die Goldschmiedearbeiten aus Limoges, in ganz Europa verbreiten konnte, ist wegen der weitgehend fehlenden Quellen zur sozio-ökonomischen Situation des mittelalterlichen Limoges schwierig zu beantworten. Die Lage am Pilgerweg nach Santiago de Compostela sowie an wichtigen Handelsrouten dürfte eine wichtige Rolle gespielt haben. Die Pilger, die von Kloster zu Kloster reisten, verbreiteten Nachrichten und Informationen. Noch wichtiger dürften indes persönliche Verbindungen kirchlicher oder politischer Art gewesen sein. Die Klöster unterhielten Beziehungen zueinander, und gerade in Klöstern finden sich viele Werke Limousiner Emailkunst.[22]

Eine interessante Verbindung zum Kloster von St. Maurice d'Agaune ergibt sich unter Heinrich II., welcher dem Kloster Engelberg von 1223 bis 1241 als Abt vorstand. Abt Heinrich II. bemühte sich darum, vom Walliser Kloster Reliquien des 1224 heilig gesprochenen Mauritius zu erhalten, was aber abgeschlagen wurde. In einer – nicht datierten – Urkunde wird jedoch die Überbringung von Reliquien der Heiligen Candidus und Exsuperius der Thebäischen Legion durch einen «Capellanus B. von Engelberg» bezeugt.[23] Da sich in St. Maurice ein Limousiner Krummstab mit einer stilisierten Blüte aus dem Ende des 12. Jahrhunderts befindet, könnte das Kloster Engelberg dem Walliser Beispiel gefolgt sein und einen Stab in Limoges bestellt haben. König Heinrich VII. attestierte in einer Urkunde vom 18. Mai 1229 dem Kloster eine besonders hohe Marienverehrung. Dies könnte ein Hinweis darauf sein, weshalb der Engelberger Abt gerade eine Verkündigungsszene für seinen Stab wählte. Die beiden urkundlichen Feststellungen genügen jedoch nicht, um die Krummstäbe einem bestimmten Abt zuzuordnen. Da beide Stäbe aufgrund ihrer Ausführung vermutlich ins erste Drittel des 13. Jahrhunderts datiert werden können, kommen zwei Äbte als Besitzer in Frage; nämlich Heinrich I. oder Heinrich II. Weil in Limoges immer wieder auf ältere Motive zurückgegriffen wurde und sich die Entwicklung der Ornamentik nicht linear vollzog, können die Engelberger Stäbe auch bis in die Mitte des 13. Jahrhunderts datiert werden.

Der Engelberger Codex 54 und die Abtstäbe

Eine interessante Beobachtung im Zusammenhang mit den Limousiner Abtstäben im Besitz des Klosters ist im Codex 54 der Stiftsbibliothek festzustellen. Auf fol. 1v findet sich eine Initiale D mit der Darstellung eines segnenden Bischofs und einer Gruppe von sieben Mönchen, die zu ihm aufblicken. In seiner Linken hält der Bischof einen Stab, in einer Volute mit Tierkopf endend, der als Drachenkopf gedeutet werden muss.[24] Die Beobachtung sticht deshalb so stark ins Auge, weil diese Darstellung eines Krummstabes in den im Engelberger Scriptorium entstandenen Handschriften einzigartig ist. Alle anderen Darstellungen von Stäben zeigen einen einfachen Typus mit einem oder zwei Knäufen.[25] Wurde der Initialenmaler durch einen tatsächlich in Engelberg vorhandenen Abtstab mit Drachen- und Schlangenmotiven zu dieser Initiale inspiriert? Zur Beantwortung dieser Frage stellt sich vorerst einmal das Problem der Datierung des Codex 54. Durrer sieht in ihm einen Zusammenhang mit dem Engelberger-Meister des Codex 14.[26] Er ist sich aber bezüglich einer Einreihung in dessen Werk nicht sicher und die Bemerkung, dass die bekannte Hand des Engelberger Meisters in den Deckfarbeninitialen kaum mehr erkennbar sei, zeigt, wie schwer die auffallend bunten Initialen des Codex 54 einzuordnen sind.[27] Die Frühdatierung bei Stöckli basiert ausschliesslich auf der altertümlich wirkenden Initiale P auf fol. 5r;[28] Bruckner betrachtet diesen Codex als ein Werk des Engelberger Meisters auf dem Zenit seines Schaffens und Güterbock sieht ihn gar als dessen Alterswerk, das zwar mit sicherer Hand gefertigt sei, den Humor des Codex 14 aber vermissen lasse.[29] Zieht man die beiden Faktoren in Betracht, dass der sogenannte Engelberger Meister das Scriptorium bis 1230 beeinflusste und dass die Abtstäbe ins erste Drittel des 13. Jahrhunderts datiert werden können, ist also eine Umsetzung der in Schlangenköpfen endenden Voluten der Abtstäbe in die Buchmalerei durchaus denkbar. Vor allem die Datierung der aussergewöhnlichen Deckfarbeninitialen, die zudem noch durch die Verwendung von Gold aus den übrigen Engelberger Initialen hervorstechen, ist demzufolge zu überdenken.[30]

Die beiden Abtstäbe in Engelberg stammen aus Limoges und lassen sich mit den gängigen, spätestens bis Mitte des 13. Jahrhunderts produzierten Typen vergleichen. Die Limousiner Krummstäbe sind schwierig zu datieren. Eine relative Chronologie ist anhand der Motive und der Ornamentik kaum zu erstellen, da immer wieder auf Älteres zurückgegriffen wurde. Auch Inschriften auf Grabplatten, unter denen Stäbe gefunden wurden, taugen als Hilfsmittel zur Datierung wenig, wie das Beispiel des Engelberger Drachenreiterstabes zeigt, der in einem Grab des 17. Jahrhunderts aufgefunden wurde. Offensichtlich konnte zwischen der Fabrikation eines Krummstabes und dessen Verwendung als Grabbeigabe eine längere Zeitspanne verstreichen und muss keinesfalls bedeuten, dass der Verstorbene auch Besitzer des Gegenstandes war.[31]

1 Durrer, ASA 1899–1928, S. 159f., Tafel III. – Marquet de Vasselot, S. 252, mit weiteren Literaturhinweisen.
2 Marquet de Vasselot, S. 252.
3 Marquet de Vasselot, S. 67.
4 Die Höhe des Engels beträgt 8 cm, diejenige der Maria 7,8 cm.
5 Marquet de Vasselot, S. 76. – L'Oeuvre de Limoges, S. 326: Stäbe in Trier und Bremen. – Herbert Schwarzwälder, Der Bischofsstab des Grabes Nr. 18 im Bremer Dom im Rahmen der Limousiner Krummstäbe mit der Verkündigungsdarstellung, in: Bremisches Jahrbuch 56, 1978, S. 208.
6 L'Oeuvre de Limoges, Kat. No. 81, S. 271. – Marquet de Vasselot, S. 77.
7 Marquet de Vasselot, S. 77/78. – L'Oeuvre de Limoges, Kat. Nr. 112, S. 326.
8 Marquet de Vasselot, S. 78.
9 L'Oeuvre de Limoges, S. 126.
10 L'Oeuvre de Limoges, S. 264, 272f.
11 L'Oeuvre de Limoges, S. 270, 324, 326.
12 L'Oeuvre de Limoges, S. 394.
13 Bei der Restaurierung wurde am unteren Ende der Krümme ein glatter Knauf und ein Ring mit der Inschrift «INVENTUM IN TUMBA PLACIDI I. ABB. / 9. VII. 1974» angefügt.
14 Marquet de Vasselot, S. 64.
15 Tabernacle de Cherves, Limoges, 1220–1230. – New York, The Metropolitan Museum of Art, Inv. 17.190.735. – L'Oeuvre de Limoges, S. 299–302.
16 Marquet de Vasselot, S. 102f.
17 Hermann Fietz, Die Kunstdenkmäler des Kantons Zürich, Band II, Basel 1943, S. 228, Tafel 9.
18 Musée de Chartres; Museum of Ethnography, Arts and Crafts, ehemals Palais Lubomirsky, Lviv. – Marquet de Vasselot, S. 96.
19 Der Physiologus, 1995, S. 7.
20 Marquet de Vasselot, S. 85, erwähnt 46 Exemplare.

[21] Zum Beispiel die Initiale D, fol. 43v im Codex brev. 121 aus Zwiefalten um 1150–1160 in der Württembergischen Landesbibliothek in Stuttgart. – Borries-Schulten, S. 95/96, Abb. 224. – Für den Hinweis auf die Verwandtschaft mit dem Abtstab danke ich meiner Kollegin Anna Stützle.
[22] L'Oeuvre de Limoges, S. 45.
[23] Heer, 1975, S. 51.
[24] Den Hinweis auf diese Miniatur verdanke ich Carmen Baggio Rösler.
[25] In folgenden Engelberger Handschriften werden in unterschiedlichem Zusammenhang Krummstäbe abgebildet: Codex 3, fol. 1v; Codex 5, fol. 1r; Codex 12, fol. 55r; Codex 14, fol. 1v; Codex 54, fol. 19v; Codex 72, fol. 1v; Codex 87, fol. 5r. Mit Ausnahme des Stabes in Codex 72, dessen Krümme in einem Dreiblatt endet, sind alle Darstellungen auf die einfachsten Merkmale, d. h. kugelförmiger Knauf und glatte Krümme, reduziert.
[26] Durrer, ASA, 1899–1928, S. 202.
[27] Durrer, ASA, 1901, S. 138.
[28] Stöckli, S. 40, S. 45 mit Abb. 51 von Cod. 54, fol. 5r.
[29] Bruckner V, S. 56. – Güterbock, S. 108.
[30] Die Initiale I in Codex 4, fol. 197 v., mit der Darstellung des Königs Kyrus ist ebenfalls in kräftigen Deckfarben unter Verwendung von Gold ausgeführt. Ein Zusammenhang zwischen dieser Figur und den Initialen des Codex 54 hebt schon Güterbock S. 104 f. hervor.
[31] Marie-Madeleine Gauthier, Une Crosse limousine datable de 1230 à 1240 découverte dans une tombe épiscopale de la cathédrale de Brême, in: Bulletin de la Société Nationale des Antiquaires de France, Paris 1975, S. 174.

Schlussbetrachtungen

Christoph Eggenberger

Die Engelberger Bilderwelt zur Zeit der Äbte Frowin, Berchtold und Heinrich soll abschliessend als Ganzes gewürdigt werden, inhaltlich, ikonographisch und stilistisch. Es kann keine Einordnung im streng wissenschaftlichen Sinn werden: Dafür ist das überlieferte Material zu spärlich, zu disparat auch. Oder ist die disparate Wirkung gewollt? Fügen sich die in den einzelnen Büchern verstreuten Bilder nicht doch zu einem sinnvollen Ganzen? Ist es legitim, die zur Illustration einzelner Textpassagen geschaffenen Bilder zu einem Mosaik zusammenzufügen? Die Frage stellt sich, weil alle anderen Klöster der Zeit Wert darauf legten, in ihren Skriptorien grössere Bildzyklen malen zu lassen. Die Zyklen spiegeln die Heilsgeschichte wider. In Engelberg beschränkte sich das so beliebte zyklische Bilddenken auf die im Text verstreuten Initialen und auf Einzelbilder. Und doch, auch die Engelberger Bilderwelt stellt ein Abbild der Heilsgeschichte dar.

Zum Stil kann nicht viel mehr gesagt werden, als dass die Malermönche ihre Vorlagen aus Süddeutschland – aus dem Kloster Allerheiligen in Schaffhausen, aus Weingarten und Zwiefalten – und dem Elsass bezogen hatten. Auch das Heilige Kreuz lässt sich in diesen Zusammenhang einfügen. An sich keine aufregende Feststellung, wären in diesem Gebiet nicht für die Zeit des ausgehenden 12. Jahrhunderts so zentrale Werke entstanden wie der *Hortus Deliciarium* der Herrad von Landsberg, Äbtissin des Klosters Hohenburg auf dem Odilienberg zwischen Schlettstadt und Strassburg. Die von der seit ca. 1178 regierenden Äbtissin (+ 1191/96) in Auftrag gegebene reich illustrierte Handschrift ist ein Kompendium der Theologie und Frömmigkeit. Die Miniaturen stellen in Inhalt und Stil die *summa* der romanischen Kunst mit ihren byzantinischen Einflüssen dar und zeigen zudem verschiedene neue Bildfindungen. Die Handschrift ist 1870 im deutsch-französischen Krieg dem Brand der Strassburger Bibliothek zum Opfer gefallen; getreue Nachzeichnungen, die für den Druck einer Faksimile-Edition hergestellt wurden, erlauben, sich eine genaue Vorstellung des Inhalts zu machen.[1]

Für die Engelberger Äbte und die von ihnen beauftragten Mönche stand die zeichnerische und malerische Ausschmückung der für das Klosterleben notwendigen Handschriften nicht im Vordergrund, wie kaum in einem Kloster – einmal abgesehen von Zentren wie der Reichenau in ottonischer Zeit. Die abgeschriebenen Texte der Bibel und der Kirchenväter, deren Kommentare, waren wesentlich. Das Bild wurde sparsam, aber gezielt eingesetzt; die vielen nur ornamentalen Initialen dienten als Lesezeichen. Kein Mönch agierte im Kloster eigenmächtig, alle waren sie eingebunden in den von der Benediktsregel anschaulich formulierten Gehorsam dem Abt gegenüber: „Die erste Stufe der Demut ist unverzüglicher Gehorsam. Er kennzeichnet alle, die nichts höher schätzen als ihre Liebe zu Christus ... Wen die Liebe drängt, zum ewigen Leben voranzuschreiten, der wählt den schmalen Weg, von dem der Herr sagt: Schmal ist der Weg, der zum Leben führt. Sie folgen nicht dem eigenen Gutdünken, gehorchen nicht der eigenen Lust und Laune, sondern gehen ihren Weg unter der Führung und dem Befehl eines anderen. Sie verbleiben in den Klöstern und verlangen, einen Abt als Vorgesetzten zu haben ...“[2]

Die verstreuten Bilder des Engelberger Skriptoriums nicht nur einzeln zu betrachten, scheint vor diesem Hintergrund legitim. Es ist ein grösseres Ganzes, das es als von den Äbten beabsichtigtes Gesamtbild zu würdigen gilt. Dies eröffnet neue Dimensionen in der Interpretation der Bilder. Auch die in Engelberg fast in jedem Codex zu beobachtende Tatsache, dass die Initialen und die Bilder immer wieder überarbeitet wurden, zeugt vom Interesse der Äbte, die Handschriften dem jeweiligen Geschmack anzupassen.

Der Engelberger Bilderkanon besitzt einen besonderen Klang, der sich abhebt von anderen Skriptorien – und der denn auch die Einordnung so schwierig macht. Darin liegt die hohe, unverwechselbare Qualität der Engelberger Buchkunst wie der Goldschmiedekunst. Die rund zwei Dutzend Schlüsselbilder spannen sich im biblischen Bereich von der Genesisdarstellung (Cod. 3, fol. 1v) über die Propheten (Cod. 76) die Evangelisten (Cod. 5) und Pfingsten (Cod. 54, fol. 9r) bis zum apokalyptischen Christus mit dem Schwert im Mund (Cod. 12, fol. 133r, s. Abb. 55) und zu Paulus, (Cod. 14, fol. 1v) der das Evangelium enthüllt. Darüber hinaus erscheinen die lehrenden Kirchenväter Augustinus (Codices 12, 14, 17, 87), Gregor der Grosse (Cod. 22, fol. 6r) und Beda (Cod. 47, fol. 1v). Die Reihe wird weitergeführt in die damalige Gegenwart mit den Darstellungen der Äbte Frowin (Cod. 3, fol. 1v und Cod. 5, fol. 1r) und Heinrich als Stifter auf dem Heiligen Kreuz. Ein Porträt von Abt Berchtold fehlt: Zufall oder Zeichen der Demut, wie sie im siebten Kapitel der Benediktsregel beschworen wird?

Demut und Selbstentäusserung – *kenosis* – sind Eckpfeiler, die nicht nur für Engelberg gelten. Aber sie vermögen die Engelberger Bildauswahl erklären helfen. Dem durch die Philosophie von heute geschärften Blick erscheinen auch die vielen Drolerien, die nicht näher deutbaren Szenen und die Mischwesen plausibler als damals Bernhard von Clairvaux. Die köstlichen Drolerien sind das Herausstechende an der Engelberger Produktion. Sie finden sich an allen passenden und weniger passenden Stellen. Wenn das alttestamentliche „Auge um Auge, Zahn um Zahn“ zum Anlass genommen wird, zwei ineinander gekeilte Kämpfer zu zeigen, dann hat dies etwas mit dem zu illustrierenden Text zu tun (Cod. 3, fol. 72v). Es kommt einem vor, als hätten die Mönche damals schon Schüler in ihrer Obhut gehabt; mit drastischer Deutlichkeit zeigt der Maler, wie die beiden sich an den Haaren reissen, während der eine auf sein Auge, der andere auf seinen Mund weist. Bei anderen Drolerien aber wird es schwierig, einen tieferen Sinn auszumachen; dort hat sich der Spieltrieb durchgesetzt; man kann auch sagen, der zeichnende Mönch liess sich von weltlichen Gedanken ablenken. Es war ja gerade dies, was Bernhard von Clairvaux in seiner *Apologia* im Visier hatte, als er gegen die unsinnigen Darstellungen in der Kirche wetterte. „Aber wozu dienen . . . jene lächerlichen Missgeburten, eine auf wunderliche Art entstellte Schönheit und schöne Scheusslichkeit? Was bezwecken dort die unflätigen Affen, die wilden Löwen? Was die widernatürlichen Zentauren, die halbmenschlichen Wesen, die gefleckten Tiger? Was sollen die kämpfenden Krieger, die Jäger mit ihrem Horn?“ Und er fährt fort in seiner Tirade, um die Missgestalten zu verdammen.[3] Das Zitat aus Bernhards Apologie liest sich wie Bildlegenden zu den menschlichen Figuren, den Tieren, den Mischwesen, den Kampfszenen in den Engelberger Handschriften. Sie waren gang und gäbe – *usitatiora* –, wie Bernhard zerknirscht feststellt. Wie sich vor 800 Jahren der Betrachter trotz der Schelte daran erfeute, tut er dies auch heute! Wie die Drachen zubeissen, die Männer sich balgen, im Kreis herumwirbeln, auf dem Kopf stehen! Wie plötzlich ein Fisch mit ausdrucksvollem Gesicht einen Initialbuchstaben formt, ein Mann einen Fisch schultert (Cod. 13, fol. 134r), der Löwe langgestreckt auf den Hinterbeinen steht (Cod. 37, fol. 52r)! Das rote Gebilde, das dem Löwen, der niedlich wie eine zutraulicher Hund die Pfote hebt, aus dem Rachen quillt, ähnelt einem Heissluftballon, doch das Ganze bildet eine Q-Initiale (Cod. 21, fol. 61r).

Diese scheinbar so ferne Zeit rückt in dieser Bilderwelt mit den vielen Anspielungen auf menschliche und allzu menschliche Schwächen plötzlich sehr nahe. Es ist dieser

Codex 5, fol. 2v, Frowin-Bibel, 3. Band, Jakobusbrief. Initiale I

Ansatz, den heutige Philosophen und Theologen zum Anlass nehmen, das Evangelium wieder so zu lesen, wie es gemeint war. Diese „mindere“ Zone der Engelberger Bilderwelt wird zur zentralen Aussage, zur Illustration der Säkularisierung, deren klare Grenzen die *caritas* – die Liebe – ist, und der *kenosis* – der Selbstentäusserung. Erst im Kontrast mit diesen Werten gewinnt das Evangelium, gewinnen die Darstellungen der Mystischen Vermählung oder der Evangelisten ihren wahren, hohen Gehalt.[4] Die künstlerische Qualität mag nicht bei allen diesen Figuren und Tieren gleich hoch sein, doch die Zeichnungen wirken unmittelbar und frisch, was sie denn auch zeitlos macht. Höchste künstlerische Virtuosität aber begegnet man dort, wo man sie am wenigsten erwarten würde, an den Foliorändern, dort, wo eigentlich gar nichts mehr zu sagen ist. Die Randzeichnungen erfreuten sich stets grosser Beliebtheit, eben gerade vielleicht wegen des mangelnden Kontextes, wo die Maler ihre Fähigkeiten ohne Rücksicht auf den Text ausleben konnten.[5] Es ist vor allem eine Zeichnung, jener rote Kopf eines Dämon mit flammenden Haaren, verbissenem Mund und scharfem Blick; der Schwung der Linien zeigt die Energie der Pinselführung, beides überträgt sich auf den Ausdruck des Gesichts: ein

Codex 37, fol. 52r, Johannes Cassianus, Conlationes Patrum. Initiale I

Kopf eines Dämons, eine Marginalie

Meisterwerk, ein Stück *l'art pour l'art* ohne jeglichen Sinn und Zweck. Dagegen erscheint das hübsche Gesicht lieblich, verschmitzt; man fühlt sich an spätere Minnebilder erinnert.

Kopf eines Mädchens, eine Marginalie

Neben die Deutung im Sinne der *kenosis* tritt die offen zu Tage tretende Fröhlichkeit, das leichte Augenzwinkern, ja sogar die Ironie und die Selbstironie der Mönche, das in diesen Zeichnungen zum Ausdruck kommt. Die Engelberger sind da nicht allein.[6] Erst wieder Theologen unserer Tage betonen, dass schon der Gott des Alten Testaments fröhliche Gläubige beim Kult sehen wollte.[7] Die Selbstentäusserung Christi wird in einem der Hauptbilder, dem Titelbild der Frowin-Bibel, (Cod. 3, fol. 1v) veranschaulicht. Das Blatt ist kein einheitliches Bild, sondern entstand in einem langen künstlerischen Prozess über die drei Abatiate hinweg. Und doch liess man es in dieser für das Kloster wichtigen Bibel stehen, so wie es war: unvollendet. Man muss es, wenn nicht von Anfang so gewollte, doch als gültige Bildkomposition würdigen.

Die gräzisierenden Beischriften geben dem Blatt eine Aura der Ehrwürdigkeit. Abt Frowin kniet nicht nur vor der maiestätischen *Maria Regina*, der Madonna als gekrönter Königin, er kniet auch vor dem Jesuskind auf ihren Armen. Das Kind hält zwar das Lilienszepter, aber in einer spielerischen Art; und es schmiegt sich an den Hals seiner Mutter. Auch wenn byzantinische Vorbilder zugrundeliegen, es ist ganz Kind. Die unmittelbare Gegenwart Jesu ist das eigentliche Thema des Bildes, wenn auch sanft in den Hintergrund geschoben vor der Kulisse der beiden Würdenträger. Die Madonna und der regierende Abt sind bezeichnet, nicht aber das Kind. Die Mutter und das Mensch gewordene Christuskind werden gespiegelt in der Schöpfung Evas aus der Rippe Adams durch Gottvater in der Gestalt des Christus Logos mit dem Kreuznimbus. Das Menschlich allzu Menschliche, wie es in den Drolerien Gestalt gefunden hat, fügte ein Zeichner auch auf diesem Blatt hinzu. Neben die ausgewogene, in sich geschlossene Komposition von hoher künstlerischer Qualität der Dreiergruppe von Christus Logos, Adam und Eva – vergleichbar der Passionsszene Christi im Garten Gethsemane im *Hortus Deliciarum*, fol. 138r[8] – plazierte er die Versuchung im Paradies in einer Simultanszene. Sie zeigt wie die Schlange Eva versucht, und wie Eva Adam den Apfel überreicht. Gleichzeitig hat die Schlange den Apfel im Maul und führen Eva und Adam den Apfel zum Mund. Wiederum findet sich die nächste Parallele im *Hortus Deliciarum* auf fol. 17v (s. Abb. S. 24).[9] Die Versuchung deutet auf die drei Versuchungen Jesu in der Wüste hin, auf die Leiden Mariae und nicht zuletzt auf die Versuchungen, denen Frowin als Mensch ausgesetzt ist. „Die *kenosis* beginnt mit der Schöpfung selbst und mit dem Alten Testament."[10]

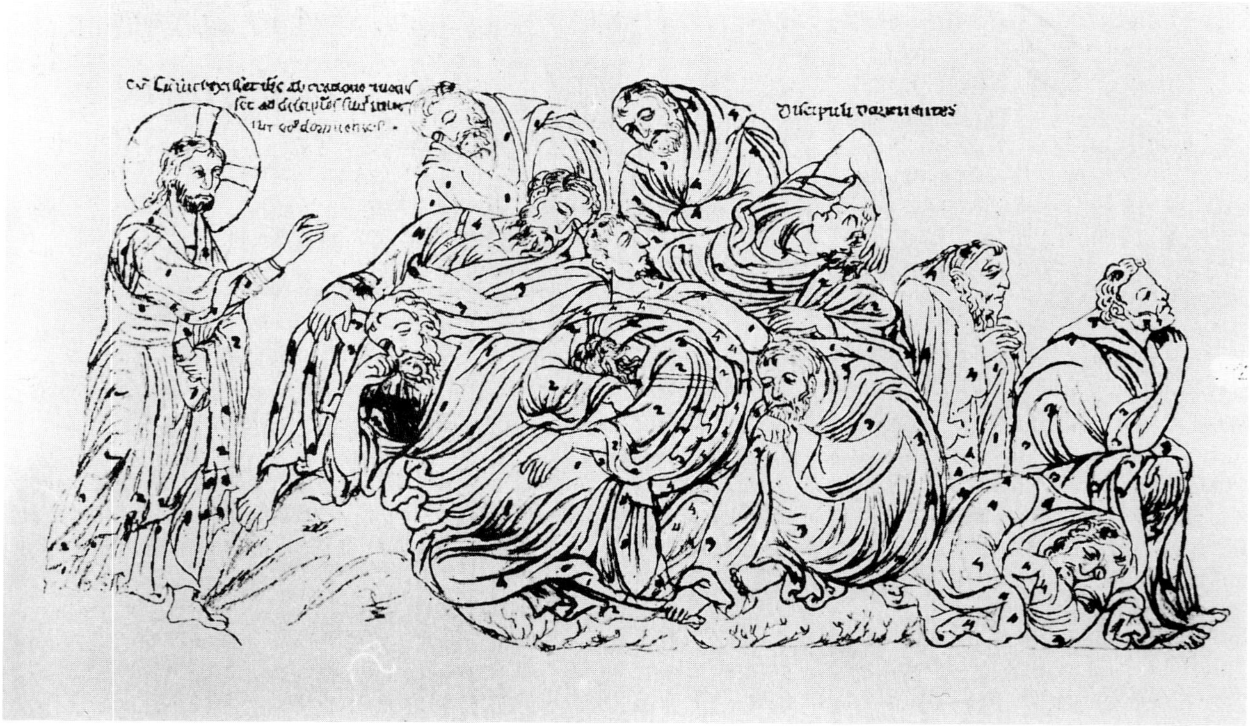

 Hortus Deliciarum, fol. 138r. Christus im Garten Gethsemane (nach Green 1979)

Dass ein solches Ensemble nicht aus Zufall entstehen kann, liegt auf der Hand. Zu viele Gedankengänge und Typologien vom Alten zum Neuen Bund und bis hin zur Gegenwart Frowins werden hier verbildlicht. Es ist ein programmatisches Bild in der für Engelberg bezeichnenden Art, wie verschiedene Elemente im Laufe der Zeit zu einem Ganzen gefügt werden. In diesem Vorgehen wird der Zeitgeist der Renaissance des 12. Jahrhunderts greifbar.

Die zweite bedeutende Bildfolge in der Frowinbibel ist nicht minder tiefschürfend. Die Doppelseite (Cod. 4, fol. 69v und 70r) zeichnet mit einem ganzseitigen Bild und einer Bildinitiale den Beginn des Hohenliedes aus, wie sonst nur bei den Evangelien in Codex 5. Die enge Beziehung des Klosters Engelberg zu Bernhard von Clairvaux mag dies erklären. In Codex 32 wurden seine Hoheliedpredigten abgeschrieben und mit einem Titelbild auf fol. 2v versehen. Es zeigt den Bräutigam als Christus und die Braut als Ecclesia, Maria und Königin. Das gleiche Bild in der Frowinbibel ist zärtlicher, inniger. Ecclesia weist mit dem Zeigefinger ihrer Linken auf die gegenüberliegende Bildinitiale mit dem eng verschlungenen Brautpaar. Zu dieser Bildthematik gehören Esther und Kyrus (Cod. 4, fol. 150v und 197v). Esther ist die Vorläuferin Mariens, während Kyrus die Juden aus der babylonischen Gefangenschaft befreite und so den Tempelbau in Jerusalem ermöglichte. Origenes sah im Hohenlied die Metaphysik begründet: „Auch den metaphysischen Wissenschaftsteil überlieferte [Salomon] ... im Hohelied, indem er die Liebe zum Himmlischen und die Sehnsucht nach dem Göttlichen der Seele anfacht, unter der Gestalt der Braut und des Bräutigams,indem er lehrt, man müsse den Weg der Nächstenliebe (caritas) und des Eros (amor) zur Gemeinschaft mit Gott (consortium Dei) gelangen.“[11] Dem Ziel, zur Gemeinschaft mit Gott zu gelangen, sind auch weite Teile der Benediktsregel gewidmet, nicht zuletzt das Kapitel 7 über die Demut. Und so erstaunt es nicht, dieses Ziel in den Engelberger Bildern aufscheinen zu sehen. Das Hohelied und die Predigten Bernhards von Clairvaux boten sich dafür in idealer Weise an. Nicht so spektakulär wie im Bild der mystischen Vermählung, aber nicht minder eindringlich zeichneten die Mönche die Gemeinschaft mit Christus in den Augustinus-Handschriften. Paulus enthüllt das Evangelium in der Titelzeichnung des Trinitätstraktats (Cod. 14, fol. 1v). Das Schlussbild zeigt Augustinus und einen weiteren Menschen in der Gottesschau. ... *lex Christi, hoc est caritas ...* – „... das Gesetz Christi ist die Liebe ...“, sagt Augustinus in diesem Traktat.[12] In der eucharistischen Gemeinschaft präsentiert sich Christus in der Kelter in Augustinus' Psalmenkommentar zum 83. Psalm (Cod. 12, fol. 101r), (s. Abb. S. 55). Der gleiche Zeichner gibt in demselben Codex Christus als apokalyptischen Richter mit dem Schwert im Mund wieder – fol. 133r – und in seiner königlich-kaiserlichen Herrlichkeit mit Sphaira und Kreuz auf fol. 142v. Das Kreuz mit dem Reliquienmedaillon lässt die Analogie zum Heiligen Kreuz von Engelberg aufkommen.

Der Kruzifixus ist in antikischer Schönheit gegeben, gleichzeitig in einen narrativen und typologischen Kontext gestellt: schreitend auf Löwe und Basilisk nach Psalm 90 und konfrontiert mit der Ehernen Schlange des Moses. Die Konstellation erinnert an das Titelbild der Frowin-Bibel (Cod. 3, fol. 1v). Das Kreuz ist zwar nicht in Engelberg entstanden, aber es gehört zur Engelberger Bilderwelt der Zeit um 1200.

Hortus Deliciarum, fol. 199v. Superbia (nach Green 1979)

Auch wenn Bilder fehlen, die in anderen Skriptorien stets anzutreffen sind – wie in Muri die *Vita Christi*[13] –, die Engelberger Bilderwelt ist in sich geschlossen. Kein Element der Heilsgeschichte ist ausser Acht gelassen. Noch viel zu selten wird von den von Geistlichen erarbeiteten Programmen ausgegangen, die nicht nur einzelne Werke, sondern auch ganze Schulen, ganze Bibliotheken und Skriptorien prägten. Dass die Demut in ihrem besten Sinn – als *kenosis*, als Selbstentäusserung – *das* zentrale Thema der Engelberger Bilderwelt darstellt, zeigt sich im Gegenbild des Hochmuts, der *superbia* als Initiale *V(anitas vanitatum)* des Predigers Salomo in der Frowin-Bibel (Cod. 4, fol. 63v). Anmassend trägt die Personifikation des Hochmuts ein Gewand mit den gleichen modisch weiten Ärmeln wie die himmlische Braut, *Ecclesia* und Maria im Titelbild des Hoheliedes (Cod. 4, fol. 69v). Die Bildtradition der *superbia* reicht weit zurück in die Spätantike und war im 12. Jahrhundert bekannt und beliebt. Der Engelberger Zeichner musste ein gutes Vorbild gekannt haben in der Art desjenigen im etwa gleichzeitigen elsässischen *Hortus Deliciarum*.[14] Stets ist die *superbia* in rasanter Bewegung dargestellt, meist hoch zu Ross, wie schon in der Illustration der Psychomachie, des Kampfes der Tugenden gegen die Laster des spätantiken Dichters Prudentius. Seine Handschriften wurden samt den Bildern seit dem Erscheinen der Erstausgabe zu Beginn des 5. Jahrhunderts in Rom immer wieder abgeschrieben und kopiert.[15] Bei näherer Betrachtung der Engelberger *superbia* vermeint man eine von vorne gesehene Reiterfigur zu erblicken; es fehlen nur Pferd und Zügel. Die Handstellung vor dem Bauch lässt sich mühelos mit den Zügeln ergänzen; die Figur versucht, das Pferd zurückzuhalten. Die im Zuge flatternden Haare geben ihrerseits die Illusion der rasanten Bewegung wieder: ein kleines Meisterwerk in dieser auf den ersten Blick unscheinbaren Zeichnung.

1 Green, 1979. – LexMa 4, Sp. 2179f.
2 Benediktsregel Kapitel 5, Verse 1f. und 10–12. – Holzherr, S. 83f.
3 Bernhard von Clairvaux, Sämtliche Werke, Band II, Hrsg. Gerhard B. Winkler, Innsbruck 1992, S. 196f. – Schapiro, S. 6–11.
4 Vattimo, 1997.
5 Camille, 1992.
6 Nilgen, 1994.
7 Herbert Haag, Und du sollst fröhlich sein. Lebensbejahung im Alten Testament, Stuttgart 1994.
8 Green, S. 243. – Die Szene im *Hortus* ist ihrerseits mit dem Mosaik in Monreale vergleichbar.
9 Green, S. 32.
10 Vattimo, S. 71
11 Origines, Commentarium in Cantica Canticorum 76,12. Zitiert nach: Historisches Wörterbuch der Philosophie, Band 5, Basel/Stuttgart 1980, Sp. 1199.
12 Sancti Aurelii Augustini De Trinitate Libri XV, CCL, Band L, Turnhout 1968, S. 34.
13 Sarnen, Kollegium, Cod. 19 und 83. – Eggenberger, S. 177–182.
14 fol. 199v. – Green, Pl. 110, 160.
15 Christoph Eggenberger, Zur Farbe im Berner Prudentius. In: Nobile claret opus. Festgabe für Ellen Judith Beer, Zeitschrift für Schweizerische Archäologie und Kunstgeschichte 43, 1986, S. 3–8, mit Literatur.

Bildtteil

Codex 3, fol. 1v, Frowin-Bibel, 1. Band, Genesis.
Szenen aus der Genesis (o.), Abt Frowin und Maria mit Kind (u.)

Codex 3, fol. 55v, Frowin-Bibel, 1. Band, Numeri.
Initiale L: Moses und Gottvater

Codex 3, fol. 72v, Frowin-Bibel, 1. Band, Deuteronomium.
Initiale H: Moses, Auge um Auge, Zahn um Zahn

Codex 3, fol. 112r, Frowin-Bibel, 1. Band, 1. Samuel.
Initiale F: Prophet als Bischof

Codex 3, fol. 189v, Frowin-Bibel, 1. Band, Jeremia.
Initiale V: Prophet, die von Christus Logos eingegebenen Weissagungen diktierend

Codex 3, fol. 248r, Frowin-Bibel, 1. Band, Daniel.
Initiale A: Der Prophet Daniel deutet König Nebukadnezar seine Träume.

Codex 3, fol. 258v, Frowin-Bibel, 1. Band, Hosea.
Initiale V: Atlant

Codex 4, fol. 48r, Frowin-Bibel, 2. Band, Sprichwörter.
Initiale P: Rankenspeier auf Atlant

Codex 4, fol. 63v, Frowin-Bibel, 2. Band, Prediger.
Initiale V: *Superbia*

Codex 4, fol. 69v, Frowin-Bibel, 2. Band, Hoheslied.
Christus und Ecclesia

Codex 4, fol. 70r, Frowin-Bibel, 2. Band, Hoheslied.
Initiale O: Mystische Vermählung

Codex 4, fol. 117r, Frowin-Bibel, 2. Band, Hiob.
Initiale V: Hiob auf dem Dunghaufen und seine Frau

Codex 4, fol. 134v, Frowin-Bibel, 2. Band, Tobias.
Initiale T: Tobias begräbt seine toten Stammesgenossen in der Verbannung zu Ninive

Codex 4, fol. 141r, Frowin-Bibel, 2. Band, Judith.
Inititale A: Atlant

Codex 4, fol. 150v, Frowin-Bibel, 2. Band, Esther.
Initiale I: Königin Esther als Ecclesia

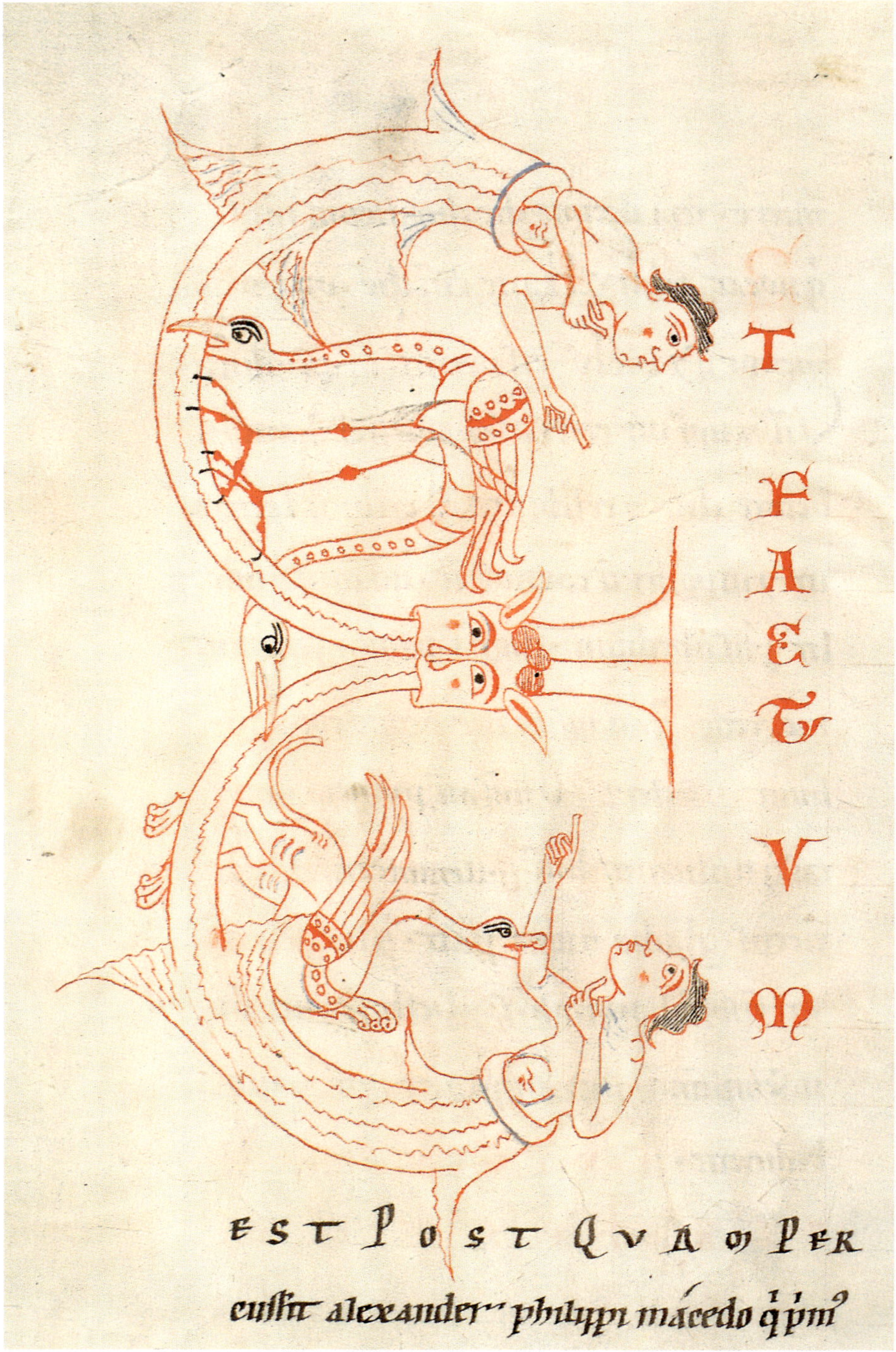

Codex 4, fol. 159v, Frowin-Bibel, 2. Band, 1. Makkabäer.
Initiale E: Fabeltiere und Sirenen

Codex 4, fol. 197v, Frowin-Bibel, 2. Band, Buch Esra.
Initiale I: König Kyrus

Codex 5, fol. 1r, Frowin-Bibel, 3. Band.
Abt Frowin und der Schreiber Richene

Codex 5, fol. 108v, Frowin-Bibel, 3. Band.
Evangelist Matthäus

Codex 5, fol. 109r, Frowin-Bibel, 3. Band.
Initiale L: L(iber) generationis

Codex 5, fol. 134v, Frowin-Bibel, 3. Band.
Evangelist Markus

Codex 5, fol. 135r, Frowin-Bibel, 3. Band.
Initiale I: I(nitium) evangelii

Codex 5, fol. 153v, Frowin-Bibel, 3. Band.
Evangelist Lukas

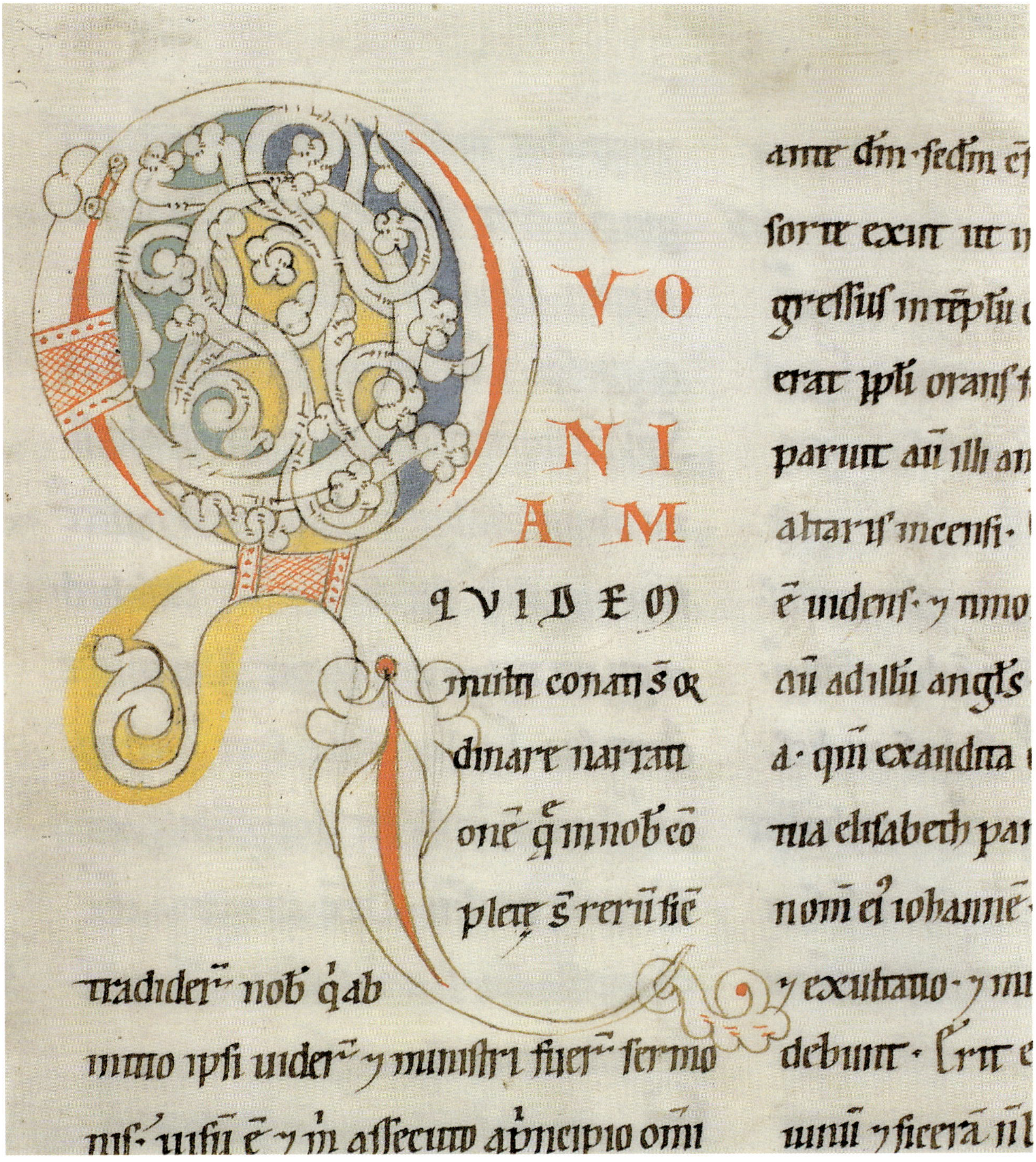

Codex 5, fol. 154r, Frowin-Bibel, 3. Band.
Initiale Q: Q(uoniam) quidem

Codex 5, fol. 181r, Frowin-Bibel, 3. Band.
Evangelist Johannes

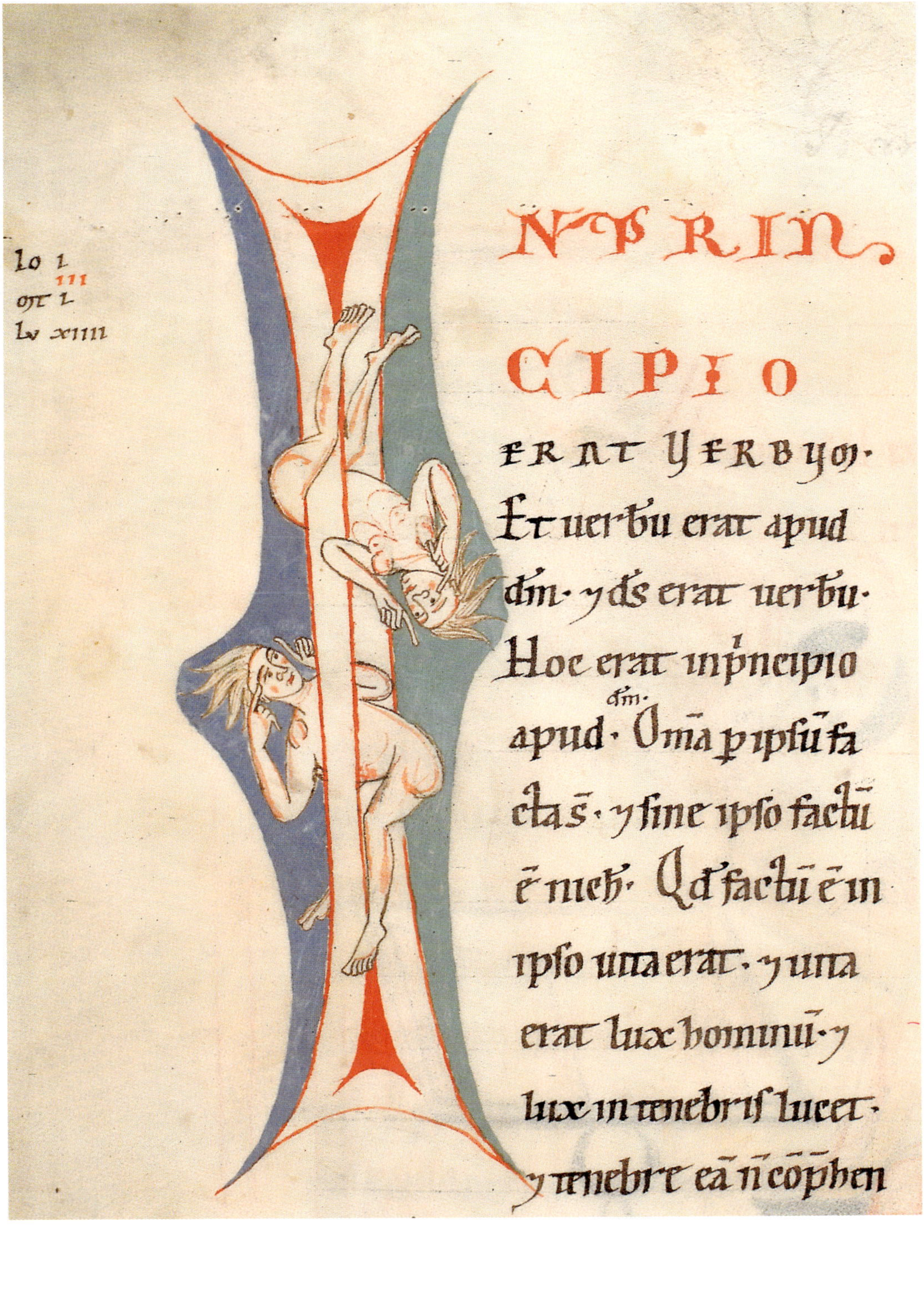

Codex 5, fol. 181v, Frowin-Bibel, 3. Band.
Initiale I: I(n) prinicipio

Codex 12, fol 1v, Psalmenkommentar des Augustinus, Psalm 51, Initiale P, Döeg vor Saul

Codex 13, fol. 134r, Augustinus, Psalmenkommentar, 137. Psalm.
Initiale T: Mann mit geschultertem Fisch

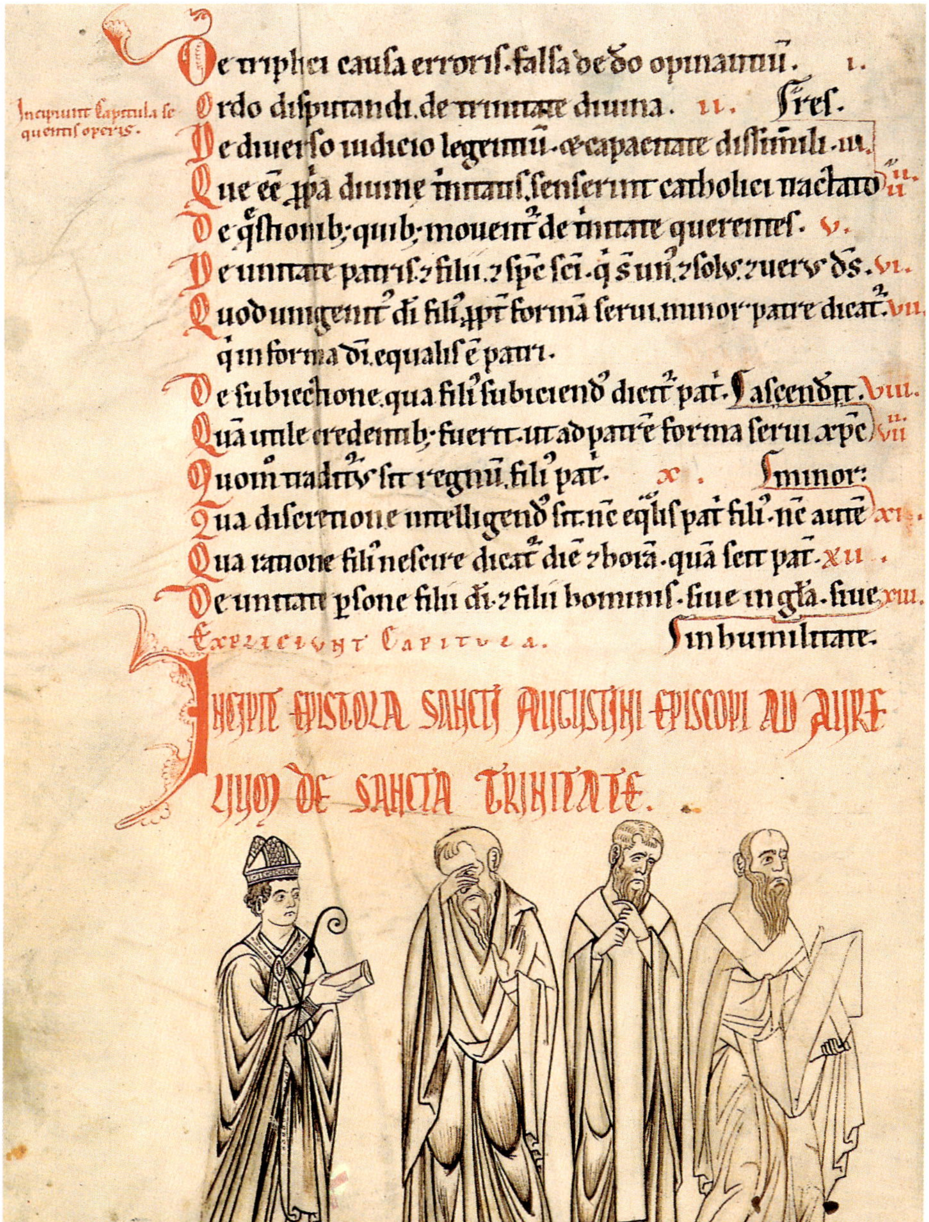

Codex 14, fol. 1v, Augustinus, Trinitätstraktat.
Augustinus mit zwei Irrlehrern und Paulus

Codex 14, fol. 2r, Augustinus, Trinitätstraktat, 1. Buch, Vorwort, Initiale D

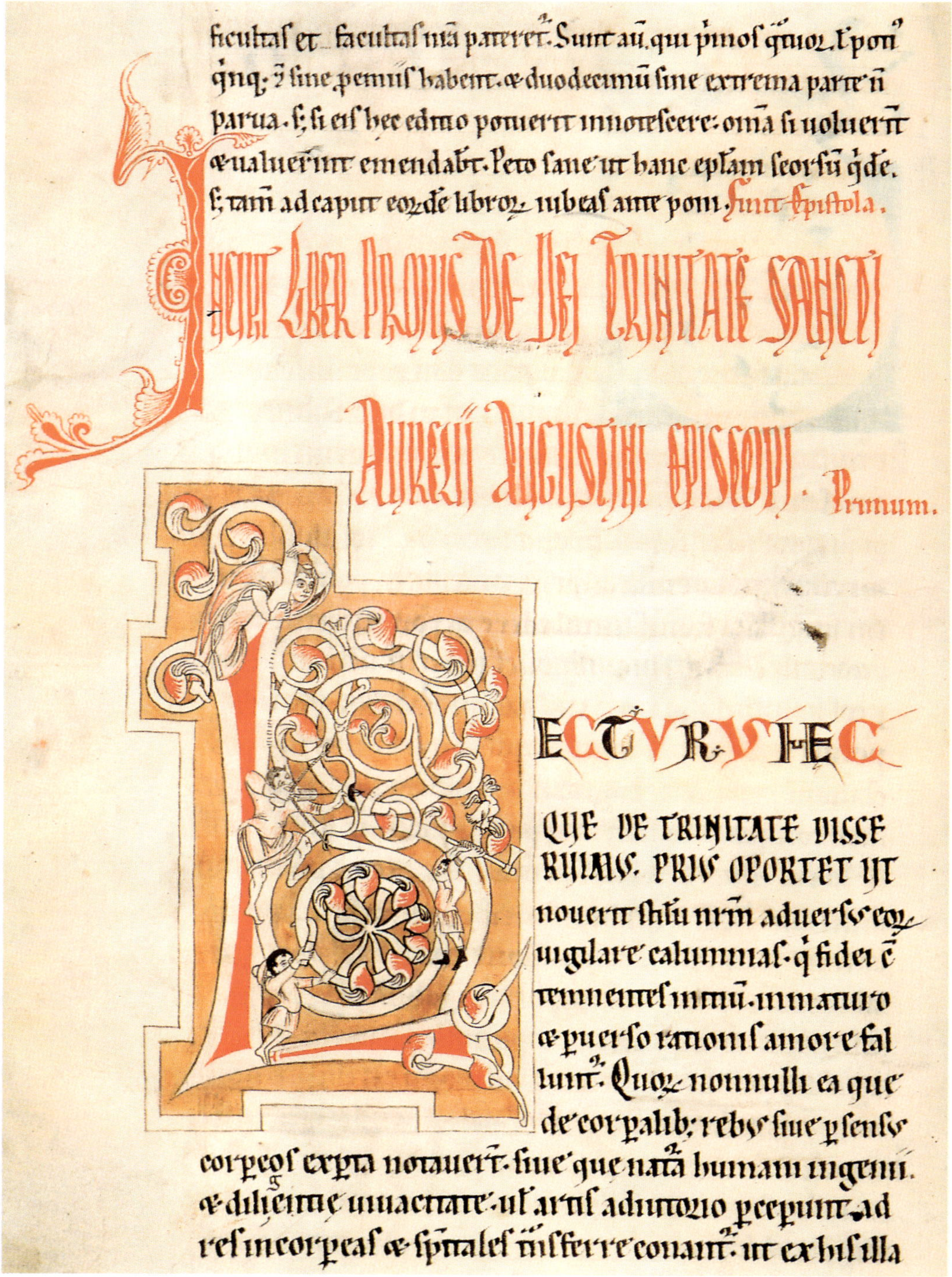

Codex 14, fol. 2v, Augustinus, Trinitätstraktat, 1. Buch.
Initiale L: Ranken mit Mönch, Bogenschütze und zwei weiteren Figuren

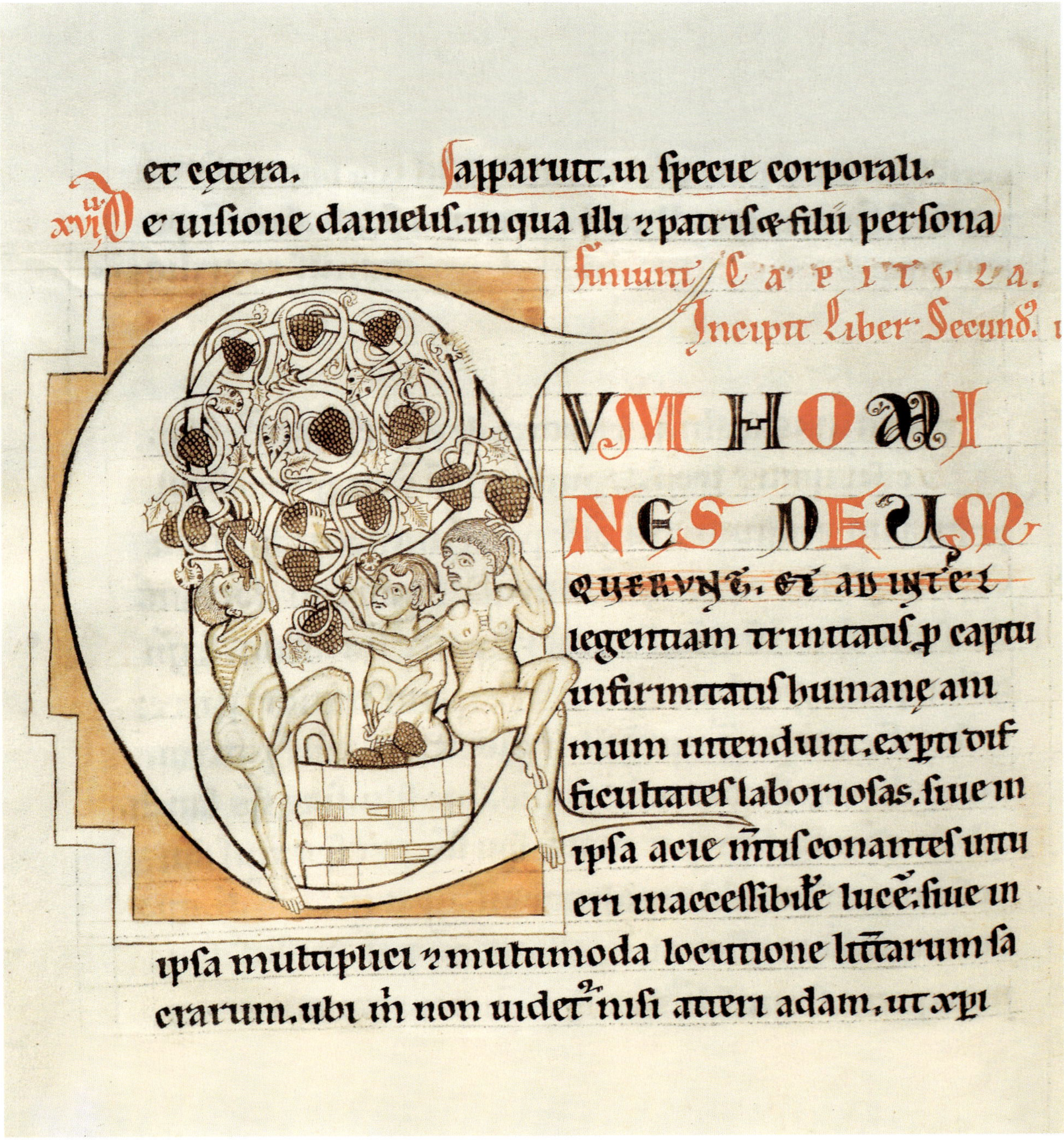
et cetera. apparuit. in specie corporali.
xvi. De uisione danielis. in qua illi et patris et filii persona
finiunt Capitula.
Incipit liber secundus.
CUM HOMI
NES DEUM
QUERUNT. ET AD INTEL
legentiam trinitatis p captu
infirmitatis humane ani
mum intendunt. expti dif
ficultates laboriosas. siue in
ipsa acie intuitus conantes intu
eri inaccessibile lucem. siue in
ipsa multiplici et multimoda locutione litterarum sa
crarum. ubi m non uidet nisi atteri adam. ut xpi

Codex. 14, fol. 19v, Augustinus, Trinitätstraktat, 2. Buch.
Initiale C: Kelterszene

Codex 14, fol. 37v, Augustinus, Trinitätstraktat, 3. Buch.
Initiale C: Zwei Frauen und Mönch

Codex 14, fol. 50r, Augustinus, Trinitätstraktat, 4. Buch.
Initiale S: Drache mit zwei männlichen Figuren kämpfend

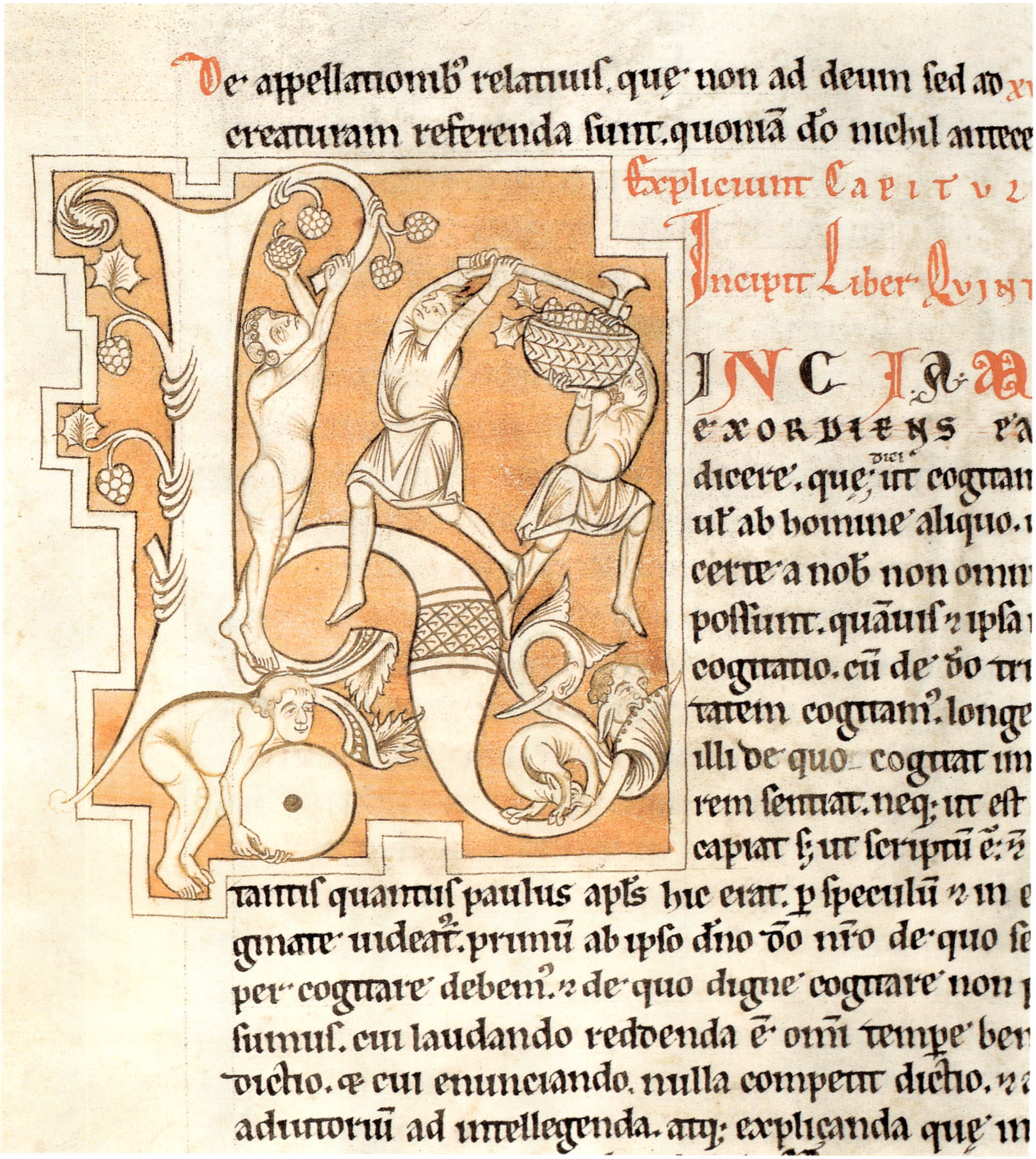

Codex 14, fol. 68v, Augustinus, Trinitätstraktat, 5. Buch.
Initiale L: Weinernte

Codex 14, fol. 77r, Augustinus, Trinitätstraktat, 6. Buch.
Initiale E: Steinbockinitiale

Codex 14, fol. 83v, Augustinus, Trinitätstraktat, 7. Buch.
Initiale I: Mönch in Rückenansicht mit Papyrusrolle

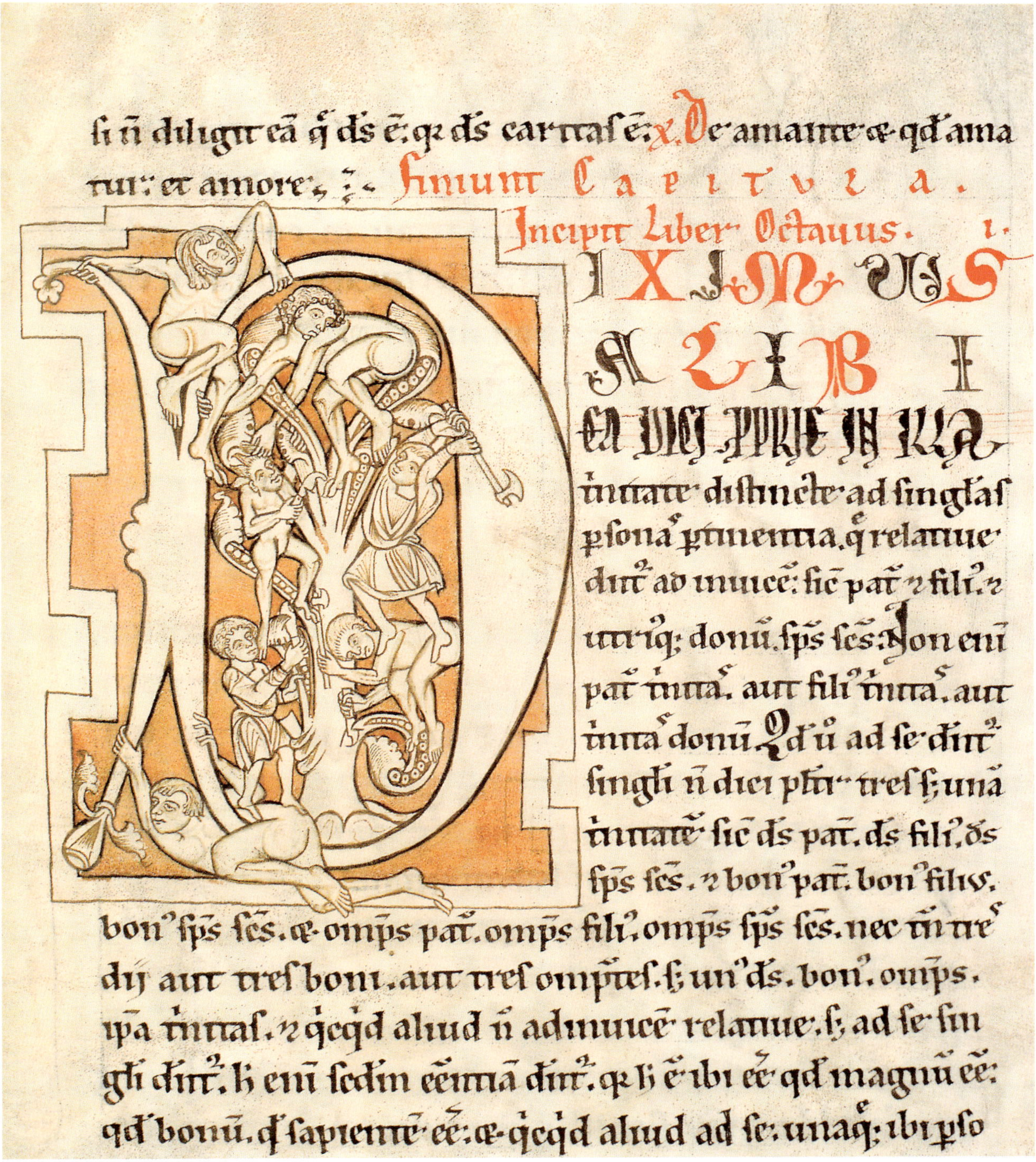

Codex 14, fol. 93r, Augustinus, Trinitätstraktat, 8. Buch.
Initiale D: Baumarbeiter

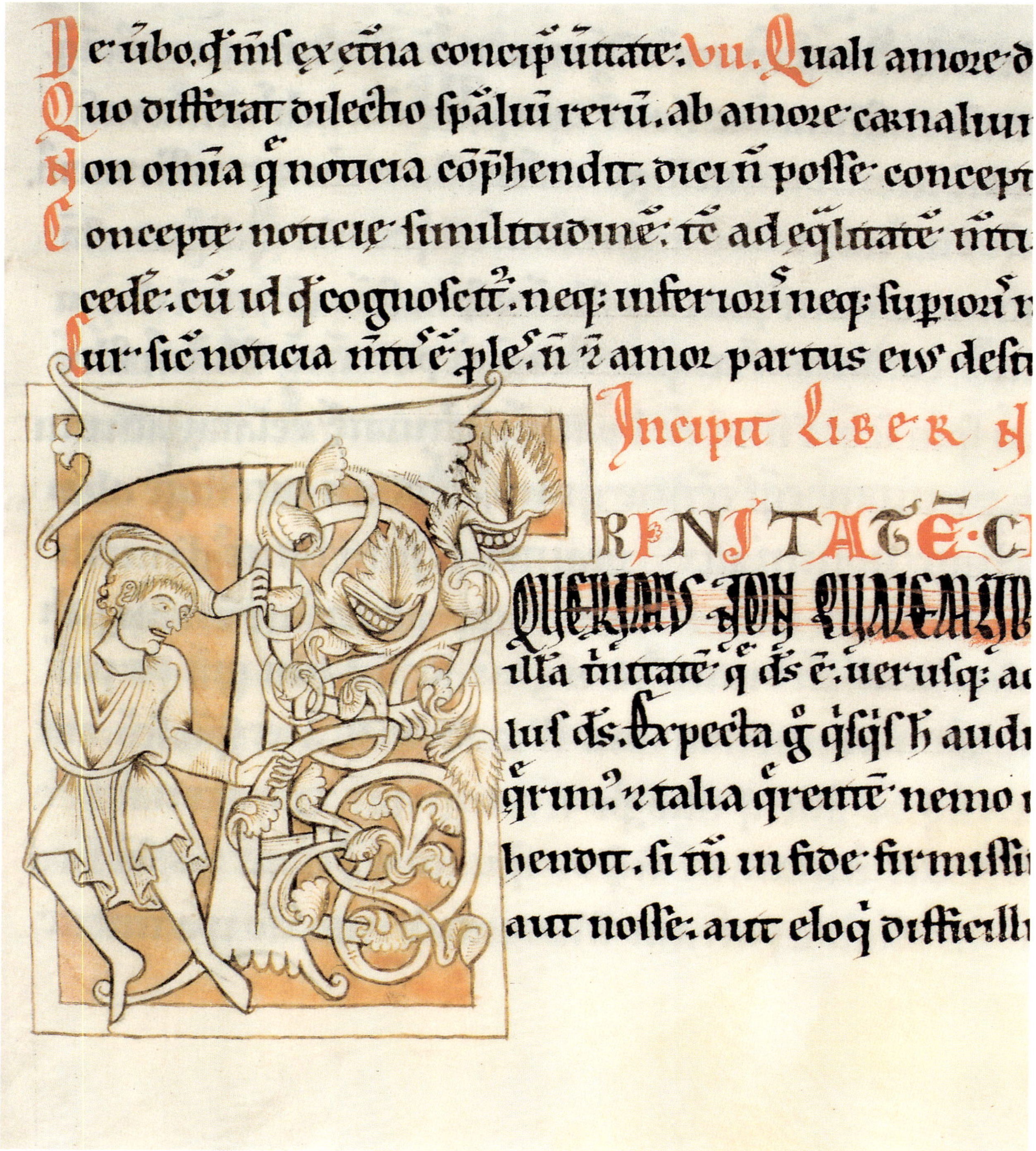

Codex 14, fol. 101r, Augustinus, Trinitätstraktat, 9. Buch.
Initiale T: Rankenwerk haltender Mann

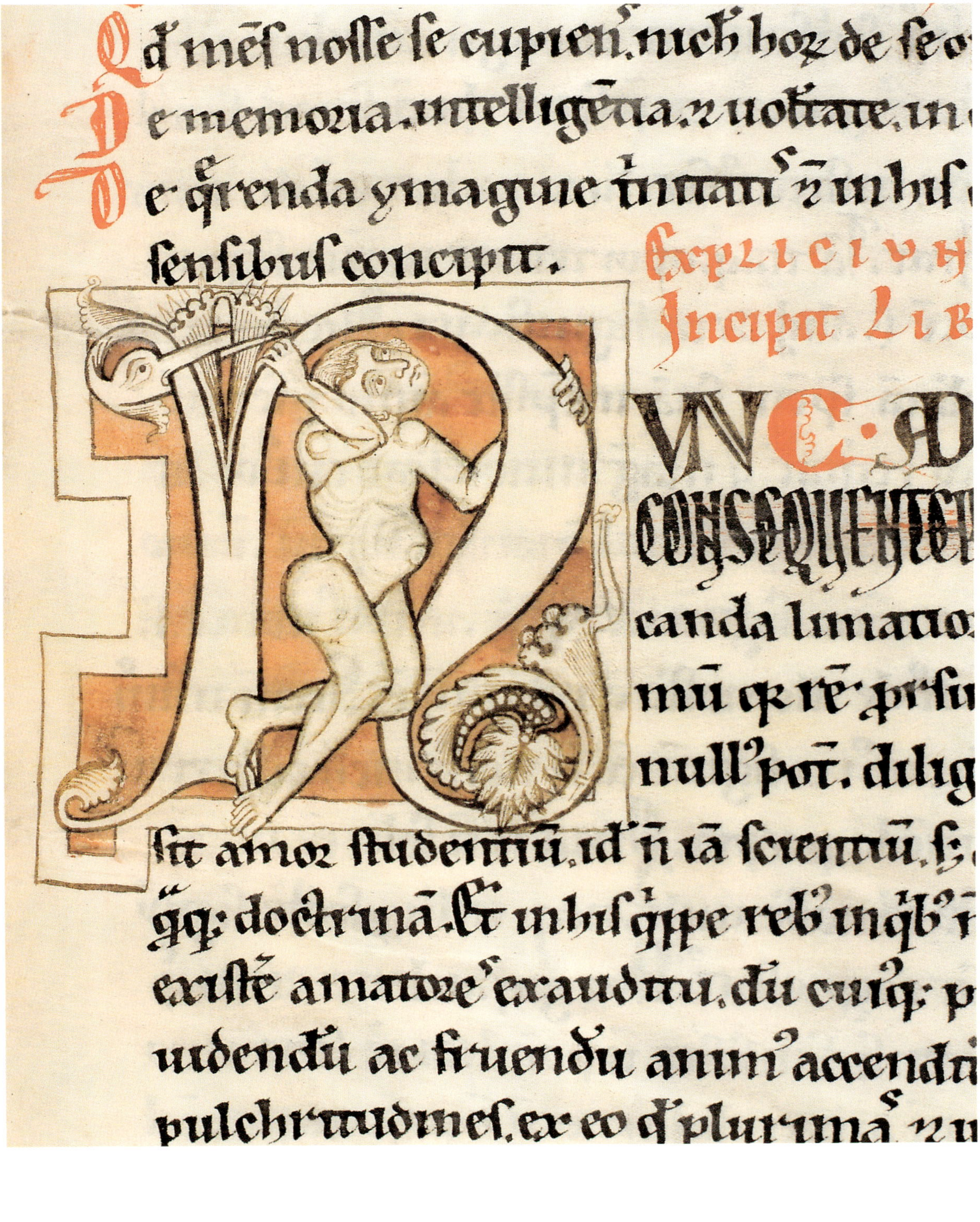

Codex 14, fol. 108r, Augustinus, Trinitätstraktat, 10. Buch.
Initiale N: nackter Mann in Buchstabenkörper

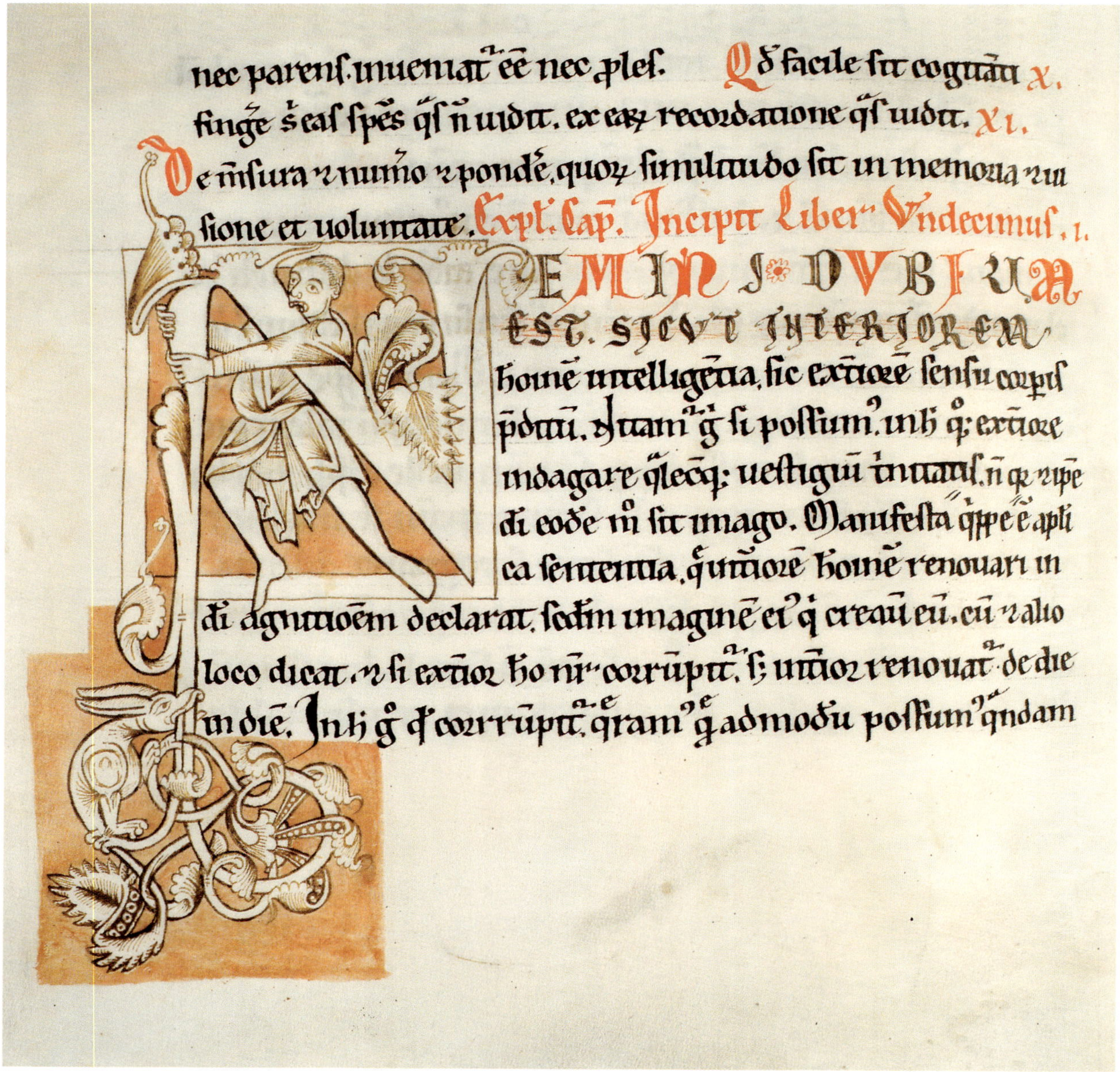

Codex 14, fol. 115v, Augustinus, Trinitätstraktat, 11. Buch.
Initiale N: Mann und langohriges Wesen

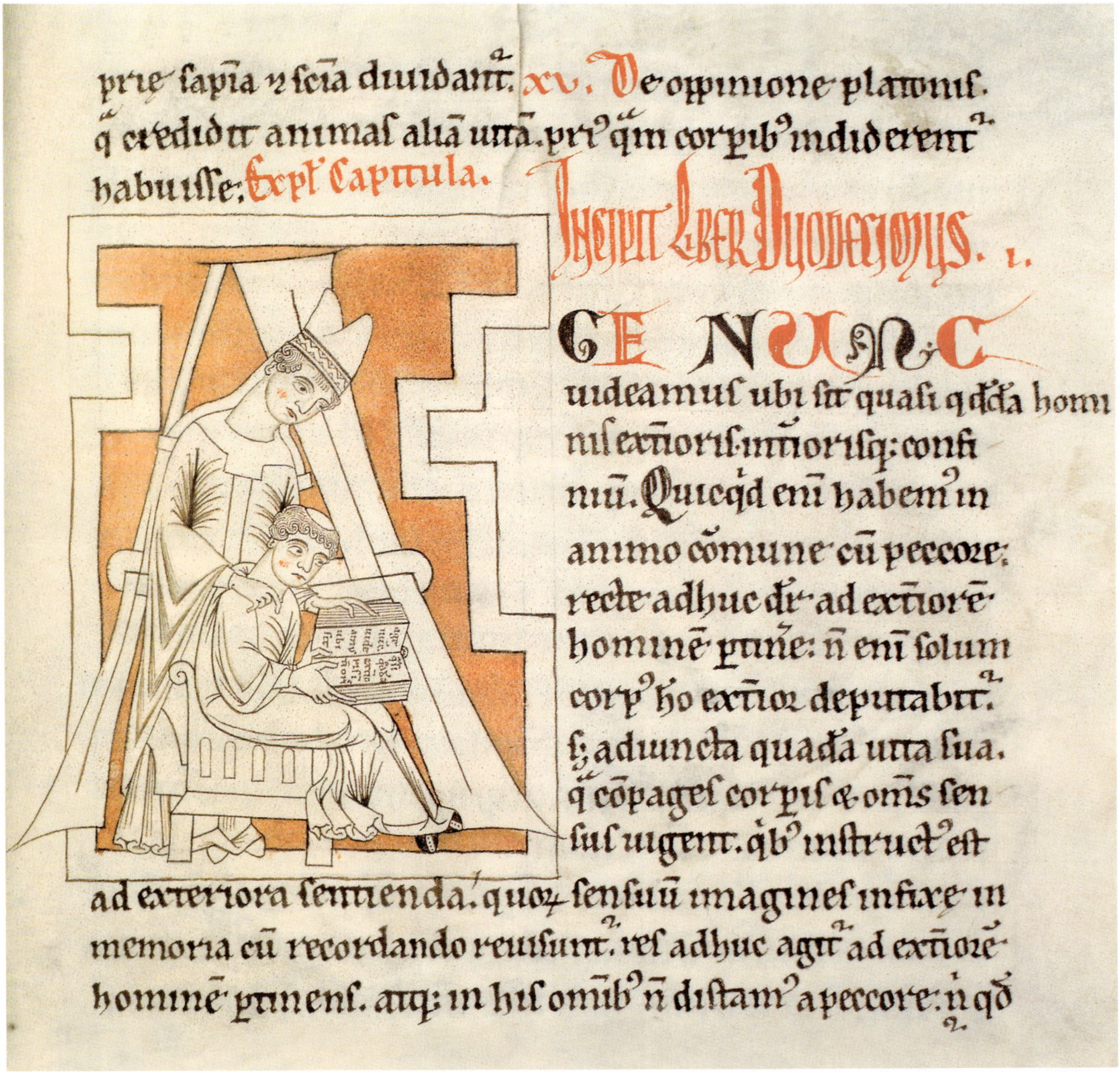

Codex 14, fol. 125r, Augustinus, Trinitätstraktat, 12. Buch.
Initiale A: Augustinus und Schüler

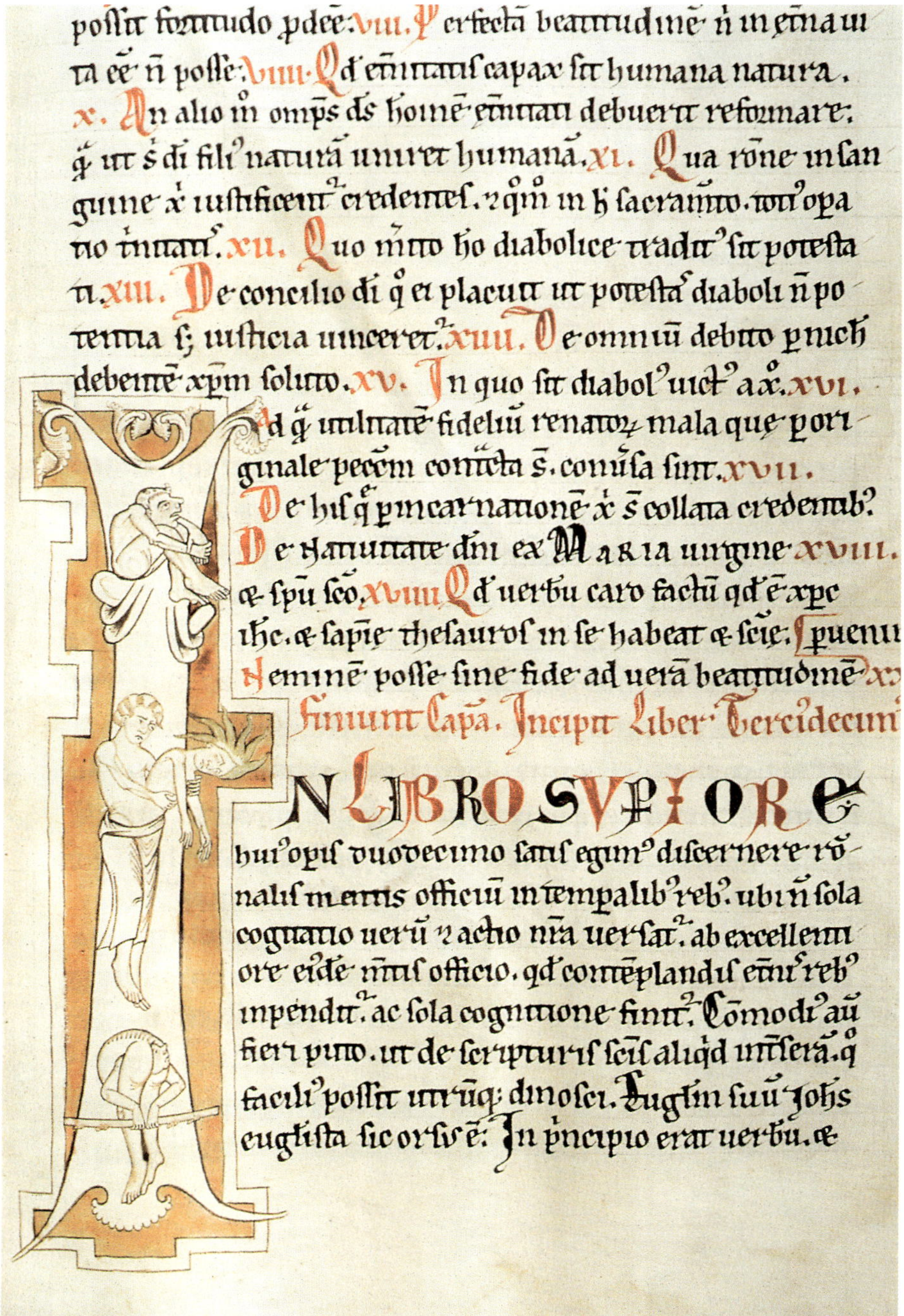

Codex 14, fol. 134r, Augstinus, Trinitätstraktat, 13. Buch.
Initiale I: Mischwesen

Codex 14, fol. 148v, Augustinus, Trinitätstraktat, 14. Buch.
Initiale N: Vier Figuren in Ranken

Codex 14, fol. 162r, Augustinus, Trinitätstraktat, 15. Buch.
Initiale V: Augustinus (u.); Christus mit Menschenpaar (o.)

Codex 15, fol. 2v, Augustinus, Johannes-Kommentar.
Initiale I: Rankenwerk mit Fabelwesen

Codex 17, fol. 63v, Augustinus, Gottesstaat, 5. Buch.
Initiale Q: Atlant

Codex 17, fol. 80v, Augustinus, Gottesstaat, 6. Buch.
Initiale Q: Orant und Atlant

Codex 17, fol. 91r, Augustinus, Gottesstaat, 7. Buch.
Initiale D: Augstinus als schreibender Bischof

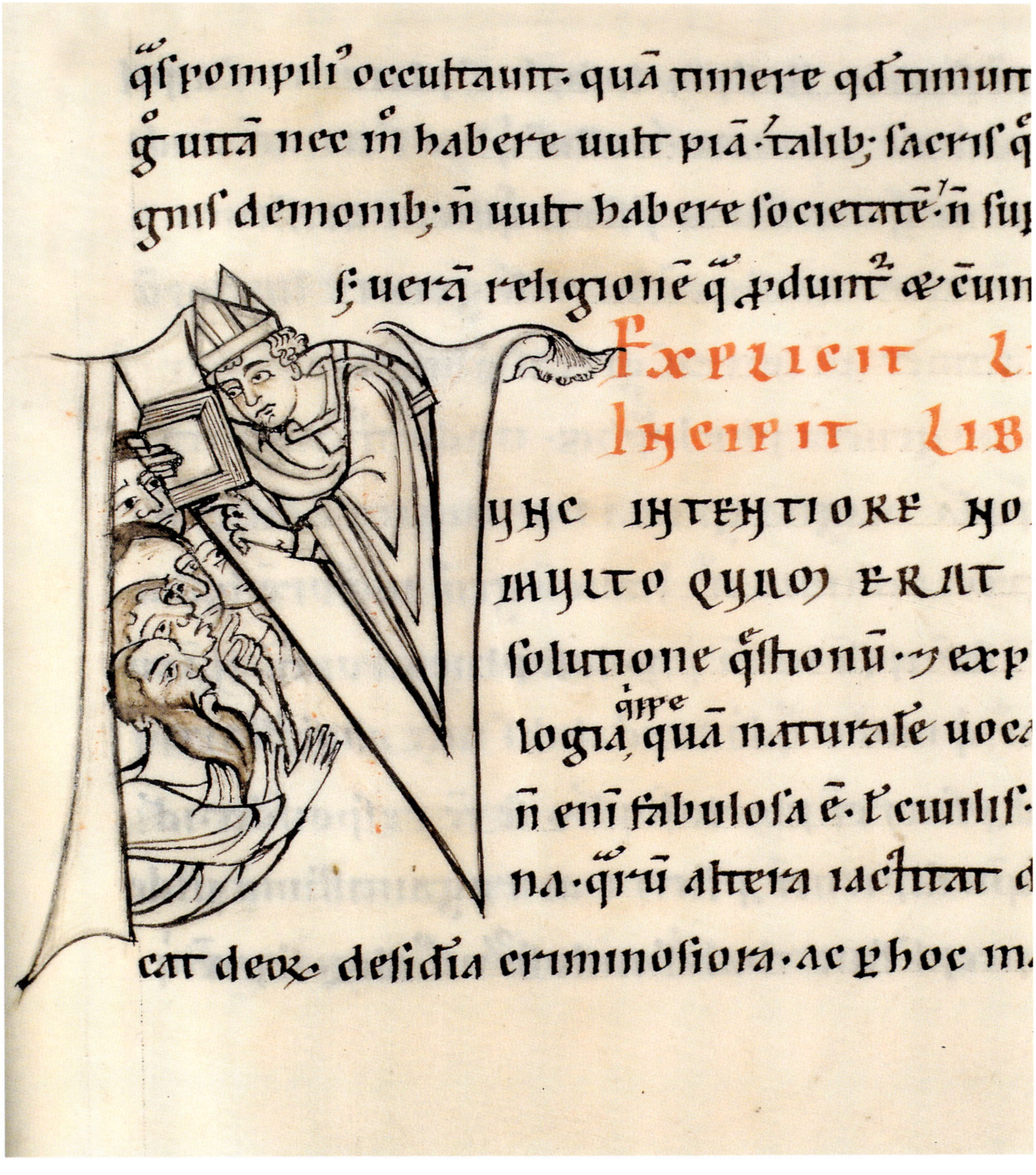

Codex 17, fol. 106r, Augustinus, Gottesstaat, 8. Buch.
Initiale N: Augustinus predigt

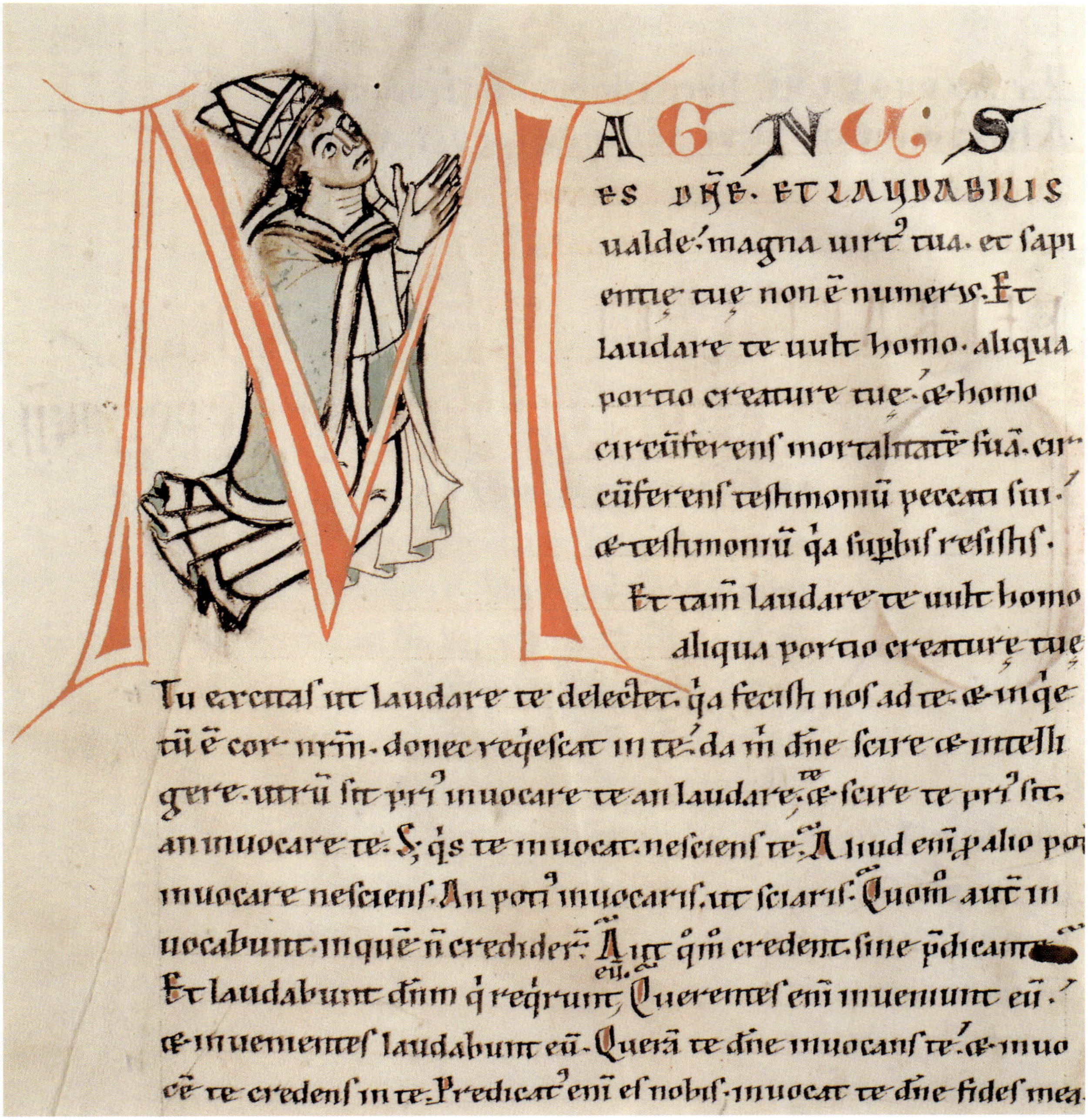

MAGNUS
ES DNE. ET LAUDABILIS
ualde: magna uirt' tua. et sapi
entie tue non e numerus. Et
laudare te uult homo. aliqua
portio creature tue. et homo
circuferens mortalitate sua. cir
cuferens testimoniu peccati sui.
et testimoniu qa supbis resistis.
Et tam laudare te uult homo
aliqua portio creature tue.
Tu excitas ut laudare te delectet. qa fecisti nos ad te. et inqe
tu e cor nrm. donec reqescat in te. da m dne scire et intelli
gere. utru sit pri inuocare te an laudare te. et scire te pri sit.
an inuocare te. Sz qs te inuocat nesciens te. Aliud eni p alio po
inuocare nesciens. An poti inuocaris ut sciaris. Quomo aut in
uocabunt in que n crediderunt. Aut qm credent sine pdicante.
Et laudabunt dnm q reqrunt eu. Querentes eni inueniunt eu.
et inuenientes laudabunt eu. Quera te dne inuocans te. et inuo
ce te credens in te. Predicat' eni es nobis. inuocat te dne fides mea.

Codex 18, fol. 1v,
Initiale M: kniender Kirchenvater

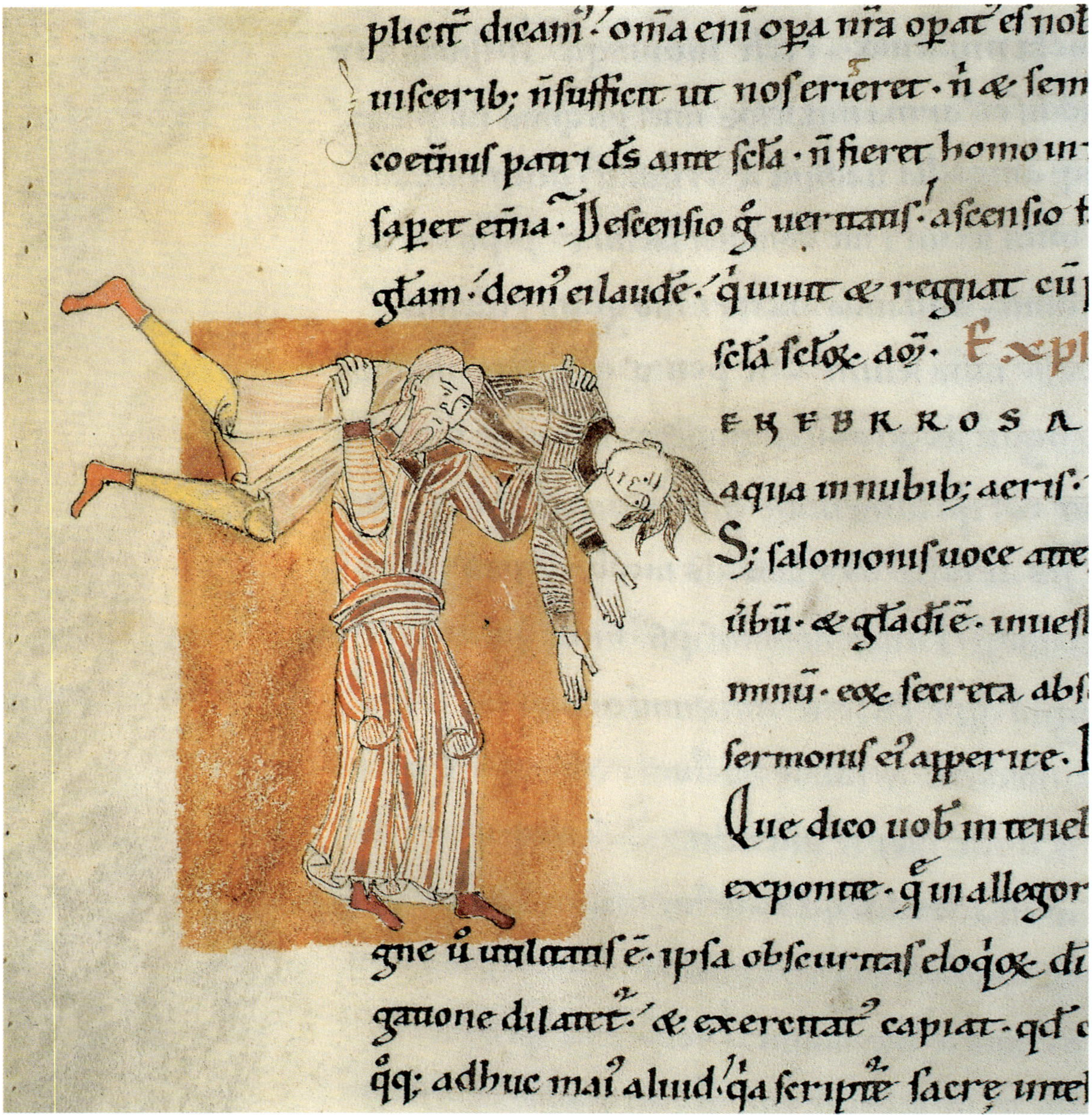

Codex 19, fol. 24v, Gregor d. Gr., Ezechiel-Kommentar.
Initiale: T-Atlant

Codex 19, fol. 76v, Gregor d. Gr., Ezechiel-Kommentar.
Initiale I: Prophet Ezechiel

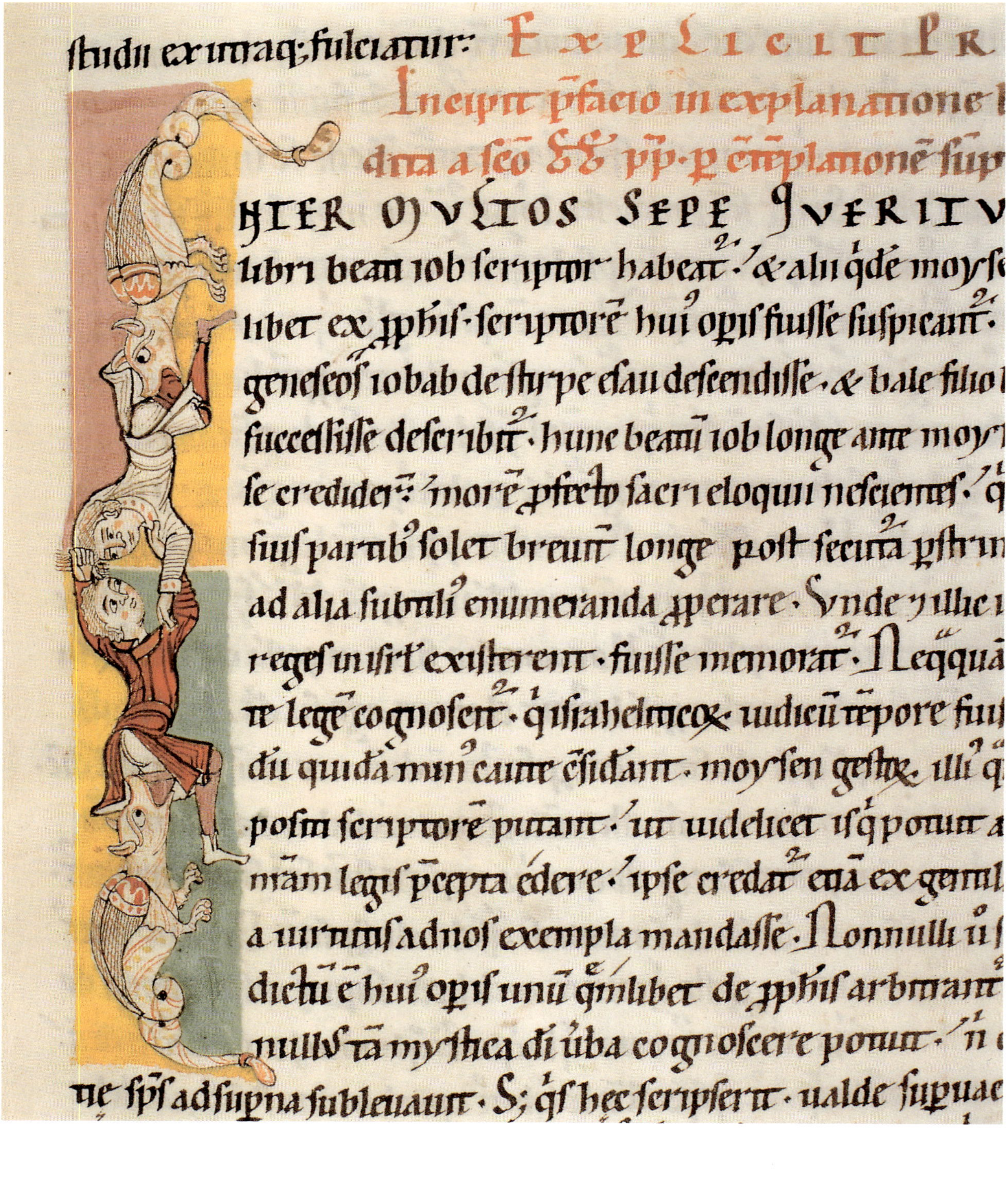

Codex 20, fol. 6r, Hiob-Kommentar, Vorwort.
Initiale I: Drachen und sich raufende Figuren

Codex 20, fol. 179r, Gregor d. Gr., Hiob-Kommentar, 10. Buch.
Initiale Q: Atlant

Codex 21, fol. 6r, Gregor d. Gr., Hiob-Kommentar, 11. Buch.
Initiale Q: rankenspeiender Atlant

Codex 21, fol. 61r, Gregor d. Gr., Hiob-Kommentar, 15. Buch.
Initiale Q: speiender Löwe

Codex 22, fol. 6r, Gregor d. Gr., Hiob-Kommentar, 17. Buch.
Initiale Q: Gregor d. Gr. und Taube des Heiligen Geistes

Codex 22, fol. 108v, Gregor d. Gr., Hiob-Kommentar, 24. Buch.
Initiale H: geflügelte Schlange

Codex 23, fol. 3r, Gregor d. Gr., Hiob-Kommentar, 28. Buch.
Initiale P: Hund und Rankenspeier

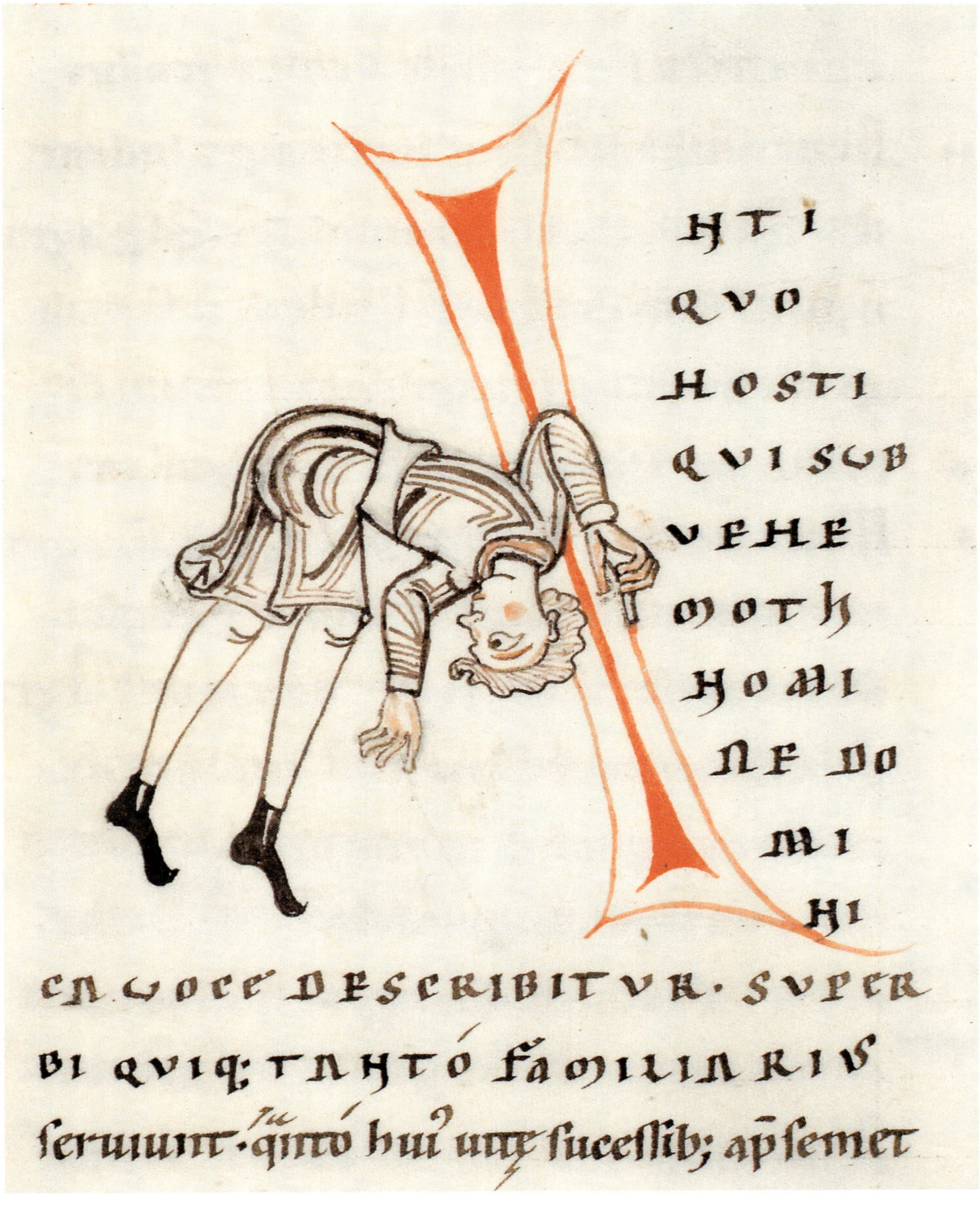

Codex 23, fol. 84r, Gregor d. Gr., Hiob-Kommentar, 33. Buch.
Initiale A: Atlant

Codex 23, fol. 113r, Gregor d. Gr., Hiob-Kommentar, 35. Buch.
Initiale Q: Rankenspeier

Codex 32, fol. 2v, Bernhard von Clairvaux, Hohelied-Predigten.
Christus und Ecclesia

Codex 47, fol. 1v, Beda Venerabilis, Predigten.
Autorenporträt mit den Evangelistensymbolen

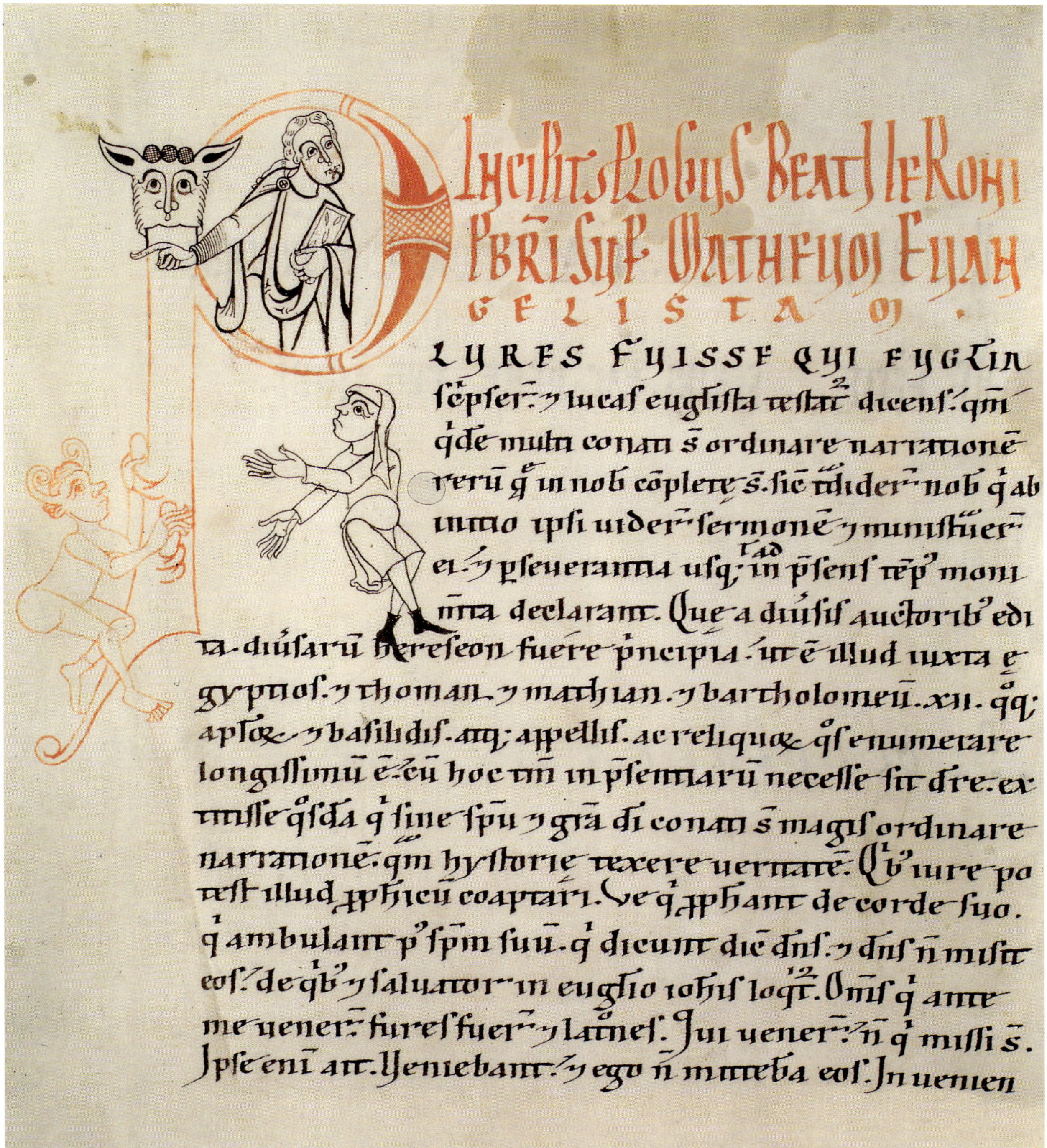

Codex 48, fol. 1v, Hieronymus, Evangelien-Kommentar.
Initiale P

Codex 48, fol. 5r, Hieronymus, Evangelien-Kommentar.
Initiale I: Prophet Jesaia

Codex 48, fol. 103v, Hieronymus, Evangelien-Kommentar.
Initiale O: Ecclesia mit Moses und Paulus

Codex 48, 104v, Hieronymus, Evangelien-Kommentar.
Initiale I: Evangelist Markus

Codex 50, fol. 2r, Briefe der Kirchenväter.
Initiale I: Hieronymus

Codex 50, fol. 108v, Briefe der Kirchenväter.
Initiale G: Bischof und Mönch

Codex 52, fol. 1r. Hugo plebanus de dietinchon

Codex 54, fol. 1v, Pontifikale.
Initiale D: Bischof und Mönche

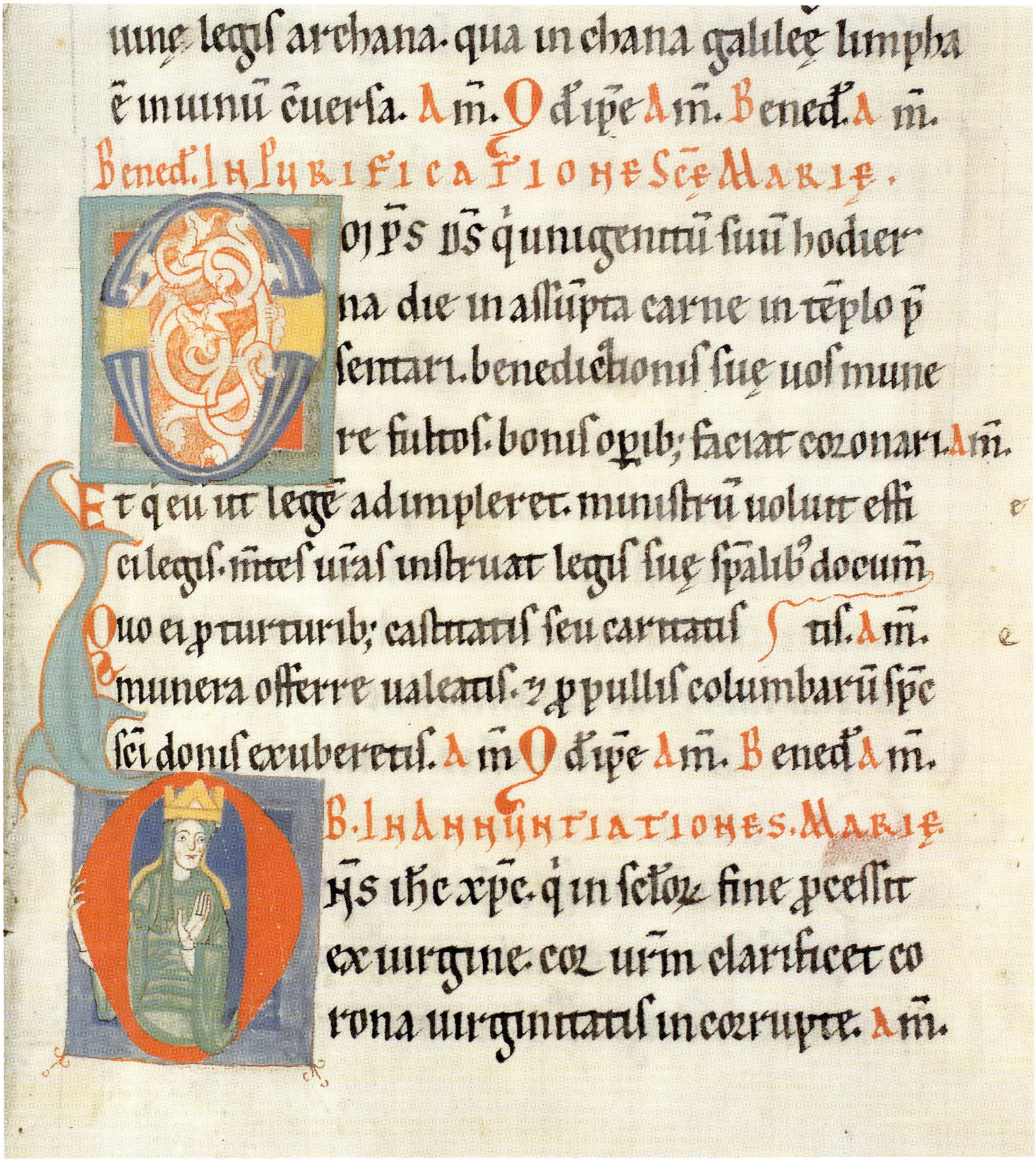

Codex 54, fol. 4r, Pontifikale.
Initiale O: Rankenwerk (o.); Initiale O: Ecclesia (u.)

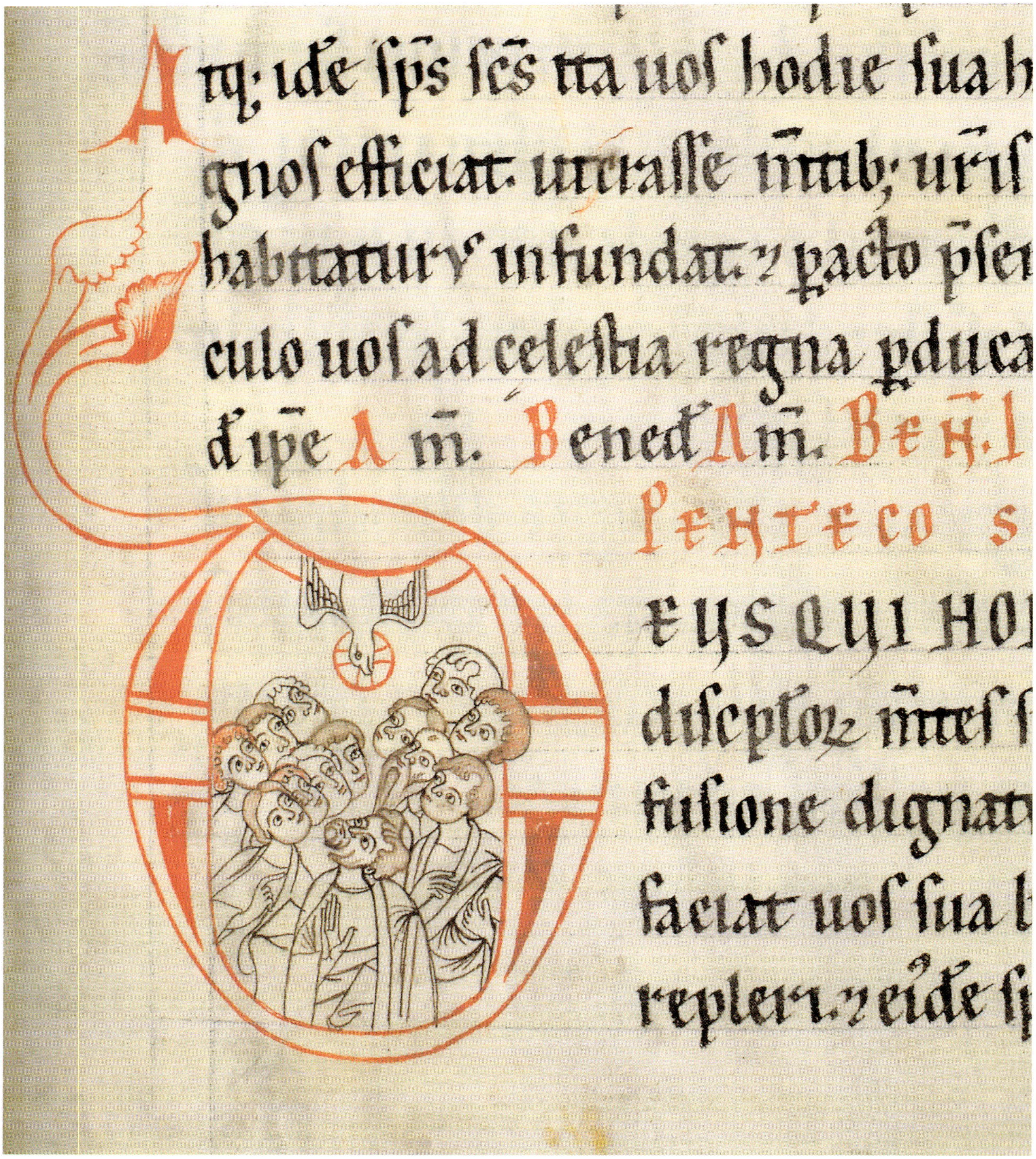

158

Codex 54, fol. 9r, Pontifikale.
Initiale D: Pfingsten

OMNIPOTENS SEMPITERNE DEUS QUI FAMULUM TUUM N. regni fastigio dignatus es sublimare. tribue ei quesumus ut ita in huius seculi cursu cunctorum in commune salutem disponat. quatenus a tue veritatis tramite non recedat. Per. Postea suscipiant illum duo episcopi dextra levaque honorifice paratis habentes sanctorum reliquias collo pendentes. ceteri autem clerici sint casulis adornati. procedente sancto evangelio et duabus crucibus cum incenso boni odoris. ducant illum ad ecclesiam canentes responsorium. Ecce mitto angelum meum. cum versu. V. Israel si me. cuncto eum vulgo sequente. Ad ostium autem ecclesie clerus subsistat et archiepiscopus hanc sequentem dicat orationem. Deus qui scis humanum genus nulla virtute posse subsistere. concede propitius ut famulus tuus

Codex 54, fol. 19v, Pontifikale.
Initiale O: Krönungsszene

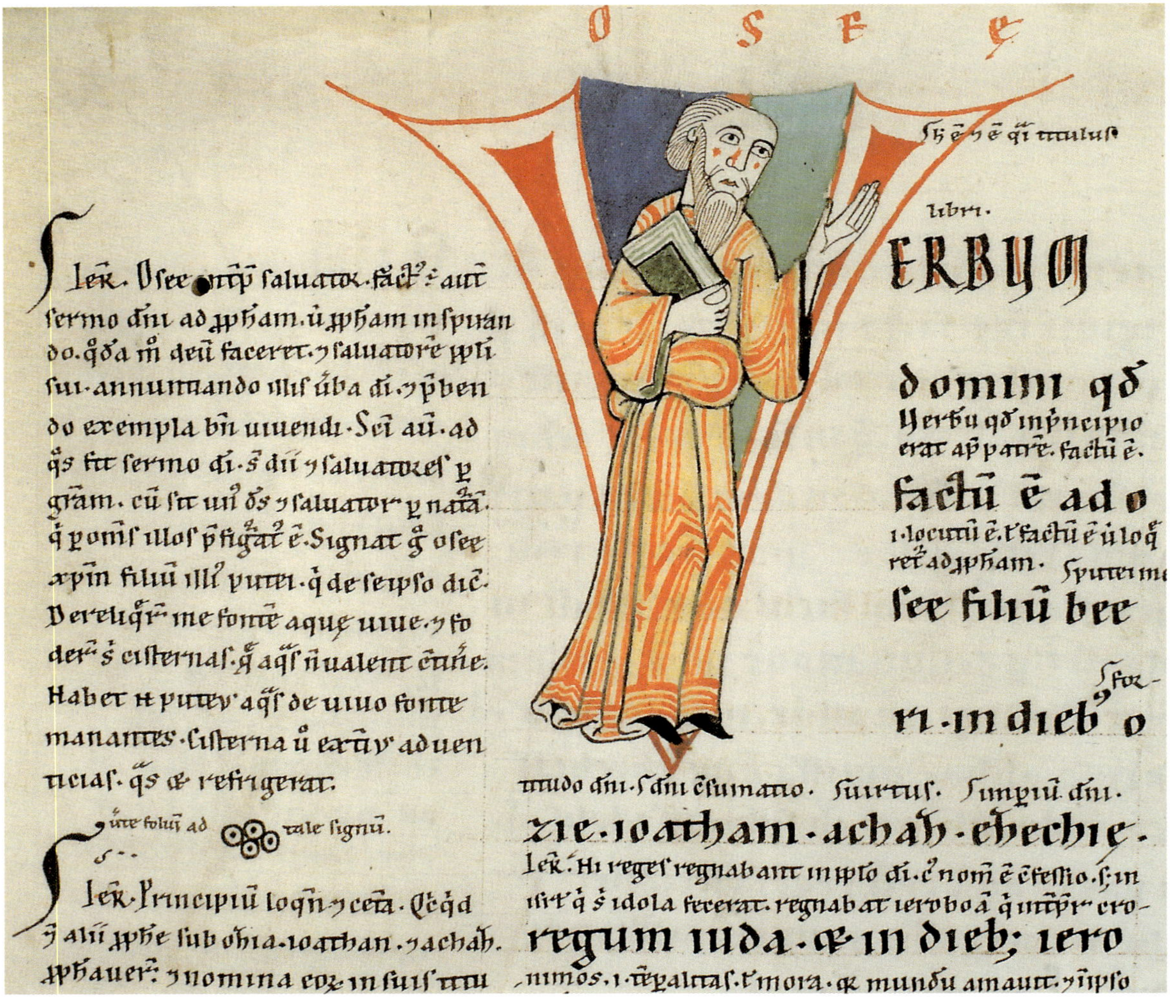

Codex 76, fol. 3v, Hieronymus, Propheten-Kommentar.
Initiale V: Hosea

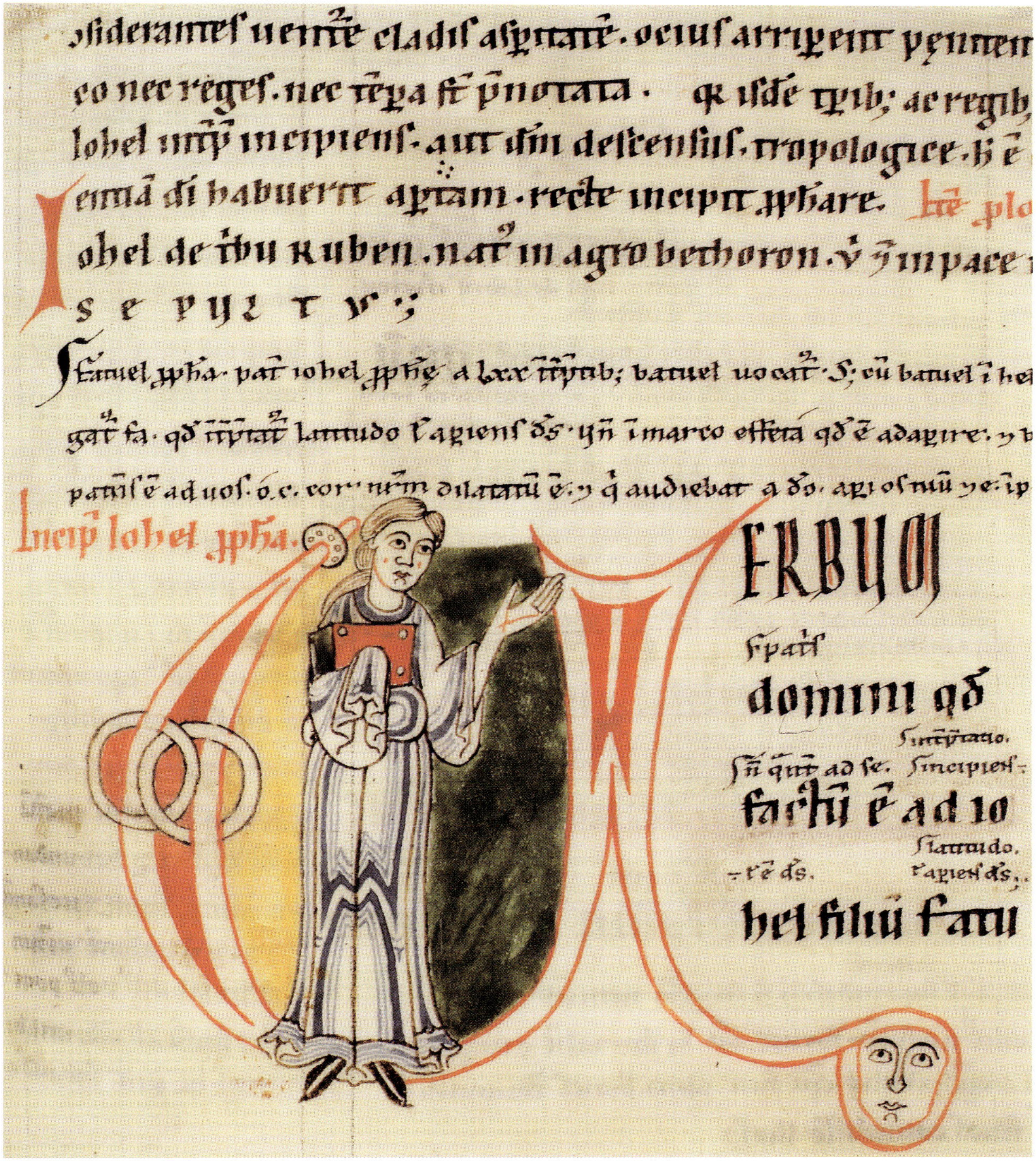

Codex 76, fol. 23r, Hieronymus, Propheten-Kommentar.
Initiale V: Joel

Codex 76, fol. 32r, Hieronymus, Propheten-Kommentar.
Initiale H: Amos

Codex 76, fol. 48r, Hieronymus, Propheten-Kommentar.
Initiale V: Abdias

Codex 76, fol. 51r, Hieronymus, Propheten-Kommentar.
Initiale E: Jona

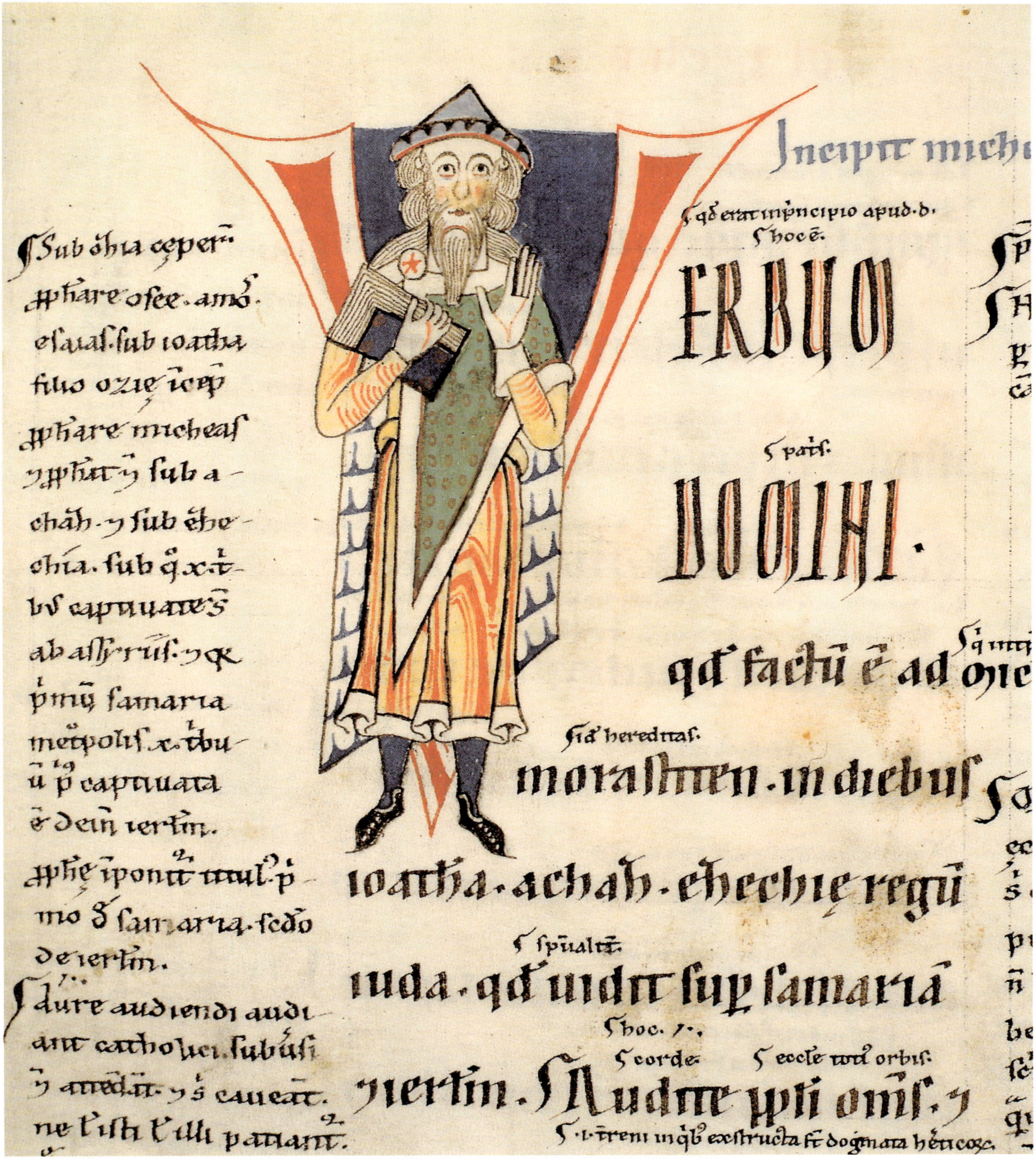

Codex 76, fol. 57r, Hieronymus, Propheten-Kommentar.
Initiale V: Micha

Codex 76, fol. 69r, Hieronymus, Propheten-Kommentar.
Initiale O: Nahum

Codex 76, fol. 75r, Hieronymus, Propheten-Kommentar.
Initiale O: Habakuk

Codex 76, fol. 82r, Hieronymus, Propheten-Kommentar.
Initiale V: Sophonias

Codex 76, fol. 89r, Hieronymus, Propheten-Kommentar.
Initiale I: Hagai

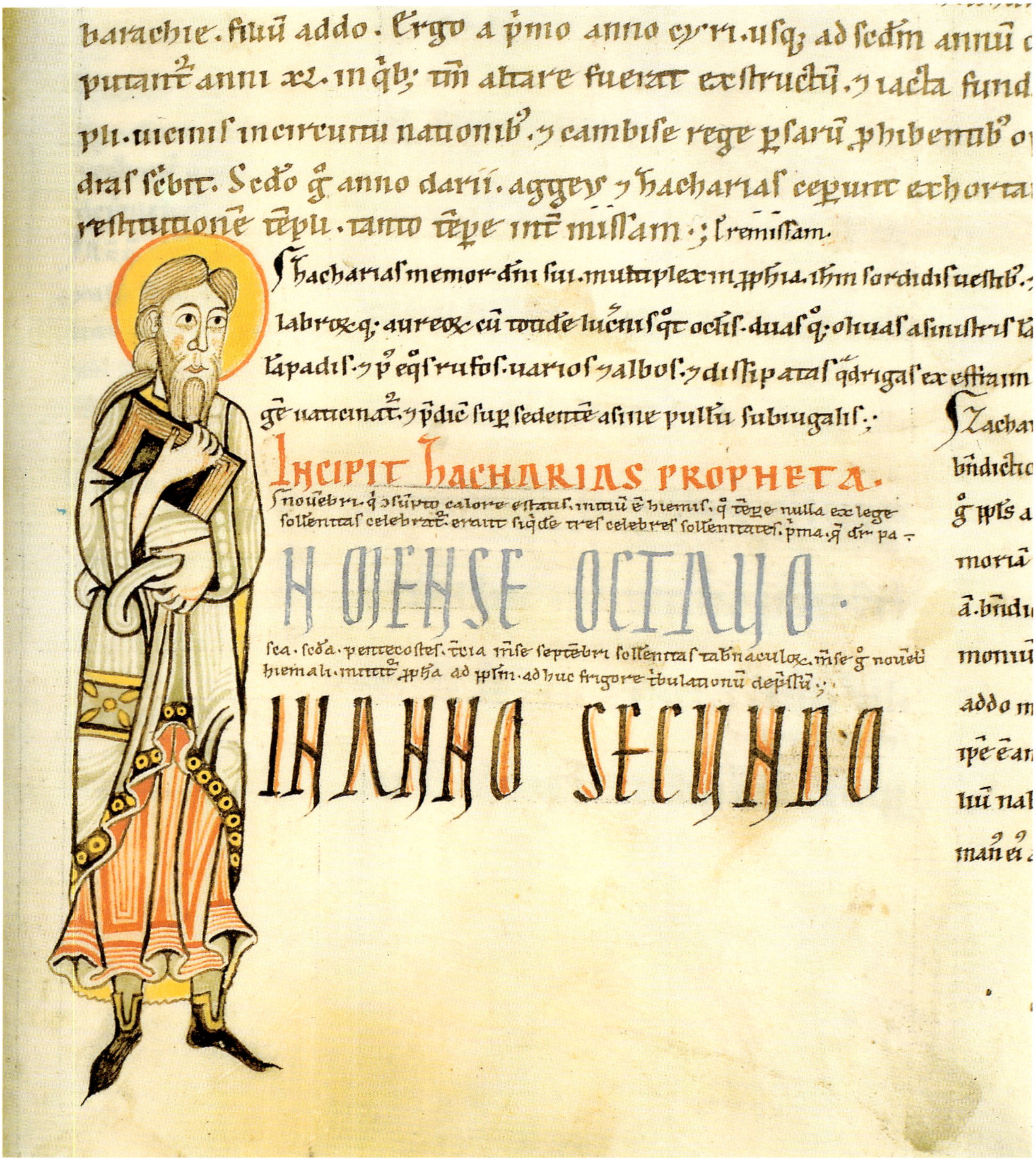

Codex 76, fol. 94r, Hieronymus, Propheten-Kommentar.
Initiale I: Zacharias

Codex 76, fol. 118r, Hieronymus, Propheten-Kommentar.
Initiale O: Malachias

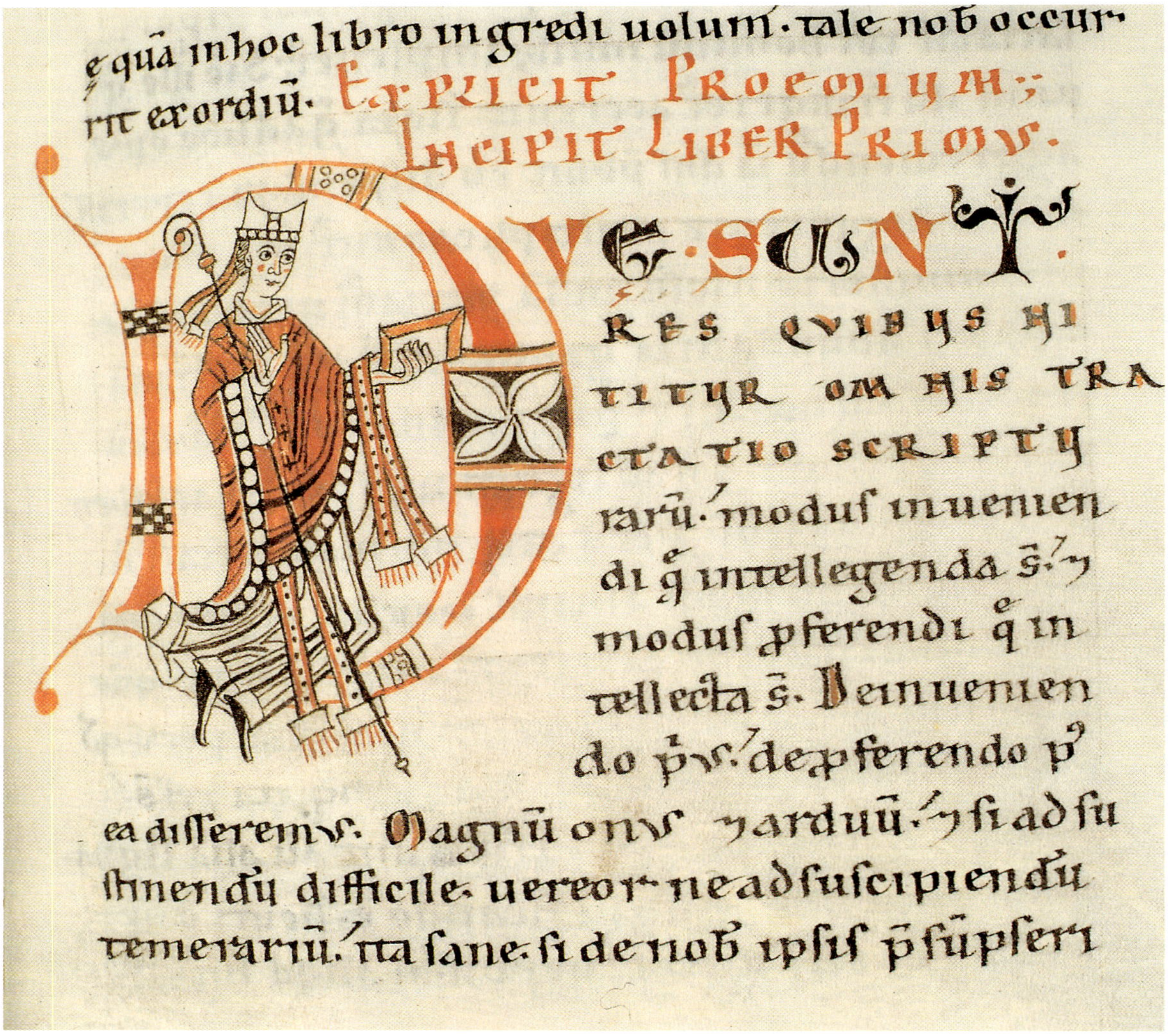

Codex 87, fol. 5r, Augustinus, *De doctrina christina*.
Kniender Kirchenvater Augustinus als Bischof

Codex 1008, 1v, Augustinus, Gottesstaat.
Initiale Q: Atlant

Heiliges Kreuz, Vorderseite.
Entstanden in der Zeit von Abt Heinrich (1197–1223)

Heiligees Kreuz, Rückseite.

Heiliges Kreuz, Vorderseite.
Kruzifixus

Heiliges Kreuz, Vorderseite.
Eherne Schlange, darüber Löwe und Drache

Heiliges Kreuz, Rückseite.
Maria mit Kind, begleitet von Engeln

Heiliges Kreuz, Rückseite.
Abt Heinrich als Stifter

 Ältester Abtstab von Abt Adelhelm (1120–1131)

Abtstab mit Drachenreiter,
Limoges (erstes Drittel 13.Jh.)

Abtstab mit Verkündigung an Maria,
Limoges (erstes Drittel 13. Jh.)

Anhang

Zeittafel

934	Eberhard, Propst des Strassburger Münsters, gründet das Benediktinerkloster Einsiedeln.
948	Gründung des Klosters St. Blasien im Schwarzwald.
1024	Gründung des Klosters Muri durch Radbert von Habsburg mit seiner Gemahlin Ita von Lothringen, sowie dem Bischof Werner von Strassburg, als älteste Hausstiftung und Grablege der Habsburger. Mönche von Einsiedeln besiedeln das Kloster. Ab 1082 steht Muri unter dem Einfluss von St. Blasien. (Hirsauerreform). 1120 entsendet Muri die Möche nach Engelberg.
1115	Bernhard von Clairvaux gründet das Zisterzienserkloster Clairvaux.
1120	Freiherr Konrad von Sellenbüren gründet das Benediktinerkloster Engelberg. Er beruft Mönche aus Muri und tritt ins Kloster ein. Adelhelm wird erster Abt.
1123	Mönche aus St. Blasien kommen nach Einsiedeln.
1124	Konrad von Sellenbüren erreicht die Bestätigung der gütermässigen Ausstattung und verschiedener, an die Abtei übertragener Rechte: freie Abt- und Vogtswahl, tauf- und zehntenrechtliche Ausstattung der Klosterkirche, niedere und hohe Gerichtsbarkeit.
1135-1153	Bernhard von Clairvaux verfasst seine Hohelied-Predigten.
1136	Abaelard's Historia calamitatum mearum.
1143	Frowin von St. Blasien – im Herzogtum Schwaben – tritt in das Kloster Engelberg ein; Er wird 1147 zum Abt gewählt; Frowin ist Begründer des Engelberger Skriptoriums (Frowin-Bibel Cod. 3 bis 5: als Künstler wird der Schreiber Richene genannt). In Frowins Regierungszeit entsteht das Frauenkloster St. Andreas, das 1615 nach Sarnen verlegt wurde.
1147	Bernhard von Clairvaux veranlasst den 2. Kreuzzug unter Konrad III.
1152-1190	Friedrich I. Barbarossa (Hohenstaufer).
1155	Kaiserkrönung Friedrichs I. Barbarossa.
um 1170	Geburt von Wolfram von Eschenbach († um 1220) und Walther von der Vogelweide († um 1230).
1178	27. März Tod Abt Frowins.
1178-1197	Abt Berchtold I. von Engelberg; Auftraggeber des Engelberger Codex 14.
1197	3. November Tod Abt Berchtolds I.
1197-1223	Abt Heinrich I. von Engelberg; Stifter des Heiligen Kreuzes (Reliquienkreuz).
1199	Erster Klosterbrand.
1210	Die Güter bei „Grafenort“ kommen im Tausch mit Rudolf von Habsburg dem Älteren, gegen Güter in Sarnen an das Kloster Engelberg. Unter Abt Heinrich laufender Ausbau der Abteiherrschaft.
1215-1250	Kaiser Friedrich II. (Hohenstaufer).
1223	29. Dezember Tod Abt Heinrichs I.
1306	Zweite Brandkatastrophe.
Um 1400	Unter Prior Johannes von Bolsenheim wird Engelberg Zentrum der mystischen Bewegung, die auch den Hl. Niklaus von Flüe beeinflusst.

Bibliographie

Annales Engelbergenses 1147–1546, ed. G. H. Pertz, MGH SS 17, 1861, S. 278- 282.

Augustinus: Des heiligen Kirchenvaters Aurelius Augustinus fünfzehn Bücher über die Dreieinigkeit, aus dem Lateinischen übersetzt und mit Einleitung versehen von Michael Schmaus, Bibliothek der Kirchenväter, 2 Bände, München 1935.

Augustinus: Sancti Aurelii Augustini De Trinitate Libri XV, CCL, Band L, Turnhout 1968

Balthasar, Hans Urs von, Aurelius Augustinus. Über die Psalmen, Leipzig 1936; Einsiedeln 1983.

Bauer, Otmar, Der sel. Frowin von Engelberg, ein Reformabt des 12. Jahrhunderts, Engelberg 1943.

Bauer, Otmar, Frowin von Engelberg (1147–1178). De laude liberi arbitrii libri septem. Versuch einer literarischen und theologiegeschichtlichen Bestimmung der Handschrift 46 von Engelberg, in: Recherches de théologie ancienne et médiévale 15, Louvain 1948, S. 27–75, 269–303.

Beck, Sigisbert, Frowin von Engelberg (+1178). Explanatio dominicae orationis, in: Studien und Mitteilungen zur Geschichte des Benediktiner-Ordens und seiner Zweige 100, 1989, S. 451–481.

Beck, Sigisbert, Die Bibel in Engelberg, in: Die Bibel in der Schweiz. Ursprung und Geschichte, Basel 1997, S. 79–82.

Beck, Sigisbert, Frowin Abbatis Montis Angelorum, Explanatio Dominicae Orationis. Corpus Christianorum, Continuatio Medievalis, CXXXIV, Tvrnholti, 1998.

Beer, Ellen J., Beiträge zur oberrheinischen Buchmalerei in der ersten Hälfte des 14. Jahrhunderts unter besonderer Berücksichtigung der Initialornamentik, Basel-Stuttgart 1959, S. 99ff.

Benediktsregel, siehe: Holzherr und La Règle de Saint Benoît.

Bernhard von Clairvaux, Sämtliche Werke, Bände V und VI: Sermones super Cantica Canticorum [Hoheslied], Hrsg. Gerhard B. Winkler, Innsbruck 1994 und 1995.

Boeckler, Albert, Die Regensburg-Prüfeninger Buchmalerei des 12. und 13. Jahrhunderts, München 1924.

Boeckler, Albert, Abendländische Miniaturen bis zum Ausgang der romanischen Zeit, Tabulae in usum scholarum 10, Berlin-Leipzig 1930.

Borries-Schulten, Sigrid von, Die romanischen Handschriften der Württembergischen Landesbibliothek Stuttgart, mit einem Beitrag von Herrad Spilling, Band 2, Teil 1: Provenienz Zwiefalten, Stuttgart 1987.

Bruckner Albert, Scriptoria medii aevi helvetica. Denkmäler schweizerischer Schreibkunst des Mittelalters, Genf 1935–1978: Band V, Schreibschulen der Diözese Konstanz, Stift Einsiedeln, 1943; Band VI, Schreibschulen der Diözese Konstanz. Kloster Allerheiligen in Schaffhausen 1952; Band VIII, Schreibschulen der Diözese Konstanz. Stift Engelberg, 1950. – Band IX, Stand und Landschaft Luzern, 1964.

Butz, Annegret, Die romanischen Handschriften der Württembergischen Landesbibliothek Stuttgart, Band 2, Teil 2, Verschiedene Provenienzen, Stuttgart 1987.

Butz, Annegret, Katalog der illuminierten Handschriften des 11. und 12. Jahrhunderts aus dem Benediktinerkloster Allerheiligen in Schaffhausen, Hrsg. Wolfgang Augustyn, Stuttgart 1994.

Cahn, Walter, La Bible romane. Chefs-d'oeuvre de l'enluminure, Fribourg 1982. Orignalausgabe: Romanesque Bible Illumination.

Cahn, Walter, Romanesque Manuscripts. The Twelfth Century. A Survey of Manuscripts Illuminated in France, Bd. 1/2, London 1996.

Camille, Michael, Image on the Edge. The Margins of Medieval Art, London 1992.

Casel, Odo, Die Kirche als Braut Christi nach Schrift, Väterlehre und Liturgie, in: Odo Casel, Mysterium der Ekklesia. Von der Gemeinschaft aller Erlösten in Christus Jesus, Mainz 1961, S. 59–87.

Cavelti, Sigisbert, Die Streitschrift des seligen Abtes Berchtold von Engelberg, in: Angelomontana, Gossau 1914, S. 1–175. [StiBEngelberg, Cod. 358]

Corpus Inscriptionum Medii Aevi Helvetiae. Die frühchristlichen und mittelalterlichen Inschriften der Schweiz, Hrsg. Carl Pfaff, Band IV, Freiburg i.Ü. 1997.

Durrer, Robert, Die Kunstdenkmäler des Kantons Unterwalden, in: ASA, Zürich 1899–1928, Nachdruck Basel, 1971.

Durrer, Robert, Die Maler- und Schreibschule von Engelberg, Anzeiger für schweizerische Altertumskunde, ASA, NF 3, 1901, S. 42–55, 122–176.

Eggenberger, Christoph und Dorothee, Malerei des Mittelalters, Ars Helvetica. Bd. 5, Disentis 1989.

Euw, Anton von und Plotzek, Joachim M., Die Handschriften der Sammlung Ludwig, Bd. 1, Köln 1979.

Euw, Anton von, Engelberg. Scriptorium e Tesoro, in: Enciclopedia dell'Arte Medievale, Bd. V, im Druck.

Fietz, Hermann, Die Kunstdenkmäler des Kantons Zürich, Bd. II, Basel 1943.

Gamper, Rudolf, Gaby Knoch-Mund, Marlis Stähli, Die Handschriften der Schaffhauser Klöster. Vom Allerheiligenkloster zur Ministerialbibliothek, Dietikon-Zürich 1994.

Gantner, Josef, Kunstgeschichte der Schweiz, Bd. 1, Frauenfeld 1936.

Gilomen-Schenkel, Elsanne, Das Doppelkloster – eine verschwiegene Institution. Engelberg und andere Beispiele aus dem Umkreis der Helvetia sacra, in: Studien und Mitteilungen zur Geschichte des Benediktinerordens und seiner Zweige 101, 1990, S. 197–211.

Gilomen-Schenkel, Elsane, Engelberg, Interlaken und andere autonome Doppelklöster im Südwesten des Reiches (11.–13.Jh.). Zur Quellenproblematik und zur historiographischen Tradition, in: Kaspar Elm/Michel Parisse, Doppelklöster und andere Formen der Symbiose männlicher und weiblicher Religiosen im Mittelalter, Berliner Studien 18, Ordensstudien 8, Berlin 1992, S. 115–133.

Gnädinger, Louise: Esther. Eine Skizze, in: Zeitschrift für deutsche Philologie Bd. 113, 1994, S. 31–62.

Gottwald, Benedictus P. OSB, Album Engelbergense, Luzern 1882.

Gottwald, Benedictus P. OSB, Catalogus codicum manu scriptorum qui asservantur in Bibliotheca Monasterii O. S. B. Engelbergensi in Helvetia, Freiburg i. Br. 1891.

Green, Rosalie, Michael Evans, Christine Bischof und Michael Curschmann (Hrsg.), Herrad of Hohenbourg. Hortus Deliciarum, 2 Bde., London – Leiden 1979.

Grimme, Ernst Günther, Das Heilige Kreuz von Engelberg, in: Aachener Kunstblätter 35, 1968, S. 21–105.

Grimme, Ernst Günther, Goldschmiedekunst im Mittelalter. Form und Bedeutung des Reliquiars von 800 bis 1500, Köln 1972, S. 50–52.

Guldan, Ernst, Eva und Maria. Eine Antithese als Bildmotiv, Graz-Köln 1966.

Güterbock, Ferdinand, Engelbergs Gründung und erste Blüte 1120–1223, Zeitschrift für Schweizer Geschichte, Beiheft VI, Zürich 1948.

Hafner, Wolfgang P., Ein Fragment des Engelberger Meisters in der Burgerbibliothek Bern, in: Titlisgrüsse 52, 1965/66, S. 86–93.

Heer, Gall, Aus der Vergangenheit von Kloster und Tal Engelberg, 1120–1970, Engelberg 1975.
Helvetia Sacra, Abt. III, Bd. 1, 1. Teil, Frühe Klöster. Die Beneditkiner und Benediktinerinnen in der Schweiz, redigiert von Elsanne Gilomen-Schenkel, Bern 1986.
Heinz-Mohr, Gerd, Lexikon der Symbole. Bilder und Zeichen der christlichen Kunst, Köln 1984[8].
Holzherr, Georg, Die Benediktsregel. Eine Anleitung zu christlichem Leben, Zürich-Einsiedeln-Köln 1980.
Hunkeler, Leodegar, Der selige Frowin von Engelberg, in: Titlisgrüsse 29, 1943, S. 33–73.
Jakobi, Christine, Buchmalerei. Ihre Terminologie in der Kunstgeschichte, Berlin 1991.
Knoch, Wendelin, Die Frühscholastik und ihre Ekklesiologie. Eine Einführung, Paderborn 1992.
Knoepfli, Albert, Kunstgeschichte des Bodenseeraumes, Bd. 1, Konstanz-Lindau 1961.
Knotzinger, Kurt, Hoheslied und bräutliche Christusliebe bei Bernhard von Clairvaux, in: Jahrbuch für mystische Theologie 7, 1961, S. 9–88.
Köllner, Herbert, Christine, Jakobi-Mirwaldt, Die illuminierten Handschriften der Hessischen Landesbibliothek Fulda, Bd. 1: Handschriften des 6.–13. Jh., Veröffentlichung des Forschungsinstitutes für Kunstgeschichte Marburg a.d.Lahn, Stuttgart 1976.
Konzelmann, Max, Die Engelberger Benediktinerregel. Eine sprachgeschichtliche Untersuchung, Diss. Zürich, Frauenfeld 1919.
Ladner, Gerhard B., Handbuch der frühchristlichen Symbolik. Gott Kosmos Mensch. Stuttgart 1992.
LCI: Lexikon der christlichen Ikonographie, Hrsg. Engelbert Kirschbaum, Wolfgang Braunfels, Freiburg im Breisgau 1994[2].
Lehmann, Paul, Beiträge zur mittelalterlichen Bibliotheks- und Überlieferungsgeschichte. I: Das wiedergefundene älteste Bücherverzeichnis des Benediktinerstiftes Engelberg, in: Bayerische Akademie der Wissenschaften, Philosophisch-historische Klasse, Sitz'ber. 4/1964, München 1964.
Lehmann, Paul, Mittelalterliche Bibliothekskataloge Deutschlands und der Schweiz, 1, München 1918, Nachdruck 1969.
LexMA: Lexikon des Mittelalters, München 1977–1998.
Löffler, Karl, Die Handschriften des Klosters Weingarten, Leipzig 1912, Nachdruck Wiesbaden 1968.
LThK: Lexikon für Theologie und Kirche, Hrsg. Josef Höfer, Karl Rahner, Freiburg i. Br. 1957–1968[2].
Lurker, Manfred, Wörterbuch biblischer Bilder und Symbole, Köln 1990[4].
Marquet de Vasselot J. J., Les Crosses limousines du XIIIe siècle, Paris 1941.
Matter, E. Ann, The voice of my beloved. The Song of Songs in western medieval Christianity, Philadelphia 1990.
Molsdorf, Wilhelm, Christliche Symbolik der mittelalterlichen Kunst, Leipzig 1926[2], Nachdruck Graz 1984.
Nilgen, Ursula, Historischer Schriftsinn und ironische Weltbetrachtung. Buchmalerei im frühen Cîteaux und der Stein des Anstosses, in: Bernhard von Clairvaux. Rezeption und Wirkung im Mittelalter und in der Neuzeit, hrsg. von Kaspar Elm, Wolfenbütteler Mittelalter-Studien 6, Wiesbaden 1994, S. 67–140.
L'Oeuvre de Limoges. Emaux limousins du Moyen Age, Katalog der Ausstellung im Louvre vom 23. Oktober 1995–22. Januar 1996, Paris 1995.
Ohly, Friedrich, Hohelied-Studien. Grundzüge einer Geschichte der Hoheliedauslegung des Abendlandes bis um 1200, Schriften des wissenschaftlichen Gesellschaft an der Johann Wolfgang Goethe Universität Frankfurt am Main, Geisteswissenschaftliche Reihe 1, Wiesbaden, 1958.
Der Physiologus. Tiere und ihre Symbolik, übertragen und erläutert von Otto Seel, Zürich 1995[7].
PL: J-P. Migne, Patrologiae Cursus Completus, Series Latina, Paris, 1844–1864.
Rahn, Johann Rudolf, Geschichte der bildenden Künste in der Schweiz von den ältesten Zeiten bis zum Schlusse des Mittelalters, Zürich 1876.
RDK: Reallexikon zur deutschen Kunstgeschichte, begonnen von Otto Schmitt, fortgeführt von E. Gall, L. Heydenreich, H. von Erffa und K.-A. Wirth, hrsg. vom Zentralinstitut für Kunstgeschichte in München, 1937 ff.
La Règle de Saint Benoît, Hsrg. Adalbert de Vogüé, Jean Neufville, Sources Chrétiennes 181–185, Paris 1971–1972.
Reinle, Adolf, Romanische Buchmalerei, in: Joseph Gantner und Adolf Reinle, Kunstgeschichte der Schweiz, Bd. 1, Frauenfeld 1968.
Rupprecht, Bernhard, Romanische Skulptur in Frankreich, München 1984[2].
Salet, François, Cluny et Vézelay, Paris 1975.
Scarpatetti, Beat Matthias, Katalog der datierten Handschriften in der Schweiz in lateinischer Schrift vom Anfang des Mittelalters bis 1550, Bd. 2, Dietikon-Zürich 1983.
Schapiro, Meyer, On the Aesthetic Attitude in Romanesque Art, in: ders: Romanesque Art, Selected Papers I, New York 1977, S. 1–27.
Schiess, Traugott, Die ältesten Urkunden des Klosters Engelberg, in: Zeitschrift für Schweizer Kirchengeschichte 35, 1941, S. 81–97, 234–269.
Schiller, Gertrud, Ikonographie der christlichen Kunst. Die Kirche, Bd. 4.1, Gütersloh 1976.
Schilling, Rosy, Die Engelberger Bildhandschriften aus Abt Frowins Zeit und ihre Beziehung zu burgundischer und schwäbischer Buchmalerei in: Anzeiger für schweizerische Altertumskunde N. F. 35, 1933, S. 117–128.
Schwarz, Dietrich W. H., Das Diplom Kaiser Heinrichs V. vom 28. Dezember 1124 für das Kloster Engelberg, in: Zeitschrift für Schweizer Geschichte XVIII/1, 1938, S. 1–15.
Sequentia de Sancta Maria. Aus Codex Engelbergensis 1003 (12.Jh.), übertragen von P. W. Hafner, Separatabdruck ohne Quellenangabe [Zentralbibliothek Zürich, Signatur: DK 2178].
Steinmann, Martin, Abt Frowin von Engelberg (1143–1178) und seine Handschriften, in: Der Geschichtsfreund 146, Stans 1993, S. 7–36.
Stöckli, Kuno, Codex Engelbergensis 14 und das Engelberger Skriptorium um 1200, in: Aachener Kunstblätter 47, 1976/77, S. 15–80.
Swarzenski, Hanns, Die lateinischen illuminierten Handschriften des XIII. Jahrhunderts in den Ländern an Rhein, Main und Donau, Berlin 1936.
Das Tausendjährige St. Blasien. 200jähriges Domjubiläum, Ausstellungskatalog, 2 Bde, Karlsruhe 1983.
Thomas, Alois, Die Darstellung Christi in der Kelter. Eine theologische und kulturhistorische Studie. Mainz 1981.
Vattimo, Gianni, Glauben – Philosophieren, Stuttgart 1997.
Wittekind, Susanne, Kommentar mit Bildern. Zur Ausstattung mittelalterlicher Psalmenkommentare und Verwendung der Davidsgeschichte in Texten und Bildern am Beispiel des Psalmenkommentars des Petrus Lombardus (Bamberg, Staatsbibliothek, MSC. Bibl. 59), Europäische Hochschulschriften: Reihe 28, Kunstgeschichte 212, F. a.M., 1994.
Zaluska, Yolanta, L'enluminure et le scriptorium de Cîteaux au XIIe siècle, Cîteaux 1989.

Im Diopter-Verlag erschienen:

Markus Britschgi
Eugen Bollin – Durchgänge
Gemälde und Zeichnungen
ISBN 3-905198-10-X

Markus Britschgi
Theo Frey – Reportagen aus der Schweiz
Fotografien 1937–62
ISBN 3-905198-12-6

Doris Fässler
Eduard Gubler 1891–1971
Druckgraphik und Zeichnungen
ISBN 3-905198-11-8

Markus Britschgi
Doris Fässler
Eva Korozjia
Gregor Rabinovitch 1884–1958
Das graphische Werk
ISBN 3-905198-13-4 vergriffen

Markus Britschgi
Doris Fässler
Emil Schill 1870–1958
ISBN 3-905198-16-9

Markus Britschgi (Hrsg.)
S. Corinna Bille
Theo Frey
Armand Schulthess 1901–1972
ISBN 3-905425-00-9

Markus Britschgi, (Hrsg.)
Kloster Engelberg
Gesichter im Licht – Gesichter im Dunkel
Fotografien von Michael Freisager
ISBN 3-905425-01-7 vergriffen

Markus Britschgi, Doris Fässler
Aspekt: Landschaft
Kartenkatalog zur Ausstellung im
Tal Museum Engelberg
ISBN 3-905425-02-5

Heinrich Federer (1866–1928)
Einblicke – Ausblicke
Illustrationen von
Theo Frey und Emil Schill
Ignaz Britschgi (Hrsg.)
ISBN 3-905425-03-3

Neuerscheinung Sommer 1999

Doris Fässler
Eduard Gubler 1891–1971
Gemälde 1916–1930
ISBN 3-905425-06-8